Beat Wälti, Marcus Schütte, Rachel-Ann Friesen

Mathematik kooperativ spielen, üben, begreifen
Band 1b
Lernumgebungen für heterogene Gruppen
(Schwerpunkt 3. bis 5. Schuljahr)

Klett | Kallmeyer

GEFÖRDERT VOM

Das diesem Buch zugrunde liegende Vorhaben war ein Kooperationsprojekt von Prof. Dr. Beat Wälti (PH Bern) sowie Prof. Dr. Marcus Schütte und Rachel-Ann Friesen (TU Dresden). Der Autor und die Autorin der TU Dresden wurden im Rahmen der gemeinsamen „Qualitätsoffensive Lehrerbildung" von Bund und Ländern mit Mitteln des Bundesministeriums für Bildung und Forschung unter dem Förderkennzeichen 01JA1619 im Projekt „Gemeinsames Lernen im jahrgangsgemischten Grundschulmathematikunterricht" gefördert. Die Verantwortung für den Inhalt dieser Veröffentlichung liegt bei den Autoren / der Autorin.

Bibliografische Information der Deutschen Nationalbibliothek
Die Deutsche Nationalbibliothek verzeichnet diese Publikation in der Deutschen Nationalbibliografie; detaillierte bibliografische Daten sind im Internet über http://dnb.d-nb.de abrufbar.

Impressum

Beat Wälti, Marcus Schütte, Rachel-Ann Friesen
Mathematik kooperativ spielen, üben, begreifen
Band 1b: Lernumgebungen für heterogene Gruppen (Schwerpunkt 3. bis 5. Schuljahr)

2. Auflage 2022

Das Werk und seine Teile sind urheberrechtlich geschützt. Jede Nutzung in anderen als den gesetzlich zugelassenen Fällen bedarf der vorherigen schriftlichen Einwilligung des Verlages.

© 2020. Kallmeyer in Verbindung mit Klett
Friedrich Verlag GmbH
D-30159 Hannover
Alle Rechte vorbehalten.
www.friedrich-verlag.de

Redaktion: Stefan Hellriegel, Berlin
Realisation: Frederieke Ruberg
Druck: Plump Druck & Medien GmbH; Rheinbreitbach
Printed in Germany

ISBN: 978-3-7727-1440-5

Beat Wälti, Marcus Schütte, Rachel-Ann Friesen

Mathematik kooperativ spielen, üben, begreifen

Band 1b
Lernumgebungen für heterogene Gruppen
(Schwerpunkt 3. bis 5. Schuljahr)

Klett | Kallmeyer

Inhalt

Vorwort ... 6

Lernumgebungen für einen interaktiv gestalteten Mathematikunterricht ... 8
    5 Mathematiklernen in Kooperation ... 10
    1 Konstruktivistisches Lernverständnis ... 17
    2 Mathematische Lernumgebungen – eine Bestandsaufnahme ... 18
    3 Mit substanziellen Lernumgebungen unterrichten ... 21
    4 Interaktionistisches Lernverständnis ... 22
    Literatur- und Quellenverzeichnis ... 27
    Zu den Lernumgebungen in diesem Band ... 31

1 Zahlenraum erforschen ... 37
    1.1 Wo stehe ich richtig? ... 39
    1.2 Buchstaben am Zahlenstrahl ... 41
    1.3 Geschickt zur Zielzahl ... 43
    1.4 Geheimzahlen erraten ... 48
    1.5 Pärchen finden ... 51
    1.6 Welche Regel passt? ... 56
    1.7 Zahlenstrahl aufräumen ... 60
    1.8 Immer schön nach unten ... 64

2 Addieren und subtrahieren ... 69
    2.1 Streichquadrate herstellen ... 71
    2.2 Summen anpeilen ... 76
    2.3 Apfelkuchen ... 82
    2.4 Wer baut den besten Würfel? ... 86
    2.5 Scopa ... 90
    2.6 Überschlagen ... 93

3 Multiplizieren und Dividieren ... 97
    3.0 Zur Arbeit mit dem Zahlenhochhaus (Lernumgebungen 3.1 – 3.5) ... 99
    3.1 Hotel Zahlenhochhaus ... 101

3.2 Umsteigen, bitte!	105
3.3 Vier gewinnt im Zahlenhochhaus	108
3.4 Lifte besetzen	112
3.5 Der Dieb im Megastore	115
3.6 Zahlen aus der 3er-Reihe	120
3.7 Rechtecke im Quadrat	123
3.8 Triff die Koordinate	127
3.9 Mit 1, 2, 3 und 4	133

4 Mit Größen handeln — 139

4.1 Wir legen den genauen Betrag	141
4.2 2 m abmessen	146
4.3 Immer kürzer	150
4.4 Triff's auf dem Zollstock	153
4.5 Füll den Eimer	156
4.6 Steck 1 kg in die Tüte	162
4.7 Wer feiert Silvester?	166
4.8 Stell die richtige Zeit ein	169
4.9 Tauschen und Handeln	173
4.10 Schatzinsel	176
4.11 Der ganze Meter muss weg	180

Anhang — 184

Übersicht über die fokussierten mathematischen Inhalte	184
Übersicht über die benötigten Materialien	185
Übersicht über die Download-Materialien	186
Übersicht über die Lernumgebungen in Band 2	187
Bildquellennachweise	189
Download-Material	192

Vorwort

Woran denken Sie bei einem Blick in den deutschsprachigen Mathematikunterricht? An Kinder, die gemeinsam Mathematik betreiben, in Kleingruppen nach Wegen suchen und argumentativ um Lösungen ringen? Wohl eher nicht.

Der gängige Mathematikunterricht zeichnet sich eher durch individuelles Bearbeiten von Aufgaben z. B. auf Arbeitsblättern oder in Arbeitsheften nach einführenden Klassengesprächen aus. Dies bestätigt auch ein Blick in die Literatur zu mathematischen Aufgaben oder Lernumgebungen, welche maßgeblich auf das individuelle Entdecken und Lernen von Schülerinnen und Schülern fokussieren. Die mathematikdidaktische Lehr- und Lernforschung, die die Bedeutung des gemeinsamen Lernens seit Langem hervorhebt, hinterlässt in der Unterrichtspraxis bisher nur geringe Spuren.

Diese Diskrepanz zwischen Lehr- und Lernforschung und Unterrichtsrealität haben wir zum Ausgangspunkt der Entwicklung der vorliegenden Bände genommen. In ihnen werden Anregungen in Form von mathematischen Lernumgebungen mit dem Ziel bereitgestellt, vielfältige Gelegenheiten zum gemeinsamen Lernen von Mathematik zu schaffen.

Der mathematische Erkenntnisgewinn des Einzelnen muss sich bei Lernumgebungen, die von Anfang an kooperativ bearbeitet werden, nicht gleich einstellen. Die Erprobungen haben uns aber gezeigt, dass die folgenden Aufgaben geeignet sind, Lernende miteinander in den Austausch über Mathematik zu bringen und so Lern- und Denkprozesse zu initiieren.

Mit MATHWELT 2 vom Schulverlag Plus für die Schuljahre 3 bis 6 (2018) steht wohl erstmals im deutschsprachigen Raum ein Lehrmittel zur Verfügung, das in ca. 100 Aufgaben bereits während der Aufgabenbearbeitung Interaktion als Bestandteil der eigentlichen Aufgabenbearbeitung einfordert. Nach Erscheinen des Lehrwerks wurde verschiedentlich gefragt, ob man „solche Anregungen" nicht lehrmittelunabhängig der Allgemeinheit zur Verfügung stellen könnte.

So ist die Kooperation von uns dreien entstanden: Marcus Schütte hat sich in den letzten Jahren intensiv mit dem Lernen von Mathematik in Interaktionen beschäftigt, Rachel-Ann Böckmann geb. Friesen schreibt ihre Dissertation zu Lernen in heterogenen (insbesondere altersgemischten) Klassen und Beat Wälti bringt seine Expertise aus der Aufgabenentwicklung mit. Aufgrund der zahlreichen positiven und ermutigenden Reaktionen wurde die Entwicklung von Band 1a für das 1. und 2. Schuljahr in Angriff genommen (erscheint voraussichtlich Ende 2022).

Gemeinsam haben wir Aufgaben entwickelt, die von Anfang an kooperativ zu bearbeiten sind. Es entstanden so zwei Bände: Ein Band für das 3. bis 5. Schuljahr und ein zweiter für das 5. bis 7. Schuljahr. Wir sind überzeugt, dass dank der vorliegenden Bände nicht nur mehr mathematisch gehandelt und interagiert wird, sondern dass sie auch Lust nach mehr Mathematik machen.

Selbstverständlich standen bei unserer Arbeit immer die Lernenden im Vordergrund. Sie haben uns oft genug die Grenzen unserer Aufgabenstellungen aufgezeigt, haben mit ihrer Begeisterung die Arbeit an den Lernumgebungen zum Erlebnis werden lassen und haben uns geholfen, unsere Aufgaben an der Schulpraxis bzw. am Lernbedarf von Schülerinnen und Schüler auszurichten.

Wir danken all denjenigen, die die Arbeit an den beiden Bänden unterstützt haben. So wurden die Lernumgebungen dank des flexiblen und wohlwollenden Supports und dank der konstruktiven Zusammenarbeit von Behörden und Lehrpersonen in vielen Schulen und altersgemischten Lerngruppen erprobt. Ein besonderer Dank gilt hier den Schulen in den Kantonen Bern und Aargau, im Südtirol (Gsieser- und Pustertal) sowie der Laborschule Gorbitz in Dresden. Ebenso danken wir den Schülerinnen und Schülern, die an unserem Projekt „MaJa" (Mathematiklernen in Jahrgangsmischung) in der Lern- und Forschungswerkstatt der TU Dresden teilgenommen haben und den Studierenden der TU Dresden, Leibniz Universität Hannover und der PH Bern, welche die Lernumgebungen in Unterrichtsversuchen an Schulen inszenierten und ihre Erfahrungen zurückmeldeten.

Namentlich erwähnen möchten wir Beatrix Huber von der Grundschule Pichl (Welsberg) für die mehrwöchige inspirierende und unkomplizierte Zusammenarbeit, Dr. Josef Watschinger, Schuldirektor von Welsberg (Pustertal), der in seinem Schulsprengel die Erprobung der Lernumgebungen aktiv unterstützt und kooperatives Lernen zum Jahresthema machte, sowie Peter Ludes-Adamy, der uns mit seiner gestalterischen Kompetenz bei grafischen Umsetzungen vielfältig unterstützt hat.

Beat Wälti
Marcus Schütte
Rachel-Ann Böckmann (geb. Friesen)
im Juli 2020

Lernumgebungen für einen interaktiv gestalteten Mathematikunterricht

Der Umgang mit Heterogenität im schulischen Alltag ist allgegenwärtige Realität (Trautmann / Wischer 2011). Die Schülerschaft ist nicht erst infolge der jüngsten Migrationsbewegungen in Europa oder der Umsetzung von Inklusion durch vielfältige Facetten von Heterogenität geprägt. Dabei unterscheiden sich die Lernenden in Bezug auf Aspekte wie kognitive Leistung, Motivation, Vorerfahrung, Alter, Geschlecht, sprachlich-kulturellen Hintergrund, soziale Schicht und vieles mehr (Hinz 1993). Das Ziel, allen Kindern bestmögliche Lern- und Bildungschancen zu bieten und sie ihren individuellen Fähigkeiten nach optimal zu fördern, stellt Lehrpersonen entsprechend vor erhebliche Herausforderungen (Trautmann / Wischer 2011). Das Thema Heterogenität rückt somit immer wieder in den Fokus von pädagogischen Diskussionen.

Bis Anfang der 1980er Jahre basierte der Mathematikunterricht vielerorts auf einem behavioristischen Verständnis von Lernen, welches in der Praxis einen kleinschrittigen, sehr systematischen Aufbau mathematischer Lerninhalte nach sich zog. Die mathematischen Lerninhalte wurden durch die Lehrpersonen als gezielte Reize von außen in Form von „Belehrungen" an das zu unterrichtende Individuum herangetragen. Aus der Sicht der Lernenden bedeutete dies ein vorwiegend passives, rezeptives Lernen (Krauthausen 2018). Zudem wurde in der Schule die Mathematik lange Zeit als eine „fertige" Wissenschaft, als prinzipiell kulturneutral und von allen gleich zu erlernend angesehen.

Trotz vieler kritischer Stimmen im frühen 20. Jahrhundert veränderte sich der Blick auf das Mathematiklernen erst ab Mitte der 1980er Jahre nachhaltig. Aufgrund dieser nunmehr veränderten Sichtweise gilt Mathematik heute international wie national als eine kulturell überlieferte, durch Sprache vermittelte und konstruierte Kulturtechnik (D'Ambrosio 1985; Schütte 2009; Schütte / Kaiser 2011). Parallel zu dieser neuen Perspektive auf Mathematik entwickelten sich neue lerntheoretische Ansätze des Mathematiklernens, die das behavioristische Lernverständnis zunehmend verdrängten. Zwei theoretische Positionen haben die deutschsprachige Mathematikdidaktik in diesem Zusammenhang in den letzten drei Jahrzehnten geprägt. Beide Positionen distanzieren sich jeweils von behavioristisch geprägten Lerntheorien, streiten jedoch in ihrer Spezifität über ihre theoretischen Grundpositionen sowie auf unterrichtspraktischer Ebene über die Effektivität der je entwickelten Unterrichtsvorschläge. Während eine Position auf Theorien des Konstruktivismus aufbaut, bezieht sich die andere Position auf interaktionistische Vorstellungen zum Lernen.

Dem *Konstruktivismus* zufolge liegen alle Anlagen zum Lernen in der psychischen Konstitution des Individuums, welches beim Lernen aktiv neues Wissen für sich konstruiert. Im Zentrum eines solchen Verständnisses von (Mathematik-) Lernen steht der Gedanke einer aktivistischen Position, welche vor allem auf der genetischen Epistemologie von Piaget (1974) fußt, nach der das Individuum durch Auseinandersetzung mit fordernden Lerninhalten selbstständig aktiv Mathematik entdeckt. In diese theoretischen Ausführungen lässt sich die heute gängige Orientierung des aktiv-endeckenden Lernens einordnen (Winter 2016), in der gefordert wird, dass sich Kinder einen Unterrichtsgegenstand selbstständig erarbeiten.

Um der Heterogenität der Lernenden gerecht zu werden, haben sich hierzu Lernumgebungen mit natürlich differenzierenden Aufgabenstellungen als günstige Lerngelegenheiten etabliert, deren Entwicklung für Vertreterinnen und Vertreter dieses Verständnisses zentral ist. In solchen Lernumgebungen werden weniger leistungsstarken Lernenden niedrigschwellige Zugänge zu einem komplexen mathematischen Inhalt oder Gegenstand ermöglicht und leistungsstärkeren Lernenden spezifische „Rampen" geboten, deren Bearbeitung herausfordernd ist (Hirt / Wälti 2008; Wittmann / Müller 1990).

Demgegenüber stehen *interaktionistisch* geprägte Ansätze des Lernens (Bauersfeld 1978; Voigt 1984; Krummheuer 1992; Schütte 2009;

Schütte/Friesen/Jung 2019), welche auf interaktive Wechselbeziehungen im Unterricht fokussieren und sich damit vom Konstruktivismus und seiner Fokussierung auf die zu lernenden mathematisch-stofflichen Inhalte abgrenzen. Für Vertreterinnen und Vertreter solcher Ansätze ist Lernen ein dialogischer Prozess, der sich durch das Zusammenspiel mentaler Aktivitäten verschiedener Individuen beschreiben lässt. Lernen findet somit aufgrund sozialer Interaktionsprozesse zwischen den Individuen einer Gruppe statt, wie z.B. in Gesprächen zwischen Lernenden oder in Klassengesprächen zwischen Lehrperson und Lernenden. Der Fokus dieser interaktionistischen Forschung liegt dabei vor allem auf dem „Verstehen-Wollen" interaktiver Lernprozesse (Krummheuer 2004, S. 113). Es soll ergründet werden, wie in Aushandlungsprozessen mathematisches Wissen kollektiv entwickelt wird. Seit der Jahrtausendwende zeigen entsprechende Veröffentlichungen auch auf, unter welchen Bedingungen das Lernen für eine heterogene Schülerschaft optimiert werden kann (Brandt 2004; Fetzer 2007; Schütte 2009; Brandt/Tiedemann 2019). So ist aus interaktionistischer Sichtweise gerade die Koordination vielfältiger individueller Perspektiven auf ein und denselben Gegenstand die Grundlage des Lernens von Mathematik. Eine langfristig angelegte Unterrichtsentwicklung aus interaktionistischem Verständnis setzt daher gerade auch auf den Aufbau von Kompetenzen in Bezug auf die Beobachtung und Begleitung von fachlichen Interaktionsprozessen der Lernenden durch die Lehrpersonen.

Beim Vergleich der beiden Sichtweisen fällt auf, dass Vertreterinnen und Vertreter des Konstruktivismus in der Mathematikdidaktik ihr Hauptaugenmerk auf die Entwicklung und Implementierung spezifischer Lernumgebungen richten. Eine vertiefte, theoretische Diskussion, wie mathematisches Lernen in Aushandlungsprozessen von Lernenden abläuft und wie das Individuum überhaupt aus sich heraus zu neuen mathematischen Einsichten gelangt, findet dabei nur begrenzt statt. Im Rahmen der interaktionistischen Forschung wird hingegen theoretisch relativ präzise beschrieben, wie Mathematiklernen stattfindet bzw. wie Kinder neues mathematisches Wissen durch Austausch mit anderen konstruieren und so in ihrer Entwicklung fortschreiten. Aufgrund der theoretischen Ausrichtung fehlt es aber an stoffdidaktischen Umsetzungen bzw. konkreten Vorschlägen für den Unterricht, die es Lehrpersonen ermöglichen, gemeinsames Mathematiklernen durch den Einsatz spezifischer Aufgaben oder Lernumgebungen gezielt anzuregen.

Nun soll an dieser Stelle keine Grundsatzdiskussion über die theoretische Begründbarkeit beider Ansätze vollzogen werden. Sowohl die Vorstellung, dass Lernen im Individuum zu verorten sei und durch individuelles Entdecken hervorgerufen werden müsse, als auch das Verständnis von Lernen als kollektivem Prozess, in dem Lernen durch den Austausch mit anderen initiiert wird, haben die mathematikdidaktische Forschung bereichert. Nach unserem Verständnis handelt es sich vielmehr um zwei Seiten der gleichen Medaille. Die in der Mathematikdidaktik weit verbreitete *Educational-Design-Research* (Wittmann 1998), welche substanzielle Lernumgebungen entwirft und erforscht, fußt explizit auf dem konstruktivistischen Lernverständnis. Entsprechende Aufgaben sind meist so konzipiert, dass sie in der Entdeckungsphase alleine bearbeitet werden (Ich-Phase) und eine kollektive Austauschphase meist eher zum Schluss als gemeinsame Reflexion in Partnerarbeit (Du-Phase) und/oder im Klassengespräch (Wir-Phase) erfolgt. Derzeitige Lehrmittel enthalten deshalb kaum Aufgaben, die bereits während der entdeckenden Bearbeitungsphase Kooperation initiieren. Insofern schließen wir mit der vorliegenden Konzeption „Mathematiklernen kooperativ rahmen" und den nun vorliegenden zwei Bänden eine Lücke, die die jeweiligen Grundannahmen zum Lernen beider theoretischer Ansätze der mathematikdidaktischen Forschung zu vereinen versucht. Wir wollen damit die vielfältigen bis dato veröffentlichten, auf einem konstruktivistischen Lernverständnis basierenden Publikationen nicht infrage stellen, sondern um reichhaltige Lernumgebungen für das Mathematiklernen in heterogenen Gruppen erweitern. In zwei Bänden (Band 1 mit dem Schwerpunkt 3.–5. Schuljahr und Band 2 mit dem Schwerpunkt 5.–7. Schuljahr) werden Lehrenden komplexe Aufgaben an die Hand gegeben, die es ermöglichen, kollektive Lernprozesse zu initiieren und so auch die zweite Seite der Medaille des Mathematiklernens – das kooperative Lernen von Mathematik – vermehrt in den eigenen Unterricht zu integrieren. Die Lernumgebungen im vorliegenden Buch sind deshalb so gestaltet, dass interaktives bzw. kooperatives Lernen im Kern der mathematischen Auseinandersetzung steht und dass eine individuelle Bearbeitung der in den Lernumgebungen auftretenden Aufgaben nicht sinnvoll oder sogar nicht möglich ist.

Zum Aufbau des Buches: Das Buch gliedert sich in einen theoretischen und einen praktischen Teil. Im theoretischen Teil werden in **Kapitel 1** zunächst die Grundannahmen eines konstruktivistischen Lernverständnisses skizziert und die Konsequenzen für die Konzeption (**Kapitel 2**) und Umsetzung (**Kapitel 3**) substanzieller Lernumgebungen aufgezeigt. Anschließend wird in **Kapitel 4** das diesem Buch zugrunde liegende interaktionistische Lernverständnis aufgearbeitet. In **Kapitel 5** positionieren wir die in diesem Band vertretene Konzeption zu kooperativem Lernen im Vergleich mit der bereits bestehenden diesbezüglichen Literatur.

Im Anschluss werden Konsequenzen der hier vorliegenden Konzeption „Mathematiklernen kooperativ rahmen" für den Aufbau und die Umsetzung der entwickelten **Lernumgebungen** abgeleitet und dargestellt. Auf ein weiteres zentrales Anliegen von Lehrenden, die Leistungen von Lernenden bei der Bearbeitung von Lernumgebung bewerten zu können, wird hier ebenfalls eingegangen.

Im zweiten, praktischen Teil des Buches folgen die Lernumgebungen unterteilt in die Themenbereiche *Zahlenraum erforschen* (**Teil 1**), *Addieren und Subtrahieren* (**Teil 2**), *Multiplizieren und Dividieren* (**Teil 3**) sowie *Mit Größen handeln* (**Teil 4**). Die konkrete Arbeit mit den kooperativen Lernumgebungen in diesem Buch wird durch Bilder, Arbeitsbeispiele und Transkripte aus den Erprobungen illustriert. Die Erprobung der Lernumgebungen fand weitgehend in jahrgangsübergreifenden Lerngruppen statt, um gerade auch Möglichkeiten der Umsetzung in Klassen mit großer Heterogenität aufzuzeigen.

5 Mathematiklernen in Kooperation

Liebe Leserin, lieber Leser, ja, wir können zählen. Und ja, Sie beginnen die Lektüre der theoretischen Ausführungen mit Kapitel 5. Dies wird Sie verwundern, jedoch stehen sich zwei Logiken im Aufbau dieses Teils des Buches gegenüber. Die eine, sequenzielle Logik lässt Kapitel 5 nach den Kapiteln 1 bis 4 folgen. Nach der anderen Logik positioniert sich Kapitel 5 als theoretischer Kern und Quintessenz des ersten Teils gleich zu Beginn dieses Buches. Wir haben uns für die letztere Reihenfolge entschieden. Hierdurch wird den schnellen Lesenden ermöglicht, sich nach der Lektüre von Kapitel 5 direkt den Lernumgebungen im Praxisteil zu widmen. Die praktischen Hinweise zur Arbeit mit den Lernumgebungen im Anschluss an den Grundlagenteil werden sie bei der Umsetzung unterstützen.

Ein interaktionistisches Lernverständnis (siehe Kapitel 4) rückt den Austausch über mathematische Bedeutungen und Inhalte und damit auch die Frage, wie sich solche Austauschprozesse unter Lernenden anregen lassen, ins Zentrum der Betrachtung. Kooperative Lernumgebungen mit problemhaltigem Charakter bieten sich hierzu an, führt deren Bearbeitung doch gleichzeitig zu einer hohen kognitiven Aktivierung der Beteiligten und zu einem Austausch der Lernenden über Lösungswege (Yackel/Cobb/Wood 1991, S. 406f.), z. B. in Form von kollektiven Argumentationen.

In der Unterrichtswirklichkeit besteht für viele Lernende unter dem Etikett des selbstorganisierten Lernens die Lernzeit jedoch zu einem großen Teil aus (Wochen-)Planarbeit. Selbstorganisiertes Lernen verspricht einerseits, den unterschiedlichen Lernbedürfnissen der Kinder und Jugendlichen Rechnung zu tragen, und andererseits, selbstgesteuertes Lernen zu fördern. Nicht selten wird die Arbeit mit vorgefertigten Plänen als Gegenentwurf zum lehrpersonenzentrierten Unterricht interpretiert und als geeignete Form der Individualisierung und Differenzierung angesehen. Dass dabei interaktives und damit auch kooperatives Lernen weitgehend auf der Strecke bleibt, wäre leichter zu verschmerzen, wenn wenigstens das individuelle Lernen substanziell gefördert würde. Wo aber Pläne als abzuarbeitender Stoff verstanden werden, weicht das Lernen in Sinnzusammenhängen dem Generieren von Aufgabenlösungen. In diesem Fall verstehen Lernende ihre Ziele nicht inhaltlich, sondern messen ihr Lernen an der Anzahl erledxigter Aufgaben oder beschriebener Seiten in einem Heft. Dass Lernende dabei im Sinn von Piaget „kognitiv irritiert" werden und neues Wissen konstruieren, ist wohl eher die Ausnahme.

Auf der Suche nach der angesprochenen Balance zwischen individuellem und kooperativem Lernen gilt es, individuell bedeutsame und qualitativ hochwertige Lernunterstützung anzubieten. Eine solche Lernunterstützung lässt sich weder rezeptmäßig organisieren, durch Arbeitspläne gewährleisten noch digital verwalten. Sie entsteht situativ im Wechselspiel mit den Lernenden. Die an und für sich begrüßenswerte Stoßrichtung des selbstorganisierten Lernens (hin zu einem schülerinnen- und schülerzentrierten Unterricht) hat das Lernen nicht nur einsamer, sondern auch weniger lustvoll und mehr technokratisch werden lassen. Im Sinn der aus dem Lot geratenen Balance gilt es heute, kooperatives Lernen vermehrt in den Fokus zu nehmen.

5.1 Kooperatives Lernen: ein Überblick

Wer nach konkreten Anregungen zu kooperativem Lernen sucht, wird bei genauerem Hinsehen große Unterschiede in der Art der Aufgabenstellungen bzw. deren Umsetzung finden. Als gemeinsamen Kern definieren Konrad und Traub (2019) *Kooperatives Lernen* als

Konzeptionen kooperativen Lernens	5.2 Methodenzentriertes kooperatives Lernen	5.3 Kooperatives, dialogisches Lernen	5.4 Kooperatives Lernen aus der Sache heraus	5.5 Mathematisches Lernen kooperativ rahmen
	(u. a. nach Johnson / Johnson 1999; Konrad / Traub 2019; Borsch 2019)	(u. a. nach Gallin / Ruf 2011)	(u. a. nach Röhr 1995; Yackel / Cobb / Wood 1991)	(nach Wälti / Schütte / Friesen im vorliegenden Band und 2020a)
Positionierung	allgemein didaktische Konzeption	deutsch- und mathematikdidaktische Konzeption	mathematikdidaktische Konzeption	mathematikdidaktische Konzeption
Charakteristik	Aufgaben werden in eine bestimmte Methode „eingefüllt" und sind austauschbar. Dient oft zur Automatisierung fachlicher Grundfertigkeiten.	Reichhaltige Lernaufgaben und Lernumgebungen, welche individuell bearbeitet werden. Reflexiver Austausch in Lerntandems am Ende des individuellen Bearbeitungsprozesses und abschließend im Klassengespräch.	Problemhaltige Aufgaben führen zu aktiv-entdeckendem Lernen in Kooperation mit anderen. Die Aufgaben sind häufig auch alleine bearbeitbar.	Im Zentrum stehen substanzielle mathematische Inhalte, welche untrennbar mit den Aufgaben verbunden sind. Verbindung spielerischer und problemorientierter Aspekte. Zu fachlichen Anliegen gibt es eine „maßgeschneiderte" Kooperation.
zentrale Merkmale der Aufgaben	Methoden beinhalten oft extrinsische Belohnungssysteme, wodurch positive Interdependenzen zwischen Lernenden und individuelle Verantwortlichkeiten entstehen.	Reichhaltige Aufgaben werden nach dem „Ich-Du-Wir-Prinzip" geplant und durchgeführt.	Kooperatives Arbeiten erleichtert die Bearbeitung der problemhaltigen Aufgaben. Dadurch werden Lernende intrinsisch zur Kooperation motiviert.	Die Aufgaben sind so konstruiert, dass ihre Bearbeitung prinzipiell interaktiv und in der Regel spielerisch ist.
Beispiele	Gruppenpuzzle, Quiz, Wandtafelfußball	produktive Übungen, Aufgaben zum Problemlösen	produktive Übungen, Aufgaben zum Problemlösen	kooperative Lernumgebungen
Publikationen	Anregungen u. a. in Ratgebern zu kooperativem Lernen	seit ca. 1990 zahlreiche Lehrmittel und Begleitliteratur zu diesem Konzept	bislang nur wenige publizierte Lernumgebungen oder Lehrmittel	alle Lernumgebungen (auch in Band 2), vereinzelte Anregungen in Lehrmitteln

Übersicht zu verschiedenen Konzeptionen des kooperativen Lernens

eine Interaktionsform, bei der die beteiligten Personen gemeinsam und in wechselseitigem Austausch Kenntnisse und Fertigkeiten erwerben. Im Idealfall sind alle Gruppenmitglieder gleichberechtigt am Lerngeschehen beteiligt und tragen gemeinsam Verantwortung

(Konrad / Traub 2019, S. 5)

Aber wodurch zeichnen sich geeignete Aufgaben zum kooperativen Mathematiklernen aus und wie lassen sich diese in der Unterrichtspraxis inszenieren? In den Kapiteln 5.2 bis 5.4 skizzieren wir drei gängige Konzeptionen kooperativen Lernens. Unsere Synthese aus diesen Konzeptionen nennen wir „Mathematiklernen kooperativ rahmen" und stellen sie in Kapitel 5.5 vor. Sie bildet die Basis der Lernumgebungen in diesem Band. Die Tabelle (S. 11) vermittelt einen ersten Überblick zu den in diesem Kapitel diskutierten Konzeptionen.

5.2 Methodenzentriertes kooperatives Lernen

Anregungen und Umsetzungsbeispiele zu einem methodenzentrierten kooperativen Lernen sind vielerorts zu finden. Diese sind meist allgemeindidaktischer Natur und nicht vom Fach her durchdacht. Wir sprechen an dieser Stelle von „methodenzentriertem" kooperativen Lernen, um den Unterschied zu anderen Konzeptionen hervorzuheben. Kooperative Lernprozesse dieser Konzeptionen gründen sich nach Johnson und Johnson (1999), Green und Green (2007) und Borsch (2019) auf die fünf folgenden Gelingensbedingungen – die sogenannten „Basiselemente".[1]

- *Positive gegenseitige Abhängigkeit (Interdependenz)* zwischen Lernenden ist das erste Basiselement für ein Lernen, das eine Kooperation bereits während der Aufgabenbearbeitung notwendig macht. Der Austausch beschränkt sich also nicht auf eine mögliche Reflexion zu einer bereits erfolgten Lösung der Aufgabe. Um positive Interdependenz zu erzeugen, übernehmen die Gruppenmitglieder in solch kooperativen Settings verschiedene Rollen oder die Verantwortung für Teilaufgaben. Durch Aussicht auf Belohnung der Gruppen oder durch Wettbewerb zwischen Gruppen kann das Gruppengefühl zusätzlich gestärkt werden (weitere Möglichkeiten siehe Borsch 2019, S. 28). Im Gegensatz dazu wird bei kompetitiven Settings zwischen Individuen die Person mit der besten Leistung bestimmt, was eine negative Interdependenz zwischen den Lernenden bewirken kann. Sie erreichen in Wettbewerbssituationen ihre Ziele auch oder gerade dann, wenn sie nicht mit anderen zusammenarbeiten und versuchen, diese zu „übertreffen". Dies kann jedoch zu einer geringen Lernmotivation für Leistungsschwache und abnehmender Anstrengung bei sicherem Erfolg für Leistungsstarke führen (Johnson / Johnson 1999, S. 133 f.). Bei individualistischen Settings wiederum gibt es kaum Interdependenz zwischen den Schülerinnen und Schülern (Borsch 2019, S. 16 ff.).
- *Die individuelle Verantwortlichkeit* der Gruppenmitglieder hängt eng mit dem ersten Basiselement zusammen. Sie ist beispielsweise gegeben, wenn in kleinen Gruppen die individuellen Beiträge der Einzelnen zur Gesamtleistung sichtbar gemacht werden. Hierdurch werden alle Gruppenmitglieder zur aktiven Teilnahme an der Gruppenarbeit ermutigt und „Trittbrettfahrende" vermieden (Borsch 2019, S. 29 f.).
- Das dritte Basiselement ist *die unterstützende Interaktion* (Borsch 2019, S. 30). Hilfestellungen und Ermutigungen der Lehrperson sowie der Schülerinnen und Schüler untereinander fördern eine Atmosphäre, in der Lernende Ideen einbringen oder Kritikpunkte ansprechen.
- Die *Reflexion über die Qualität der Gruppenarbeit* bedeutet, kooperative Verhaltensweisen auszuhandeln und einzufordern (Borsch 2019, S. 31). Kooperative Lernprozesse werden so sichtbar und können optimiert werden.
- Das fünfte und letzte Basiselement umfasst die kooperativen Fähigkeiten der Lernenden, die einen konstruktiven Umgang mit Kontroversen ermöglichen (Borsch 2019, S. 31 ff.).

---

1 Die einzelnen Basiselemente werden je nach Autorinnen und Autoren unterschiedlich benannt und werden hier in Anlehnung an Borsch (2019) wiedergegeben.

Hier wird eine der Herausforderungen kooperativen Lernens sichtbar: Kooperative Fähigkeiten sind zugleich Voraussetzung für gelingende Lernprozesse wie auch deren Ziel (Borsch 2019, S. 34).

Kooperatives Lernen nach Borsch (2019, S. 22) baut auf einem sozial-konstruktivistischen Lernverständnis auf, ist jedoch allgemein methodisch und nicht speziell für den Mathematikunterricht entwickelt worden. Die meisten entsprechenden Veröffentlichungen bieten einen Strauß von kooperativen Methoden an (z. B. Gruppenpuzzle), mithilfe derer in Lerngruppen oder im Klassenverband gearbeitet wird (Green/Green 2006; Konrad/Traub 2019). Da das Fach – in unserem Fall die Mathematik – im Nachgang in die Methode „eingefüllt" wird und somit Aufgaben bzw. Rechnungen von der Lehrperson bindend für die Lernenden vorgegeben werden, sind individuelle fachliche Zugänge in diesem Setting kaum vorgesehen.[2] Die Kooperationsanlässe ergeben sich aufgrund von methodisch vorgegebenen „Regeln". Die Lernenden reagieren nicht auf Ideen oder Einfälle der Mitschülerinnen und Mitschüler, sondern bearbeiten in einem sozialen Umfeld die gleichen Aufgaben, die sonst in individualen Settings auf Arbeitsblättern stehen. Wir wollen diese Methoden nicht weiter kritisch diskutieren, sie führen aber nicht zu kooperativem Lernen in dem hier intendierten Sinn. Da die Methode und nicht das Fach im Zentrum steht, sind die Aufgaben austauschbar und damit auch die dahinterliegende Mathematik. Die verwendeten Aufgaben können ebenso gut als Päckchen ohne innermathematische Struktur oder in einigen Fällen sogar als „bunte Hunde" (Wittmann 1990) individuell bearbeitet werden. Die bunten Hunde dienen genau wie das Gewinnen in einem Spiel als externes Belohnungssystem, welches auch in einem anderen Fach Verwendung finden kann.

Die Basiselemente der „positiven Interdependenz" und der „individuellen Verantwortlichkeit" sind jedoch auch für die Aufgaben in diesem Band Leitlinien zur Konstruktion von Aufgabenstellungen zum kooperativen Lernen. So wird verhindert, dass bei Aufgaben gemeinsames Arbeiten nur eine – oft aufgesetzte – Option ist, die mit Sicherheit von einigen Schülerinnen und Schülern genutzt wird, aber oft zu einem „Nebeneinanderher-Arbeiten" (Naujok 2000, S. 174) ohne gemeinsamen Austausch führt.

5.3 Kooperatives, dialogisches Lernen

Das kooperative dialogische Lernen ist im Gegensatz zur ersten Konzeption spezifisch fachdidaktisch geprägt. Seine Vordenker, Peter Gallin und Urs Ruf, prägten dafür in den 1990er Jahren den Begriff *dialogisches Lernen* (Ruf/Gallin 2011). Die Unterrichtskonzeption entwickelten sie zunächst für ihren eigenen Deutsch- und Mathematikunterricht in der Sekundarstufe II. Die Autoren heben explizit die Bedeutung des eigenständigen Lernens von Schülerinnen und Schülern und deren Interaktion für das Mathematiklernen hervor (Ruf/Gallin 2011). So erfreut sich die Konzeption des dialogischen Lernens, der Gallin und Ruf unter dem eingängigen Titel „Ich, Du, Wir" zum Durchbruch verholfen haben, einer großen Akzeptanz in der mathematikdidaktischen Community.

Dabei begegnen Schülerinnen und Schüler dem Stoff möglichst authentisch und arbeiten selbstständig an ihrem gedanklichen „Reisetagebuch". Lösungsansätze werden im Dialog mit der Lehrperson und anderen Lernenden weiterentwickelt, bevor schließlich auch die hinter der Aufgabe stehenden kulturellen Normen diskutiert werden. In der Konzeption des dialogischen Lernens sind somit drei Phasen angedacht (PiK AS 2010; Ruf/Gallin 2011):

- Zunächst geht es in der Ich-Phase um eine individuelle Auseinandersetzung mit der Aufgabe. In dieser Phase entstehen Eigenproduktionen. Gallin und Ruf stellen hierfür spezifische Lernangebote bereit, die von den Lernenden aufgrund ihrer individuellen Fähigkeiten ge-

---

2 Eine Ausnahme bietet Rothenbächer (2016), die gezielt substanzielle Lernumgebungen mit diesen allgemeinen Methoden kombiniert, um kooperatives Lernen im inklusiven Mathematikunterricht zu fördern.

nutzt werden. Diese sind so offen, dass sie unterschiedliche Lösungswege zulassen und damit auch für heterogene Lerngruppen geeignet sind. Das Kernstück der Unterrichtskonzeption sind die Reisetagebücher, in welchen sich die Lernenden in ihrer individuellen Sprache „singulär" mit Fragestellungen auseinandersetzen, um ihre Fachkompetenz schreibend zu erweitern (Ruf / Gallin 2011, S. 34 f.).

- Die zu einem Auftrag entstehenden Arbeiten der Lernenden werden in der Du-Phase mit Mitschülerinnen und Mitschülern ausgetauscht und diskutiert. Die Auseinandersetzung mit anderen und der Vergleich unterschiedlicher Eigenproduktionen unterstützt das Klären eigener Standpunkte, hilft beim Integrieren von Gedanken der Mitschülerinnen und Mitschüler, wirft neue Fragen auf und schafft Raum für die dritte Phase.
- In der Wir-Phase wird mit der ganzen Klasse das allgemeingültige „Reguläre" herausgearbeitet und mit kulturell feststehenden Normen verbunden. Die Lehrperson leitet dabei von den individuellen singulären Produktionen der Lernenden zum Regulären hin.

Die Konzeption des dialogischen Lernens besticht u. a. dadurch, dass die Leistungsbewertung in den Unterricht integriert wird. „Im Unterschied zum ‚monologischen' Unterricht, der sich vor allem im Arbeitsfeld des fachlichen Wissens und Könnens abspielt und jede Lernphase mit einer Prüfung abschließt, orientiert sich das dialogische Lernmodell an einem erweiterten Leistungsbegriff" (Gallin / Ruf 2011, S. 234). „Das Nachdenken über Kriterien und Bewertungen der erbrachten Leistungen […] wird so […] zu einem selbstverständlichen und integralen Bestandteil des Lehrens und Lernens" (ebd., S. 233). Es stellt sich nicht in erster Linie die Frage, „ob die Lernenden das Angebot im erwarteten Sinne nutzen, sondern ob sie bei der Nutzung des Angebots aus ihren singulären Möglichkeiten das Beste machen" (ebd., S. 236).

Das hier beschriebene „Ich-Du-Wir-Prinzip" des dialogischen Lernens wird häufig als zielführende Methode mit kooperativem Lernen im Mathematikunterricht gleichgesetzt. Jedoch sind auch beim dialogischen Lernen, das ja explizit auf Austausch mit anderen setzt, individuelle Entdeckungen und nicht gemeinsames Erleben der grundlegende Ausgangspunkt des Lernens der Einzelnen.

5.4 Kooperatives Lernen aus der Sache heraus

Wie auch bereits die Konzeption des kooperativen, dialogischen Lernens (Kapitel 5.3) ist „kooperatives Lernen aus der Sache heraus" (Röhr 1995) eng mit jeweiligen mathematischen Inhalten verknüpft. Die Motivation, kooperativ zu lernen, ergibt sich aus der Bearbeitung interessanter und problemhaltiger Aufgaben, welche zu gemeinsamem Nachdenken, Diskutieren, Argumentieren und Entwickeln von Lösungswegen anregen (Yackel / Cobb / Wood 1993, S. 46; Röhr 1995, S. 74 f.). Die Aufgaben sind somit mathematisch-fachlich und nicht methodisch gerahmt.

Röhr (1995, S. 75) spricht in diesem Zusammenhang von „kooperativem Lernen aus der Sache heraus". Nach Röhr stehen folgende Kriterien im Zentrum solcher Aufgaben:

1 Die Aufgabe soll beziehungsreich sein.
2 Die Aufgabe soll aktiv-entdeckendes Lernen und mehrere Lösungswege ermöglichen.
3 Die Aufgabe soll komplex sein.
4 Es sollen Lösungsbeiträge auf verschiedenen Niveaus und der Einsatz unterschiedlicher Fertigkeiten und Fähigkeiten möglich sein.
5 Die Lösung der Aufgabe wird durch die Zusammenarbeit mehrerer Schüler erleichtert.

(Röhr 1995, S. 76)

Diese Kriterien für kooperationsfördernde Aufgaben sind hilfreich für die Konstruktion neuer Aufgabenstellungen bzw. für die Aufbereitung von Aufgaben für den Unterricht. Allerdings zielt lediglich Kriterium 5 direkt auf Kooperation. Die anderen 4 Kriterien charakterisieren reichhaltige Aufgaben und ähneln den Kriterien für natürlich-differenzierende Aufgabenstellungen (siehe Kapitel 2). Die Aufgaben werden zu Beginn teilweise individuell, teilweise kooperativ bearbeitet.

Häsel-Weide (2016), die Lernumgebungen für kooperatives Lernen mit einem ähnlichen Ansatz entwickelt, unterscheidet hierfür zwei kooperative Settings. Beim kooperativen Setting „Weggabelung" (Häsel-Weide 2016, S. 85) sind zunächst eigenständige Bearbeitungen vorgesehen, bevor die Lernenden sich gemeinsam über ihre Lösungen austauschen und weitere Aufgaben bearbeiten. Beim zweiten kooperativen Setting „Wippe" arbeiten die Schülerinnen und Schüler von Beginn an gemeinsam an einer Lernumgebung (Häsel-Weide 2016, S. 84).

5.5 Mathematiklernen kooperativ rahmen

Die erste der drei dargestellten Konzeptionen ist methodisch ausgerichtet und sieht die Mathematik lediglich als einen möglichen Anwendungsfall (siehe Kapitel 5.2). Die Aufgabenbeispiele bei den anderen beiden Konzeptionen (siehe Kapitel 5.3 und 5.4) sind nur bedingt als Anregung zu kooperativem Lernen zu werten, da die Aufgaben zumindest in großen Teilen allein bearbeitbar sind oder mit einer umfassenden Eigentätigkeit zu Beginn des Bearbeitungsprozesses starten.

Für die Entwicklung der Lernumgebungen in diesem Band gehen wir von einer Konzeption des kooperativen Lernens aus, welches wir *Mathematiklernen kooperativ rahmen* nennen (vgl. auch Wälti/Schütte/Friesen 2020a/b; Friesen/Schütte/Wälti 2020). Wie der Name zeigt, steht Mathematiklernen explizit im Zentrum dieser Konzeption und innerhalb des gegebenen kooperativen Rahmens wird ein produktiver Austausch zwischen den Lernenden bereits während der Aufgabenbearbeitung initiiert.

Folgende Merkmale charakterisieren die Konzeption:

- Die Lernumgebungen gehen von substanziellen mathematischen Fragestellungen aus (siehe auch Kapitel 5.3 und 5.4). Die für diese mathematischen Inhalte spezifisch vorgeschlagenen Interaktionsformen lassen sich nicht auf einen beliebigen anderen mathematischen Kontext übertragen.
- Die Lernumgebungen sind für jahrgangsgemischte Lerngruppen konzipiert und können daher auch in stark leistungsheterogenen Jahrgangsklassen eingesetzt werden.
- Die Komplexität der Lernumgebungen ermöglicht vielfältige Bearbeitungswege. Lernende bearbeiten entsprechend ihrer individuellen Fähigkeiten und Neigungen die Aufgaben auf unterschiedlichen Niveaus.
- Die Lernumgebungen zielen auf positive Interdependenz zwischen den Lernenden (siehe Kapitel 5.2) und machen Kooperation unverzichtbar. Sie werden daher in Lerntandems oder Gruppen bearbeitet.
- Die Bearbeitung der Lernumgebungen erfolgt meist spielerisch. Zu eher kompetitiv ausgerichteten Lernumgebungen existiert in der Regel eine kooperative Variante oder zumindest Vorschläge für eine teil-kooperative Be-

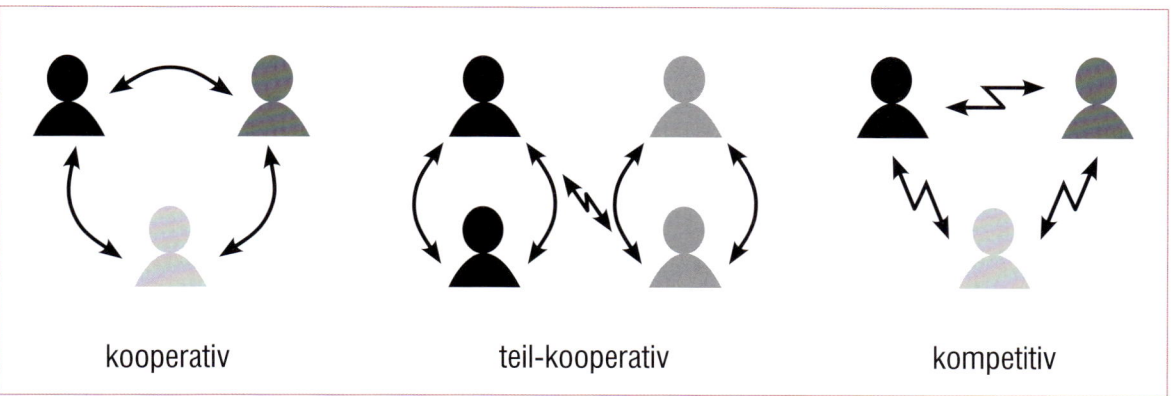

Abb. 1: *Mathematiklernen kooperativ rahmen* ermöglicht ein Kontinuum von kompetitiven, teil-kooperativen und kooperativen Varianten

arbeitung in Lernteams.[3] Somit gibt es in den Lernumgebungen ein Kontinuum von kooperativen, teil-kooperativen bis hin zu kompetitiven Aufgabenvarianten.

- Die Bearbeitung sowie der Spielverlauf der Lernumgebungen sind von strategischem Denken und stochastischen Elementen (wie beispielsweise Würfeln oder Kartenziehen) geprägt. Wie bei klassischen strategischen Spielen (z.B. Vier gewinnt oder NIM-Spiel) werden Fähigkeiten wie das konsequente Anwenden von Regeln, das gemeinsame und selbstständige Suchen nach Lösungen und das Äußern von Vermutungen gefördert (vgl. Möller/Pönicke 1992).
- Jede Lernumgebung enthält Vorschläge zur Reflexion bzw. Auswertung. Die vorgeschlagenen – meist weiterführenden – Aufgabenstellungen sind vor allem produktive Übungen und richten sich an Lerngruppen oder Individuen.

Selbstverständlich sind Lernumgebungen, die in unserem Sinn Kooperation voraussetzen, auch in anderen Publikationen zu finden: so zum Beispiel in Röhr (1995), Gysin (2018) und Mayer (2019). Jedoch sind die verwendeten Aufgabenbeispiele dort meist auch individuell ohne Kooperation lösbar, weswegen kooperatives Lernen nicht zwingend dadurch initiiert wird. Beispiele für Aufgaben, die Kooperation notwendig machen, sind unter anderem Lernumgebungen nach dem oben genannten kooperativen Setting „Wippe" aus Häsel-Weide (2016), „Rechenduette" und „Koproduktionen" aus Nührenbörger und Pust (2006), einige Aufgaben aus Röhr (1995) wie die Aufgaben in Kapitel 4.2.1.5 „Rechnen mit Geld" (S. 96f.) oder 4.2.4.3 „Gebäudekomplexe" (S. 129ff.) sowie einige Lernangebote aus dem Lehrwerk MATHWELT 2 (Wälti/Luginbühl/Berger/Hübner 2018a, 2018b).

In welcher Gewichtung die Aufgabenstellungen im Unterricht umgesetzt werden, hängt von der Lerngruppe und den Prioritäten der Lehrperson ab. Eine betont kompetitive Ausrichtung der Aufgaben würde jedoch das Ziel dieses Buches ad absurdum führen und erscheint nur in Ausnahmefällen empfehlenswert. Sinnvoll ist es, von Anfang an auf Kooperation zu setzen oder bei kompetitiven Varianten nach dem gemeinsamen Spielen einen Austausch in Gruppen über mögliche Gewinnstrategien anzuregen. Der Fokus einer Gruppe liegt dann auf der gemeinsamen Suche nach Strategien zum Gewinnen und nicht auf individuellem Gewinnstreben.

Bei den hier vorgestellten kooperativ gerahmten Lernumgebungen werden häufig drei Grundbedürfnisse der Lernenden gleichzeitig befriedigt, die in der Selbstbestimmungstheorie von Deci und Ryan (2009) zentral für gemeinsames Lernen sind: das Erleben von Kompetenz und Autonomie sowie soziale Eingebundenheit. Diese drei permanenten und kulturübergreifenden Grundbedürfnisse des Menschen gelten gemäß Deci und Ryan als Säulen intrinsischer Motivation. In den hier vorliegenden Lernumgebungen soll allen drei Säulen entsprochen werden:

- der sozialen Eingebundenheit durch die Interkation mit anderen,
- dem Bedürfnis nach Autonomie durch zahlreiche Gelegenheiten, innerhalb der Aufgabenbearbeitung individuell unabhängig entscheiden zu dürfen, und
- dem Bedürfnis nach Kompetenz, indem (gemeinsam) fachlich begründete Ziele erreicht werden (vgl. auch Kapitel 4.7 im praktischen Teil im Band für das 5.–7. Schuljahr).

Liebe Leserin, lieber Leser, wie zu Beginn des ersten Teils dieses Buches – den theoretischen Grundlagen – bereits ausgeführt, ergeben sich an dieser Stelle für Sie zwei Möglichkeiten: Sie können nach der Lektüre von Kapitel 5 direkt in den zweiten Teil des Buches – den Lernumgebungen – springen. Praktische Hinweise zur Arbeit mit den Lernumgebungen finden Sie in Kapitel 6 der vorliegenden theoretischen Ausführungen. Oder aber Sie widmen sich auch den weiteren theoretischen Ausführungen und führen Ihre Lektüre nun mit Kapitel 1 fort.

---

[3] Diese Form der Organisation weist auch Ähnlichkeiten zum von Borsch (2019) vorgeschlagenen Wettbewerb zwischen den einzelnen Gruppen auf, welcher positive Interdependenz zwischen Gruppenmitgliedern fördert.

1 Konstruktivistisches Lernverständnis

Die derzeit wohl verbreitetste Vorstellung von Lernen basiert auf lerntheoretischen Grundlagen des Konstruktivismus. Danach lernt das Individuum auf Basis bereits entwickelter individueller innerer Schemata. Es deutet und interpretiert Ereignisse oder Informationen der es umgebenden Welt auf Basis der bereits bestehenden eigenen inneren Schemata. Diese Prozesse können durch die Außenwelt gestört werden, wodurch Veränderung angeregt wird. Treten Widersprüche auf beim Versuch, Neues mit Altem abzugleichen, versucht das Individuum, diese durch die Konstruktion neuer Schemata oder Modulierung bereits vorhandener „alter" Schemata aufzulösen – es schreitet so in der kognitiven Entwicklung voran (siehe u. a. Entwicklungstheorien von Piaget 1972).

Lernen, insbesondere das für diesen Band maßgebende Mathematiklernen, wird gemäß dem konstruktivistischen Lernverständnis als ein ausschließlich monologischer Prozess im Individuum selbst verortet. Das Außen bzw. die Interaktion mit anderen stellt eine nachgeordnete Kategorie dar, die eine individuelle Entwicklung beeinflussen kann, aber nicht muss. Im Sinne des Konzeptes des „kognitiven Konfliktes" (Piaget 1985) führt das Außen bzw. die soziale Interaktion zur Irritation der individuellen Schemata, die grundsätzlich monologische Orientierung des Lernens wird damit jedoch nicht aufgegeben.

Vor diesem theoretischen Blickwinkel lässt sich die heute gängige Orientierung am aktiv-endeckenden Lernen (Winter 2016) verstehen, nach der Kinder sich einen Unterrichtsgegenstand selbstständig erarbeiten, um mathematische Lernfortschritte zu vollziehen und mathematisches Wissen zu konstruieren (vgl. u. a. Wittmann 1990, S. 162 f.). Die Vertreterinnen und Vertreter einer konstruktivistischen Lernorientierung grenzen sich bewusst von einer behavioristisch geprägten Orientierung des Lernens durch Belehrung ab. Ein behavioristisch geprägtes „passivistisches" Verständnis von Lernen erfreute sich bis in die Mitte der 1980er Jahre in der mathematikdidaktischen Forschung großer Beliebtheit und stellte auch lange danach noch eine bestimmende Grundorientierung des Lernens in der deutschsprachigen Schule dar. Nach Wittmann (1990) lässt sich ein behavioristisches Lernverständnis mit der Grundidee beschreiben, dass der kindliche Geist über vorab durchgeplante und kleinschrittig strukturierte Steuerung von außen gezielt mit Wissen „angereichert" werde und dieses „vorgefertigte" Wissen vor allem passiv aufnehme. Im Gegensatz dazu steht das Konzept des aktiv-entdeckenden Lernens, zu welchem Winter (2016) folgende These aufstellt:

> Das Lernen von Mathematik ist umso wirkungsvoller [...], je mehr es im Sinne eigener aktiver Erfahrungen betrieben wird, je mehr der Fortschritt im Wissen, Können und Urteilen des Lernenden auf selbständigen entdeckerischen Unternehmungen beruht.
> (Winter 2016, S. 1)

Aufgaben sind somit als Lernangebote bzw. „Lernermöglichungen" für Schülerinnen und Schüler zu verstehen. Erst eine aktive eigenständige Auseinandersetzung mit dem äußeren Impuls bzw. der Aufgabenstellung und einer dadurch angeregten Modifikation der individuellen kognitiven Schemata führen zur Aneignung des intendierten Lerngegenstands (Winter 2016, S. 2 f.). Die Herausforderung für Lehrende besteht also darin, aktiv-entdeckendes Lernen im Unterricht zu ermöglichen. Gut vorbereitete und passend gewählte Aufgabenstellungen sind dabei Winter folgend von zentraler Bedeutung (Winter 2016, S. 3 f.).

In der deutschsprachigen Mathematikdidaktik spiegelt sich das konstruktivistische Lernverständnis besonders im Educational-Design-Research-Ansatz wider. Es werden Lernumgebungen entwickelt, um gezielt individuelle Konstruktionsprozesse von Kindern zu evozieren. Zu nennen sind hier unter anderem Arbeiten von Wittmann und Müller (1990), Hengartner, Hirt und Wälti (2006), Hirt und Wälti (2008), Krauthausen und Scherer (2010) sowie Nührenbörger und Pust (2006).

2 Mathematische Lernumgebungen – eine Bestandsaufnahme

Die Gestaltung von Lehr-Lernprozessen auf Grundlage eines konstruktivistischen Lernverständnisses (siehe Kapitel 1) macht differenzierende Unterrichtsettings notwendig, um passend für alle Lernenden Anregungen und Impulse zu setzen. Diese dienen als „Irritationen", um die Anpassung bereits bestehender oder die Konstruktion neuer kognitiver Schemata zu initiieren. Wird aufgrund einer zunehmenden Heterogenität innerhalb von Lerngruppen die Bandbreite der Lernvoraussetzungen der Schülerinnen und Schüler immer größer, verstärkt dies die Notwendigkeit der Differenzierung. Schlussendlich führt das im Extremfall zu einer Individualisierung, bei der für jedes Kind individuell zugeschnittene Aufgaben bzw. Anforderungen erstellt werden. Auch aus konstruktivistischer Sicht wird die mit der Individualisierung einhergehende zunehmende Vereinzelung von Lernenden kritisch hinterfragt (Krauthausen/Scherer 2014, S. 25ff.). So etablierte sich seit den 1990er Jahren in Deutschland und der Schweiz eine spezielle Form der Differenzierung, die *natürliche Differenzierung* (Wittmann/Müller 1990; Hirt/Wälti 2008; Krauthausen/Scherer 2010b).

Das Konzept der natürlichen Differenzierung lässt sich besonders gut mit reichhaltigen mathematischen Aufgaben, sogenannten *substanziellen Lernumgebungen*, umsetzen (Krauthausen/Scherer 2014, S. 110). Sie eignen sich aufgrund ihrer Offenheit und fachlichen Komplexität ausdrücklich auch für heterogen zusammengesetzte Lerngruppen und lassen sich als eine mögliche Antwort auf das Problem der Vereinzelung durch Individualisierung in großer Heterogenität deuten. Die intensive Entwicklung und Erforschung vorwiegend arithmetischer Lernumgebungen im Rahmen des mathematikdidaktischen Educational-Design-Research-Ansatzes in den letzten Jahren bestätigt, dass der Unterricht mit Lernumgebungen in der Mathematik seit über 20 Jahren „state of the art" ist (Wittmann 1998; Selter/Walther 1999).

Im Folgenden soll zunächst das Konzept der natürlichen Differenzierung (Kapitel 2.1) näher erläutert werden, bevor wir in Kapitel 2.2 auf substanzielle Lernumgebungen eingehen und auf konkrete Beispiele verweisen.

2.1 Natürliche Differenzierung

Die vier Merkmale, die das Konzept der natürlichen Differenzierung charakterisieren, sind:
1. dass die gesamte Lerngruppe das gleiche Lernangebot erhält,
2. dass das Lernangebot inhaltlich ganzheitlich und hinreichend komplex ist,
3. dass die Lernenden Freiheitsgrade in ihren Bearbeitungswegen wahrnehmen können und
4. dass soziales Lernen von- und miteinander stattfindet.

(Vgl. Krauthausen/Scherer 2014, S. 50f.)

Mit dem Bereitstellen des gleichen Lernangebots für die gesamte Lerngruppe **(Merkmal 1)** wird verhindert, dass es – wie bei einer inneren Differenzierung durch individuelle Aufgabenstellungen – zu einer Vereinzelung der Lernenden kommt (siehe u. a. Krauthausen/Scherer 2014, S. 25ff.). Selbst in Lerngruppen mit einer konzeptionell erweiterten Heterogenität, wie z. B. bei jahrgangsübergreifenden Klassen, ist das gemeinsame Arbeiten an Aufgabenstellungen möglich (vgl. u. a. Nührenbörger/Pust 2006, S. 46). Damit es dabei nicht zu einer Über- oder Unterforderung einzelner Lernenden kommt, wird mit inhaltlich ganzheitlichen und hinreichend komplexen Aufgaben gearbeitet **(Merkmal 2)**. Durch die Komplexität der Aufgaben ist es möglich, dass die Lernenden verschiedene Bearbeitungs- und Lösungswege einschlagen bzw. die jeweilige Aufgabenstellung unterschiedlich „tief" durchdringen und trotz ihrer unterschiedlichen Fähigkeiten und Interessen an denselben Aufgabenstellungen gewinnbringend arbeiten (Nührenbörger/Verboom 2005, S. 4). Bei der natürlichen Differenzierung können die Lernenden während der Bearbeitung der Aufgabenstellungen Hilfs- und Arbeitsmittel selbstständig wählen und sind in Bezug auf Darstellungsweisen und Lösungswege frei **(Merkmal 3)**.

2 Mathematische Lernumgebungen – eine Bestandsaufnahme

Natürliche Differenzierung: ein Beispiel

Das folgende Beispiel soll die 3 oben erwähnten Merkmale verdeutlichen: Ein Würfel wird mit der Augenzahl 6 nach oben auf ein Startfeld gelegt. Er wird im Gitter wiederholt über eine Kante in ein Nachbarfeld gekippt, bis die Zahl 6 wieder oben liegt. Die minimale Anzahl benötigter Kippbewegungen wird in das entsprechende Feld notiert. Felder mit der gleichen Anzahl benötigter Kippbewegungen werden jeweils mit der gleichen Farbe eingefärbt (vgl. Hirt/Wälti 2010, S. 240 ff.).

Die beiden abgebildeten Dokumente illustrieren die vielen Freiheitsgrade, die der Aufgabe innewohnen und natürliche Differenzierung ermöglichen. Eliane hat die Aufgabe weitgehend vollständig gelöst und dabei alle Symmetrien (4 Symmetrieachsen und die Drehsymmetrie) aktiv genutzt. Dies sieht man besonders deutlich an den sternförmigen angeordneten orange markierten 5ern. Manuel hat für alle seine beschrifteten Felder die korrekte Anzahl benötigter Kippbewegungen bestimmt, insofern ist auch seine Leistung beachtenswert. Er hat jedoch nur die horizontale Symmetrieachse genutzt und sich auf Felder mit 3, 4 oder 5 Kippbewegungen beschränkt. Falls man die Felder mit geraden Anzahlen schwarz, diejenigen mit ungeraden Anzahlen weiß färben würde, würde ein Schachbrettmuster entstehen. Daran sieht man, dass in Elianes Dokument die (hellblau gefärbten) Felder mit der Zahl 6 nicht korrekt sein können, weil die Anzahl Kippbewegungen jeweils ungerade sein müssten. Auf beiden Dokumenten sind die 4 Felder diagonal neben dem Startfeld leer geblieben. Da man mit 3 Kippbewegungen ein Feld nach links oder rechts sowie mit 3 Kippbewegungen ein Feld nach oben oder unten gelangen kann, wären diese 4 Felder jeweils mit 3 + 3 = 6 Kippbewegungen zu erreichen. Beiden Lernenden würden bei dieser Lernumgebung so noch zahlreiche weitere Entdeckungen offenstehen.

Abb. 2: Dokumente von Eliane (oben) und Manuel (unten) aus Rupperswil, Kanton Aargau, 4. Schuljahr

Die drei ersten Merkmale sind Voraussetzungen für **Merkmal 4**. Erst eine gemeinsame Aufgabenstellung mit individuellen Entdeckungen macht dem Konzept der natürlichen Differenzierung folgend einen anschließenden Austausch über Lösungswege und Erkenntnisse und damit auch ein Von- und Miteinanderlernen sinnvoll. Dies findet in der Regel anschließend an eine individuelle Entdeckungs- bzw. Arbeitsphase im Rahmen einer reflektierenden Plenums- oder Gruppenphase statt.

2.2 Substanzielle Lernumgebungen

Die lerntheoretische Grundlage für die Konstruktion sowie Umsetzung vieler der bislang entstandenen substanziellen Lernumgebungen ist ein konstruktivistisches Lernverständnis, welches in Kapitel 1 skizziert wurde. Nach Hirt und Wälti (2010, S. 13) und Wollring (2008, S. 13) bezeichnet der Begriff „substanzielle Lernumgebung" eine „flexible große Aufgabe", die aus mehreren Teilaufgaben besteht. Ein übergeordneter, auf einer innermathematischen oder sachbezogenen Struktur basierender Leitgedanke verbindet jeweils die verschiedenen Teilaufgaben (Hengartner u. a. 2006, S. 17 ff.). Substanzielle, natürlich differenzierende Lernumgebungen sollen dabei so konstruiert sein, dass Lernende mit unterschiedlichen Fähigkeiten und von unterschiedlichem Alter an der gleichen Aufgabe arbeiten können und dabei zentrale mathematische Inhalte ganzheitlich erfahren. Die Differenzierung erfolgt nicht organisatorisch, sondern „natürlich", innerhalb derselben Aufgabe.

Gemäß Wittmann (1995, S. 365 f.; 1998, S. 337; 2001, S. 2) handelt es sich dabei um Aufgaben,
1. welche zentrale Ziele, Inhalte und Prinzipien des Mathematikunterrichts auf einer bestimmten Stufe repräsentieren,
2. welche mit fundamentalen mathematischen Inhalten, Abläufen und Handlungsweisen über diese Stufe hinaus zusammenhängen und reiche Möglichkeiten für mathematische Aktivitäten von Schülerinnen und Schülern bieten,
3. welche flexibel sind und leicht an die speziellen Gegebenheiten einer bestimmten Klasse angepasst werden können und
4. welche mathematische, psychologische und pädagogische Aspekte des Lehrens und Lernens integrieren und so ein weites Potenzial für empirische Forschungen bieten.

Daraus abgeleitet werden kann zum einen, dass es in substanziellen Lernumgebungen um zentrale Inhalte der Mathematik geht, die für Lernende einer bestimmten Stufe von Bedeutung sind **(Kriterium 1)**. Zum andern ist der fachliche Rahmen von substanziellen Lernumgebungen genügend offen und flexibel, dass sie auf ganz unterschiedliche (heterogene) Lerngruppen angepasst werden können und daher auch in jahrgangsübergreifenden Lerngruppen anwendbar sind **(Kriterium 3)**. Die Aufgaben verfügen sowohl über eine „niedrige Eingangsschwelle", sodass alle Schülerinnen und Schüler einen Zugang zum Lerngegenstand finden können, als auch über „Rampen" für Leistungsstarke, sodass Schülerinnen und Schüler weiterführende und vertiefende Fragestellungen zum selben Lerngegenstand bearbeiten können und somit auf ihrem individuellen Leistungsstand gefordert sind (Hirt/Wälti 2010, S. 16; Krauthausen/Scherer 2014, S. 53). Für Lehrpersonen ist es daher von großer Bedeutung, den mathematischen Gehalt der Aufgaben durchdrungen zu haben, um flexibel auf die Lernenden einzugehen und das ganze Potenzial der Aufgaben auszuschöpfen.

Überdies ermöglichen substanzielle Lernumgebungen den Lernenden vielfältige mathematische Aktivitäten **(Kriterium 2)**, weshalb sowohl inhaltliche als auch prozessbezogene Kompetenzen der Lernenden gefördert werden (KMK 2005). Das zugrunde liegende konstruktivistische Lernverständnis (siehe Kapitel 1) bildet sich im eigentätigen Erschließen der mathematischen Inhalte und Strukturen ab (vgl. Krauthausen/Scherer 2014, S. 110).

Zentral für die Entwicklung und Umsetzung von substanziellen Lernumgebungen ist zudem, dass wichtige Erkenntnisse über Prozesse des Lehrens und Lernens aus mathematikdidaktischer, psychologischer und pädagogischer Sicht integriert werden **(Kriterium 4)**. Dazu gehört unter anderem, dass substanzielle Lernumgebungen an das Vorwissen der Lernenden anknüpfen, individuelle Denk- und Lernwege zulassen sowie den Austausch darüber fördern. In diesem Sinn bieten sie ein weites Feld für empirische Forschungen (vgl. Krauthausen/Scherer 2014, S. 111).

Zu dem von Wittmann (1995) vorgezeichneten Rahmen substanzieller Lernumgebungen sind verschiedene Handreichungen für die Unterrichtspraxis entstanden (Hengartner u. a. 2006; Hirt/Wälti 2008; Nührenbörger/Pust 2006; Ulm

2008; Krauthausen/Scherer 2010b; Krauthausen/Scherer 2014). In ihren Grundzügen sind die Aufgaben jeweils ähnlich strukturiert, auch wenn leicht unterschiedliche Schwerpunkte gesetzt werden. Außerdem entstehen im Rahmen von Dissertationen, die den Educational-Design-Research-Ansatz nutzen, immer wieder einzelne Lernumgebungen (z. B. Link 2012; Weskamp 2019) oder es werden unterrichtspraktische Umsetzungen bereits bestehender Lernumgebungen in Zeitschriften veröffentlicht (z. B. Krauthausen 1995; Scherer 1997; Loska/Hertmann 2006; Kiefer 2013; Franz 2014; Haug 2016; Lutz/Korber 2016).

Im nächsten Kapitel werden Kapitel 1 und 2 zusammengeführt und Konsequenzen eines aus dem Konstruktivismus entspringenden Lernverständnisses für die konkrete Umsetzung von substanziellen Lernumgebungen aufgezeigt, wie sie in den dazu veröffentlichten Publikationen angedacht ist.

3 Mit substanziellen Lernumgebungen unterrichten

Der Einsatz von substanziellen Lernumgebungen im Unterricht unterstützt den Aufbau der in den Bildungsstandards geforderten prozessbezogenen Kompetenzen. Um dieses Potenzial zu nutzen, ist ein regelmäßiger und systematischer Einsatz solcher Lernumgebungen im Unterricht sinnvoll.

Für die Umsetzung von substanziellen Lernumgebungen werden in der Regel im Sinne einer konstruktivistischen Lerntheorie drei Phasen empfohlen (Hirt/Wälti 2010, S. 17):
1. Inszenierung der Lernumgebung,
2. längere Phase der Eigenaktivität, fachliche Dialoge und individuelle fachliche Begleitung durch Lehrperson und
3. Austausch (der Situation angepasst).

Die Lehrperson führt zu Beginn einer Unterrichtsstunde die Lernumgebung für die gesamte Lerngruppe ein, illustriert sie anhand von ein bis zwei Beispielen und steckt den Rahmen für die Bearbeitung ab (Hirt/Wälti 2010, S. 17). Eine Diskussion möglicher Beispiele, Lösungswege oder Bearbeitungsstrategien sollte dabei nicht zu viel Entdeckungspotenzial vorwegnehmen, sondern auf das jeweilige Lernziel ausgerichtet sein (Weskamp 2019, S. 310).

Nach der gemeinsamen Inszenierung arbeiten die Lernenden eigenständig. Der Fokus der Lehrperson liegt hier nicht auf der Vermittlung, sondern auf fachlicher Begleitung individueller Konstruktionsprozesse. Der zuvor geklärte mathematische Rahmen ist offen in Bezug auf das Anspruchsniveau, die Bearbeitungstiefe, die Darstellungsform sowie die Denk- und Rechenwege und lässt dadurch eigene Entscheidungen der Lernenden zu. Die Lernenden erarbeiten mathematische Strukturen und konstruieren individuell neue mathematische Bedeutungen. Für diese Phase wird ausreichend Zeit eingeplant, damit Lernende nicht mitten in der Bearbeitung aus ihren Entdeckungsprozessen herausgerissen werden (Hirt/Wälti 2010, S. 17 f.). Es sind jedoch keineswegs nur die leistungsstärkeren Lernenden, die Strukturen und Muster erkennen bzw. problemstrukturierte Fragestellungen beantworten können. Gerade durch die natürliche Differenzierung ist es möglich, unterschiedlich weit in eine Aufgabe „einzudringen", beispielhaft konkret oder allgemein vorzugehen und individuell passende Darstellungen und Modelle zu wählen (vgl. Krauthausen/Scherer 2014, S. 118).

Bei den meisten substanziellen Lernumgebungen wird erst nach der eigentlichen Bearbeitung der Aufgabenstellung empfohlen, entsprechende fachliche Dialoge zu initiieren (Hirt/Wälti 2010, S. 19). Es wird meist ausdrücklich davon abgeraten, dass die Kinder sich von Beginn an austauschen, um zu verhindern, dass die schnelleren Schülerinnen und Schüler ihre Ideen mitteilen und damit Entdeckungen der langsameren Lernenden vorwegnehmen. Dennoch ist ein spontaner Austausch während der weiteren Bearbeitung erwünscht (Hirt/Wälti 2010, S. 18). Im Unterschied zu den kooperativen Lernumgebungen in diesem Band ist der Austausch jedoch spontaner Natur und setzt die Eigeninitiative der Kinder voraus. Besonders für die arithmetischen und geometrischen Lernumgebungen aus dem Buch von Hirt und Wälti (2010) wird dieses Vorgehen vorgeschlagen, für die Lernumgebungen zum Sachrechnen hingegen wird auch bereits dort von Anfang an eine Bearbeitung in Kleingruppen angeregt.

Damit erhält nach den individuellen aktiv-entdeckenden Konstruktionsphasen (Ich-Phase) sowohl der Austausch mit einem Partner (Du-Phase) als auch die kollektive Reflexion (Wir-Phase) eine besondere Bedeutung. Der *Diskussionsbedarf* ist gegeben, sind doch die entstandenen Produkte aufgrund der Offenheit der Aufgabenstellung sowie aufgrund der unterschiedlichen Fähigkeiten der Lernenden individuell deutlich verschieden (Krauthausen / Scherer 2014, S. 53). Ein Austausch, in dem die Lernenden versuchen, die Erkenntnisse und Denkwege der anderen nachzuvollziehen, lohnt sich also unbedingt (Krauthausen / Scherer 2014, S. 53). Eine solche Diskussion kann wiederum zu sozio-kognitiven Konflikten führen, die die Lernenden dazu veranlassen, ihre eigenen Denkschemata zu verändern oder neue Denkschemata aufzubauen (siehe Kapitel 1).

Insgesamt ist es von großer Bedeutung, dass die Lehrperson sich vor der Inszenierung überlegt, welche Kriterien gute Produkte erfüllen und welche Fragen und Beispiele auch einfache Arbeiten der Lernenden nach Möglichkeit enthalten sollten. Sie antizipiert so mögliche Produkte der Lernenden. Aufgrund der Offenheit der Aufgabenstellung kann die Lehrperson den Verlauf der Stunde jedoch nicht in Gänze vorausplanen, ist es ja Ziel der Lernumgebungen, individuelle Lösungsansätze der Kinder zu ermöglichen. Die intensive Vorbereitung der Lehrperson hilft ihr aber, auf die vielfältigen Lösungen der Lernenden ad hoc zu reagieren und diese für die Diskussion in der Klasse zu nutzen (Hirt / Wälti 2010, S. 18).

4 Interaktionistisches Lernverständnis

Ein zu diskutierender Aspekt der in Kapitel 1 und 2 dargestellten konstruktivistischen lerntheoretischen Orientierung ist, dass sie in der Tradition Piagets (z. B. 1972) eine individuelle Phase der Eigentätigkeit stets als grundlegende Konstituente von fundamentalen Lernprozessen ansieht und die Interaktion als zweitrangig, nachgeschaltet betrachtet. Blickt man aber in die parallel zu diesen Lernorientierungen entwickelte mathematikdidaktische Lehr-Lern-Forschung der letzten 40 Jahre, so haben soziologische und sozial-konstruktivistische Betrachtungen von Lernprozessen im Verlauf dieser Zeit immer mehr Einfluss auf die theoretischen Entwürfe von fachlichem mathematischem Lernen genommen (Lerman 2000). Auch das Verständnis von Mathematik hat sich in dieser Zeit geändert. Mathematik lässt sich mittlerweile als eine soziale, durch Sprache vermittelte und kollektiv konstruierte Kulturtechnik verstehen (vgl. Solomon 2009; Schütte 2014, Schütte / Jung / Krummheuer 2021, in Vorb.). In diesem Zuge haben sich in der deutschsprachigen Mathematikdidaktik in den 1980er Jahren interaktionistische Ansätze der interpretativen Unterrichtsforschung entwickelt (Bauersfeld 1978; Voigt 1984; Krummheuer 1992; Schütte 2009; Schütte / Friesen / Jung 2019). Diese Ansätze gründen sich auf der soziologischen Theorie des symbolischen Interaktionismus und der Ethnomethodologie und verbinden so soziologische und fachdidaktische Theorien, um das Lernen von Mathematik beschreiben zu können (vgl. hierzu auch Jung 2019). Sie heben – vielfach mit einem Verweis auf die soziologische Lerntheorie von Miller (1986) – den interaktiven Austausch als grundlegend für fundamentales Lernen von Neuem hervor.

Im Folgenden soll dieser interaktionistische Ansatz skizziert und mit der konstruktivistischen Lerntheorie in Beziehung gesetzt werden. Die alternative Sichtweise zu einem monologischen Lernverständnis begreift Lernen als einen dialogisch initiierten Prozess, der sich als Koordination mentaler Aktivitäten von mindestens zwei Individuen, wie sie z. B. in Gesprächen stattfinden, beschreiben lässt. Der Interaktionismus geht davon aus, dass erst soziale Interaktionsprozesse zwischen den Individuen einer Gruppe dem einzelnen Individuum fundamentale Lernschritte ermöglichen. Fundamentale Lernschritte sind solche, die sich nicht nur auf die Anwendung oder Reproduktion von bereits bestehendem Wissen zurückführen lassen (Miller 1986; 2006). Lernen wird hiernach weiterhin als ein Prozess des Individuums aufgefasst, welcher aber *grundlegend* in Aktivitäten des Kollektivs verankert ist. Es findet so „dualistisch" statt sowohl im Inneren eines Individuums im Sinne einer kognitiven Umstrukturierung als auch in den Interaktionsprozessen, an denen das Individuum teilhat (siehe hierzu auch Voigt 1995, S. 164 ff.). Lernen ist damit im Gegensatz zum konstruktivistischen Verständnis kein Prozess, der nur im Inneren eines Individuums zu verorten bzw. auf die Veränderung im Inneren des Individuums bezogen ist (vgl. hierzu auch Schütte 2009; Schütte/Jung 2016).

4.1 Interaktion als Grundlage des Mathematiklernens

Nach einem interaktionistischen Verständnis findet Lernen in erster Linie zwischen Menschen statt. Miller (1986; 2006) greift zur Veranschaulichung auf ein altes Experiment der Balkenwaage zurück (Piaget/Inhelder 1980). Bei diesem Experiment werden die Problemlösefähigkeiten von Kindern in Einzel- und in Gruppenbearbeitungsprozessen miteinander verglichen. Die Kinder erhalten den Auftrag zu bestimmen, wie eine blockierte Balkenwagen ausschlägt, wenn ihre Blockade aufgehoben wird. In mehreren Durchläufen werden dabei die Bedingungen verändert. So werden z. B. unterschiedliche Gewichte an unterschiedlichen Positionen befestigt. Miller stellt fest, dass Kinder in der Gruppe, die sich auf eine gemeinsame Lösung zu einigen haben, ein Problemlöseniveau erreichen, das ihnen als Individuum verwehrt scheint. Er schlussfolgert, dass fundamentales Lernen nicht durch Reifungsprozesse oder individuelle Entwicklung innerhalb des Einzelnen ohne Austausch mit anderen abläuft, sondern stets erst in Interaktionen mit anderen initiiert wird. Er zeigt damit eindrücklich, dass das individuelle Überschreiten der eigenen kognitiven Kapazitäten den Austausch und die Aushandlung in der Gruppe erfordern und dass das Individuum diese Prozesse erst anschließend reflexiv für sich verarbeitet. Fundamentales Lernen wäre dieser Ansicht folgend grundsätzlich in Aktivitäten des Kollektivs verankert. Das nach konstruktivistischer Grundorientierung durch die Interaktion mit anderen auftretende „störende Außen" gibt dem Individuum nach interaktionistischer Lernorientierung erst die Möglichkeiten, die eigenen „begrenzten" kognitiven Fähigkeiten systematisch durch den Austausch mit anderen zu überschreiten (Miller 1986; 2006).

Miller beschreibt die Aushandlungsprozesse von Lernenden, die gemeinsam ein strittiges Problem bearbeiten, als „kollektive Argumentationen" (Miller 1986, S. 23). Fundamentale Lernprozesse werden in Millers Verständnis gerade dann ausgelöst, wenn innerhalb einer Gruppe ein Dissens oder sozio-kognitiver Konflikt identifiziert und aufzulösen versucht wird. Krummheuer (1992, S. 116 ff.) greift diesen Begriff auf, stellt jedoch die Notwendigkeit eines Dissenses infrage. Er postuliert, dass kollektive Argumentation auch durch gemeinsames Aushandeln zu einem Problem werden kann, ohne das etwas zuvor strittig ist (vgl. hierzu auch Jung 2019, S. 107). Dies erscheint für die Schulwirklichkeit eine sinnvolle Erweiterung des Konzeptes, entstehen doch im Mathematikunterricht der Schule häufig kollektive Aushandlungsprozesse mit dem Ziel, eine Lösung zu begründen, ohne dass die Beteiligten sich in der Sache uneins sind. Innerhalb dieser kollektiven Argumentationen findet nach interaktionistischen Ansätzen Lernen wie im Folgenden beschrieben statt.

Kollektive Argumentationen treten hervor, wenn in einer Gruppe zwischen den Beteiligten ein Aushandlungsprozess z. B. zur Lösung eines mathematischen Problems entsteht. Die Beteiligten entwerfen in diesem Prozess der „*Bedeutungsaushandlung*" (Krummheuer 1992, S. 29) mathematische Deutungen auf der Grundlage ihrer individuellen Erfahrungen und Kenntnisse. Zeichnet die Lehrperson beispielsweise eine Zahlenmauer an die Tafel, so wird diese verschieden gedeutet: Einige Kinder deuten sie vor dem Hintergrund ihrer bereits gemachten Erfahrungen mit Zahlenmauern im Unterricht, einige deuten sie vor Bauerfahrungen mit Spielsteinen, und wieder andere erkennen in der Zahlenmauer gängige Strukturen der Steine von Häuserwänden usw. Diese ersten vorläufigen Deutungen der Situation nennt Krummheuer (1992, S. 22) „*Situationsdefinition*". Im Prozess der Bedeutungsaushandlung werden die individuellen Situationsdefinitionen dann untereinander abgestimmt, indem die Beteiligten sich austauschen, streiten, diskutieren, sich zustimmen, neue Ideen generieren, andere wiederum verwerfen. Es findet also ein wechselseitiger Abgleich der individuellen Situationsdefinitionen statt, der zu einer „*als geteilt geltenden Deutung*" bzw. einem „*Arbeitskonsens*" (Krummheuer 1992, S. 33 f.) führen kann (zum Begriff „als geteilt geltende[s]" Verständnis: Voigt 1994, S. 78). Dieser Arbeitskonsens ist etwas „Zwischenzeitliches", das als Grundlage für weitere Aushandlungsprozesse dient. Er kann in der weiteren Interaktion stets erneut verworfen oder verändert werden. Natürlich deuten die beteiligten Kinder nach diesem Prozess der Bedeutungsaushandlung die Zahlenmauer nicht alle gänzlich gleich. Der Begriff der geteilt geltenden Deutung bzw. des Arbeitskonsenses bezieht sich deshalb auf die Passung individueller Situationsdefinitionen in dem Sinne, dass ein gemeinsames Arbeiten der Beteiligten damit möglich ist. Es bedarf also lediglich einer funktionalen Passung der Situationsdefinitionen, ohne dass dabei eine vollständige inhaltliche Passung vorliegen müsste (Voigt 1994).

Der so sozial konstituierte Arbeitskonsens kann für das Individuum neuartig sein, wenn es die eigenen Deutungsweisen überschreitet, und stellt zugleich das kollektiv erzeugte „Anregungspotenzial" für individuelle kognitive Umstrukturierungsprozesse dar. So verändern und verfestigen wiederholt ausgehandelte Arbeitskonsense die individuelle Situationsdefinitionen der jeweils Beteiligten. Menschen handeln dementsprechend nicht stets neu aus, was beispielsweise ein Würfel ist, sondern haben in der Regel bereits als Kind an vielen kollektiven Argumentationen teilgenommen, in denen Arbeitskonsense ausgehandelt wurden, die bei ihnen zum Aufbau von stabilen Situationsdefinitionen führten. Diese standardisierten und routiniert einsetzbaren Situationsdefinitionen werden mit Verweis auf Goffman (1974) als „*Rahmungen*" bezeichnet (Krummheuer 1992, S. 24). Unterschiedliche hervorgerufene Rahmungen von Individuen können zu gänzlich unterschiedlichen Deutungen von ein und derselben Situation führen.

Das Konzept der Rahmung öffnet eine erweiterte Perspektive auf Fehler von Schülerinnen und Schüler während ihrer Lernprozesse. Ausgehend von der grundsätzlichen Annahme, dass Schülerinnen und Schüler ihr Handeln als sinnvoll betrachten, lassen sich im Lernprozess auftauchende Fehler über die Rekonstruktion von „*Rahmungsdifferenzen*" (Krummheuer 1992, S. 64) differenziert betrachten. Als sehr einleuchtendes Beispiel lässt sich hier die Zahlbereichserweiterung heranziehen. Kinder konstruieren in der Grundschule ein Verständnis für natürliche Zahlen und lernen, mit diesen zu rechnen. Hierbei lernen sie auch Dezimalbrüche kennen, die vorerst als Dezimalzahlen weiter auf der Basis des Konzeptes der natürlichen Zahlen behandelt werden. In dem Moment, in dem die Bruchrechnung nun aber systematisch eingeführt wird, kommen vermeintliche „Fehlkonzepte" bei Kindern zum Vorschein. Sie lassen sich meistens so deuten, dass die Kinder weiterhin die mittlerweile sehr stabilen Rahmungen der natürlichen Zahlen und ihren Rechenoperationen als Hintergrundfolien der neuen Aufgaben zur Bruchrechnung anwenden. So muss das Konzept, dass beim Multiplizieren zweier Zahlen das Ergebnis stets größer ist als die zwei Faktoren, angepasst werden und neue Rahmungen zu den Grundrechenarten von Bruchzahlen aufgebaut werden, da die alten für diesen Zahlbereich nicht mehr tragen (vgl. hierzu auch das Konzept der Grundvorstellungsumbrüche von vom Hofe / Wartha 2004).

Rahmungen von Lernenden untereinander sowie Rahmungen von Lernenden und Lehrpersonen stimmen also häufig nicht überein (Krummheuer 1992, S. 64). Lehrpersonen deuten Situationen des Unterrichts vor Rahmungen aus ihrer fachwissenschaftlichen und didaktischen Interaktionspraxis, wie z.B. bei der Einführung der Bruchrechnung. Lernende deuten diese auf der Grundlage von Rahmungen ihres außerschulischen Umfeldes bzw. ihrer vorangegangenen Schullaufbahn. Zur Ermöglichung von Lernprozessen innerhalb dieser unterschiedlichen Sicht auf Lerninhalte müssen Rahmungsdifferenzen zwischen den Beteiligten von den Lehrpersonen koordiniert werden. Rahmungsdifferenzen können so einerseits die Anpassung der Situationsdefinitionen der beteiligten Individuen erschweren, stellen aber andererseits auch einen „'motor' of learning" (Schütte 2014, S. 927) dar, da durch sie eine gewisse Notwendigkeit zur Aushandlung zwischen den Beteiligten entsteht (Friesen 2020, S. 269f.; Friesen/Schütte 2020, in Vorb.).

Zusammengefasst findet mathematisches Lernen dadurch statt, dass Individuen diese Rahmungen neu konstruieren oder alte modifizieren.

> Mit dem Lernen neuer Rahmungen erschließt sich das Individuum einen neuen gesellschaftlichen Wirklichkeitsbereich. Es erwirbt eine neue Perspektive auf die Wirklichkeit, mit der neue Aspekte und neue Eigenschaften von ihr „eingesehen" werden können.
> (Krummheuer 1992, S. 45)

Dieser interaktionistischen Perspektive folgend, benötigen Menschen zur Überschreitung der eigenen kognitiven Kapazitäten den Austausch und die Aushandlung in der Gruppe. Das Individuum verarbeitet diese Gruppenprozesse erst anschließend reflexiv. Eine solche Perspektive auf Lernprozesse stellt die Grundlage für dieses Buch dar. Wenn Lernen in Interaktionen mit anderen durch den wiederholten Aufbau von Arbeitskonsensen in gemeinsamen Austauschprozessen stattfindet, sollte es das Ziel sein, möglichst vielfältige, aber strukturähnliche Interaktionsprozesse zu initiieren, um dadurch den partizipierenden Lernenden Rahmungskonstruktionen oder -modifikationen zu ermöglichen (vgl. Schütte/Krummheuer/Jung 2021, in Vorb.).

4.2 Gemeinsamkeiten in der unterrichtspraktischen Umsetzung

In der unterrichtspraktischen Umsetzung des konstruktivistischen und des interaktionistischen Lernverständnisses finden sich einige Parallelen.

Eine Gemeinsamkeit ist der Grundgedanke, dass zur Ermöglichung von fundamentalen Lernschritten eine gewisse fachliche Offenheit und Ganzheitlichkeit von Problemen unabdingbar ist. So beinhalten beide Zugänge zum Lernen von Mathematik eine Abkehr vom fragend-entwickelnden passiven Unterricht. Der konstruktivistische Zugang versucht, die Passivität der Lernenden durch intensive individuelle Auseinandersetzung mit den mathematischen Inhalten zu überwinden und eigene Entdeckungen zu begünstigen. Der interaktionistische Zugang versucht, die Passivität des Mathematiklernens durch den Austausch mit anderen in kollektiven Argumentationsprozessen zu überwinden, die zur Konstruktion von kollektiv Geteiltem führen (vgl. Schütte/Krummheuer 2012, S. 363). Ziel beider Zugänge ist demnach die Initiierung von aktiven Lernprozessen. Diese Aktivität der Lernenden geht einher mit einer zunehmenden „Passivität" der Lehrenden, deren Aufgabe von der Vermittlung mathematischer Inhalte hin zur Begleitung mathematischer Lernprozesse wechselt.

Für ein Unterrichten auf Basis beider mathematikdidaktischer Ansätze erhält damit die Anleitung und Begleitung von Austauschphasen in Kleingruppen sowie von abschließenden Reflexionen im Plenum durch eine fachlich gut ausgebildete Lehrkraft eine große Bedeutung. Aufgrund der Öffnung der inhaltlichen Auseinandersetzung sind sowohl die sprachliche Gestaltung des Unterrichts während der kollektiven Lernphasen (interaktionistische Grundorientierung) als auch die sprachliche Reflexion am Ende der offenen eigenen aktiv-entdeckenden Konstruktionsphasen (konstruktivistische Grundorientierung) entscheidend (vgl. Schütte 2010; 2014; 2015). Krauthausen und Scherer (2010a, S. 42) führen an, dass sich Aufgabenlösungen von Schülerinnen und Schülern aufgrund der zunehmenden Heterogenität der Schülerschaft deutlich unterscheiden, was einen erhöhten Bedarf an kollektiven Aushandlungsprozessen nach sich zieht. Hierdurch gewinnen noch einmal sprachlich angeleitete Plenumsphasen – zu Beginn, während des Bearbeitungsprozesses sowie am Ende der Aufgabenbearbeitung – genauso wie die prozessbegleitende sprachliche Gestaltung der eigentlichen Lernprozesse an Bedeutung.

Aus der Perspektive einer interaktionistischen Grundorientierung unterliegen alle Aushandlungsprozesse prinzipiell einer nach vorne gerichteter Offenheit – ist es doch nicht absehbar, wie die Interaktion weiterverläuft. Lehrpersonen benötigen deshalb eine situationsbezogene Interpretationskompetenz (Krummheuer 2004, S. 124 f.), um die möglichen unterschiedlichen Deutungen in Äußerungen der Lernenden zu erkennen. Dies befähigt sie, im Unterricht notwendige Ad-hoc-Entscheidungen zu treffen, um kollektive Lernprozesse bestmöglich zu begleiten. Aus konstruktivistischer Perspektive steht an dieser Stelle die Unterstützung der individuellen mathematischen Konstruktionen im Fokus, welche von den Lehrpersonen sprachlich unterstützt werden und darüber hinaus in Plenumsphasen auch der gesamten Klasse zugänglich gemacht werden können (vgl. Jung / Schütte 2015).

Literatur- und Quellenverzeichnis

Bauersfeld, H. (1978): Kommunikationsmuster im Mathematikunterricht. Eine Analyse am Beispiel der Handlungsverengung durch Antworterwartung. In: H. Bauersfeld (Hrsg.), *Fallstudien und Analysen zum Mathematikunterricht* (S. 158–170). Hannover: Schroedel.

Borsch, F. (2019): *Kooperatives Lernen. Theorie – Anwendung – Wirksamkeit* (3. Auflage). Stuttgart: Kohlhammer.

Brandt, B. (2004): *Kinder als Lernende. Partizipationsspielräume und -profile im Klassenzimmer. Eine mikrosoziologische Studie zur Partizipation im Klassenzimmer.* Frankfurt a. M. u. a.: Peter Lang.

Brandt, B./Tiedemann, K. (Hrsg.) (2019): *Mathematiklernen aus interpretativer Perspektive I – Aktuelle Themen, Arbeiten und Fragen.* Münster, New York: Waxmann.

Brüning, L./Saum, T. (2009): *Erfolgreich unterrichten durch kooperatives Lernen* (5. Auflage). Essen: Neue Deutsche Schule.

D'Ambrosio, U. (1985): Ethnomathematics and its place in the history and pedagogy of mathematics. In: *For the Learning of Mathematics*, 5(1), S. 44–48.

Deci, E. L./Ryan, R. M. (2009): Promoting Self-Determined School Engagement. Motivation, Learning, and Well-Being. In: K. Wentzel/A. Wigfield (Hrsg.), *Handbook of Motivation at School* (S. 171–195). New York: Routledge.

Drüke-Noe, C. (2014): *Aufgabenkultur in Klassenarbeiten im Fach Mathematik. Empirische Untersuchungen in neunten und zehnten Klassen.* Hamburg: Springer Spektrum.

Ebbens, S./Ettekoven, S. (2011): *Unterricht entwickeln. Band 2. Kooperatives Lernen.* Baltmannsweiler: Schneider Verlag Hohengehren.

Fetzer, M. (2007): *Interaktion am Werk: eine Interaktionstheorie fachlichen Lernens, entwickelt am Beispiel von Schreibanlässen im Mathematikunterricht der Grundschule.* Bad Heilbrunn: Klinkhardt.

Franz, A. (2014): Stein auf Stein – so einfach kann Addieren sein! Erstklässler/innen üben Addieren und Subtrahieren mit dem substantiellen Aufgabenformat Zahlenmauer. In: *Grundschulunterricht Mathematik*, (1), S. 22–25.

Friesen, R.-A. (2020): Partizipation an kollektiven Lernsituationen in jahrgangsgemischtem Unterricht – eine mathematikdidaktische Perspektive Ein interaktionistisches Lernverständnis. In: N. Skorsetz/M. Bonanati/D. Kucharz (Hrsg.), *Diversität und soziale Ungleichheit – Herausforderungen an die Integrationsleistung der Grundschule. Jahrbuch Grundschulforschung* (S. 265–270). Wiesbaden: Springer VS.

Friesen, R.-A./Schütte, M. (2020, in Vorb.): Interactional obligations within collaborative learning situations bringing forth deeper collective argumentation. In: *Seventh ERME Topic Conference: Language in the Mathematics Classroom in Montpellier, France*.

Friesen, R.-A./Schütte, M./Wälti, B. (2020, in Vorb.): Mathematische Lernumgebungen kooperativ bearbeitet von Anfang an. In: *Beiträge zum Mathematikunterricht, 2020*.

Gallin, P./Ruf, U. (2011): Erkennen und Bewerten von Leistungen im dialogischen Unterricht. In: W. Sacher/F. Winter (Hrsg.), *Diagnose und Beurteilung von Schülerleistungen* (S. 231–249). Baltmannsweiler: Schneider Verlag Hohengehren.

Goffmann, E. (1974): *Frame Analysis. An Essay on the Organization of Experience.* Cambridge: Harvard University Press.

Green, K./Green, N. (2006): *Kooperatives Lernen in der Grundschule. Zusammen arbeiten – Aktive Kinder lernen mehr.* Essen: Neue Deutsche Schule.

Green, N./Green, K. (2007): *Kooperatives Lernen im Klassenraum und im Kollegium. Das Trainingsbuch* (3. Auflage). Seelze: Klett/Kallmeyer.

Gysin, B. (2018): *Lerndialoge von Kindern in einem jahrgangsgemischten Anfangsunterricht Mathematik. Chancen für eine mathematische Grundbildung.* Münster: Waxmann.

Häsel-Weide, U. (2016): *Vom Zählen zum Rechnen. Struktur-fokussierende Deutungen in kooperativen Lernumgebungen.* Wiesbaden: Springer Spektrum.

Haug, R. (2016): Nachlegen – weiterlegen – selber legen. Mit Patternblocks voneinander und miteinander lernen. In: *Grundschulunterricht Mathematik*, (4), S. 16–20.

Hengartner, E./Hirt, U./Wälti, B./Primarschulteam Lupsingen (2006): *Lernumgebungen für Rechenschwache bis Hochbegabte. Natürliche Differenzierung im Mathematikunterricht.* Zug: Klett und Balmer.

Hinz, A. (1993): *Heterogenität in der Schule. Integration, Interkulturelle Erziehung, Koedukation.* Hamburg: Curio.

Hirt, U./Wälti, B. (2008): *Lernumgebungen im Mathematikunterricht. Natürliche Differenzierung für Rechenschwache bis Hochbegabte.* Seelze: Klett/Kallmeyer.

Hirt, U./Wälti, B. (2010): *Lernumgebungen im Mathematikunterricht. Natürliche Differenzierung für Rechenschwache bis Hochbegabte.* Seelze: Klett/Kallmeyer.

Johnson, D./Johnson, R. (1999): *Learning together and alone: cooperative, competitive, and individualistic learning.* Boston: Allyn and Bacon.

Jung, J. (2019): Möglichkeiten des gemeinsamen Lernens im inklusiven Mathematikunterricht – Eine interaktionistische Perspektive. In: B. Brandt/K. Tiedemann (Hrsg.), *Mathematiklernen aus interpretativer Perspektive – Aktuelle Arbeiten und Fragen.* (S. 103–126). Münster: Waxmann.

Kiefer, M. (2013): Das Mal-Plus-Haus. Struktur erkennen – Rechengesetze entdecken – spielerisch üben. In: *Grundschulunterricht Mathematik*, (3), S. 35–45.

KMK = Kultusministerkonferenz (KMK) (Hrsg.) (2005): *Bildungsstandards im Fach Mathematik für den Primarbereich. Beschluss vom 15.10.2004.* München: Wolters Kluwer.

Konrad, K./Traub, S. (2019): *Kooperatives Lernen. Theorie und Praxis in Schule, Hochschule und Erwachsenenbildung* (7. Auflage). Baltmannsweiler: Schneider Verlag Hohengehren.

Krauthausen, G. (1995): Zahlenmauern im zweiten Schuljahr – ein substantielles Übungsformat. In: *Grundschulunterricht, 42*(10), S. 5–9.

Krauthausen, G. (2018): *Einführung in die Mathematikdidaktik – Grundschule* (4. Auflage). Berlin: Springer Spektrum.

Krauthausen, G./Scherer, P. (2010a): Natural Differentiation in Mathematics – The NaDiMa Project. In: M. van Zanten (Hrsg.), *Waardevol reken-wiskundeoderwijs – kenmerken van kwaliteit. Proceedings of 28th Panama Conference.* (S. 33–57). Utrecht: Fisme, Universiteit Utrecht.

Krauthausen, G./Scherer, P. (2010b): *Umgang mit Heterogenität. Natürliche Differenzierung im Mathematikunterricht der Grundschule.* Kiel: IPN Leibnitz Institut für die Pädagogik der Naturwissenschaften und Mathematik (IPN) der Universität Kiel.

Krauthausen, G./Scherer, P. (2014): *Natürliche Differenzierung im Mathematikunterricht. Konzepte und Praxisbeispiele aus der Grundschule. Materialübersicht.* Seelze: Klett/Kallmeyer.

Krummheuer, G. (1992): *Lernen mit „Format". Elemente einer interaktionistischen Lerntheorie. Diskutiert an Beispielen mathematischen Unterrichts.* Weinheim: Deutscher Studien Verlag.

Krummheuer, G. (2004): Wie kann man Mathematikunterricht verändern? Innovation von Unterricht aus Sicht eines Ansatzes der Interpretativen Unterrichtsforschung. In: *Journal für Mathematik-Didaktik, 25*(2), 112–129.

Lerman, S. (2000): The social turn in mathematics education research. In: J. Boaler (Hrsg.), *Multiple Perspectives on Mathematics Teaching and Learning.* (S. 19–44). Westport/CT: Ablex.

Link, M. (2012): *Grundschulkinder beschreiben operative Zahlenmuster. Entwurf, Erprobung und Überarbeitung von Unterrichtsaktivitäten als ein Beispiel für Entwicklungsforschung.* Wiesbaden: Springer Spektrum.

Loska, R./Hertmann, M. (2006): Erste Schritte in die Algebra mit dem Rechendreieck. In: *Grundschule, 38*(1), S. 36–38.

Lutz, S./Korber, L. (2016): Zahlenmauern. Eine Form der Lernumgebung im inklusiven Mathematikunterricht. In: *Grundschulunterricht Mathematik,* (1), S. 39–45.

Matter, B. (2017): *Lernen in heterogenen Lerngruppen. Erprobung und Evaluation eines Konzepts für den jahrgangsgemischten Mathematikunterricht.* Wiesbaden: Springer Spektrum.

Mayer, C. (2019): *Zum algebraischen Gleichheitsverständnis von Grundschulkindern. Konstruktive und rekonstruktive Erforschung von Lernchancen.* Wiesbaden: Springer Spektrum.

Miller, M. (1986): *Kollektive Lernprozesse: Studien zur Grundlage einer soziologischen Lerntheorie.* Frankfurt a. M.: Suhrkamp.

Miller, M. (2006): *Dissens. Zur Theorie diskursiven und systemischen Lernens.* Bielefeld: Transcript.

Möller, M./Pönicke, P. (1992): Mit Köpfchen spielen! Gewinnstrategien suchen und entwickeln. In: *Die Grundschulzeitschrift,* (52), S. 26–28.

Naujok, N. (2000): *Schülerkooperation im Rahmen von Wochenplanunterricht. Analyse von Unterrichtsausschnitten aus der Grundschule.* Weinheim: Deutscher Studien-Verlag.

Nührenbörger, M./Pust, S. (2006): *Mit Unterschieden rechnen. Lernumgebungen und Materialien für einen differenzierten Anfangsunterricht.* Seelze: Klett/Kallmeyer.

Nührenbörger, M./Verboom, L. (2005): *Eigenständig lernen – Gemeinsam lernen. Mathematikunterricht in heterogenen Klassen im Kontext gemeinsamer Lernsituationen.* Kiel: IPN Leibniz-Institut f. d. Pädagogik d. Naturwissenschaften an d. Universität Kiel.

Piaget, J. (1972): *Psychologie der Intelligenz.* Olten, Freiburg: Walter.

Piaget, J. (1974): *Abriss der genetischen Epistemologie.* Olten: Walter.

Piaget, J. (1985): *The Equilibrium of Cognitive Structures. The central problem of intellectual development.* Chicago: University of Chicago Press.

Piaget, J./Inhelder, B. (1980): *Von der Logik des Kindes zur Logik des Heranwachsenden. Essay über die Ausformung der formalen operativen Strukturen.* Stuttgart: Klett-Cotta.

PiK AS (2010): Dialogisches Lernen von Sprache und Mathematik. Abgerufen 3. September 2017, von Haus 5: Individuelles und gemeinsames Lernen. http://pikas.dzlm.de/pikasfiles/uploads/upload/Material/Haus_5_-_Individuelles_und_gemeinsames_Lernen/IM/Informationstexte/H5_IM_Dialogisches_Lernen_von_Sprache_und_Mathematik.pdf.

Röhr, M. (1995): *Kooperatives Lernen im Mathematikunterricht der Primarstufe.* Wiesbaden: Deutscher Universitätsverlag.

Rothenbächer, N. (2016): *Kooperatives Lernen im inklusiven Mathematikunterricht.* Hildesheim: Franzbecker.

Ruf, U./Gallin, P. (2011): *Dialogisches Lernen in Sprache und Mathematik. Band 1: Austausch unter gleichen. Grundzüge einer interaktiven und fächerübergreifenden Didaktik* (4. Auflage). Seelze: Klett/Kallmeyer.

Schnalle, K./Schwank, I. (2006): Das Zahlen-Hochhaus [ZH]: Multiplikative Zusammenhänge im Hunderterraum. Beiträge zum Mathematikunterricht 2006. Hildesheim: Franzbecker.

Scherer, P. (1997): Substantielle Aufgabenformate – jahrgangsübergreifende Beispiele für den Mathematikunterricht. Teil 1. In: *Grundschulunterricht, 44*(1), S. 34–38.

Schütte, M. (2009): *Sprache und Interaktion im Mathematikunterricht der Grundschule. Zur Problematik ei-*

ner Impliziten Pädagogik für schulisches Lernen im Kontext sprachlich-kultureller Pluralität. Münster, New York, München, Berlin: Waxmann.

Schütte, M. (2010): Implizite Pädagogik – Eine Barriere für Lernen im Mathematikunterricht der Grundschule. In: B. Brandt/M. Fetzer/M. Schütte (Hrsg.), *Auf den Spuren Interpretativer Unterrichtsforschung* (S. 209-242). Münster: Waxmann.

Schütte, M. (2014): Language-Related Learning of Mathematics. A Comparison of Kindergarten and Primary School as Places of Learning. In: *Zentralblatt für Didaktik der Mathematik, 46*, S. 923–938.

Schütte, M. (2015): Sprachbezogenes Lernen von Mathematik in sprachlich-kulturell heterogenen Lerngruppen – Ein Vergleich der Lernorte Kita und Schule. In: *Zeitschrift für Inklusion, (3)*.

Schütte, M./Friesen, R.-A./Jung, J. (2019): Interactional analysis: A method for analysing mathematical learning processes in interactions. In: G. Kaiser/N. Presmeg, *Compendium for early career researchers in mathematics education*. Cham: Springer.

Schütte, M./Jung, J. (2016): Methodologie und methodisches Vorgehen Interpretativer Unterrichtsforschung am Beispiel inklusiven Lernens von Mathematik. In: *Zeitschrift für Inklusion, (4)*.

Schütte, M./Kaiser, G. (2011): Equity and the Quality of the Language Used in Mathematics Education. In: B. Atweh/M. Graven/W. Secada/P. Valero (Hrsg.), *Mapping Equity and Quality in Mathematics Education* (S. 237–251). New York: Springer.

Schütte, M./Krummheuer, G. (2012): Das Implizite beim fundamentalen Lernen von Mathematik. In: W. Blum/R. Borromeo Ferri/K. Maaß (Hrsg.), *Mathematikunterricht im Kontext von Realität, Kultur und Lehrerprofessionalität: Festschrift für Gabriele Kaiser* (S. 357–366). Wiesbaden: Vieweg-Teubner.

Schütte, M./Jung, J./Krummheuer, G. (2021, in Vorb.): Eine interaktionistische Perspektive auf mathematische Denkentwicklung – Mathematiklernen durch Partizipation an Diskursen. In: *Journal für Mathematikdidaktik*.

Selter, C./Walther, G. (1999): *Mathematikdidaktik als design science. Festschrift für Christian Wittmann*. Leipzig: Klett Grundschulverlag.

Solomon, Y. (2009): *Mathematical Literacy. Developing identities of inclusion*. New York: Routledge.

Strittmatter, A. (2009): Landkarte schulischer Beurteilung. In: D. Fischer/A. Strittmatter/U. Vögeli-Mantovani (Hrsg.), *Noten, was denn sonst?! Leistungsbeurteilung und -bewertung* (S. 11–37). Zürich: Gebhard Verlag LCH.

Trautmann, M./Wischer, B. (2011): *Heterogenität in der Schule. Eine kritische Einführung*. Wiesbaden: VS Verlag für Sozialwissenschaften.

Ulm, V. (2008): *Gute Aufgaben Mathematik*. Berlin: Cornelsen Scriptor.

Voigt, J. (1984): *Interaktionsmuster und Routinen im Mathematikunterricht. Theoretische Grundlagen und mikroethnographische Falluntersuchungen*. Weinheim, Basel: Beltz.

Voigt, J. (1994): Entwicklung mathematischer Themen und Normen im Unterricht. In: H. Maier/J. Voigt (Hrsg.), *Verstehen und Verständigung – Arbeiten zur interpretativen Unterrichtsforschung* (S. 77–111). Köln: Aulis Deubner.

Voigt, J. (1995): Thematic Patterns of Interaction and Sociomathematical Norms. In: P. Cobb/H. Bauersfeld (Hrsg.), *The Emergence of Mathematical Meaning: Interaction in Classroom Cultures* (S. 163–202). Hilsdale/NJ: Lawrence Erlbaum Associates.

vom Hofe, R./Wartha, S. (2004): Grundvorstellungsumbrüche als Erklärungsmodell für die Fehleranfälligkeit in der Zahlbegriffsentwicklung. In: A. Heinze (Hrsg.), *Beiträge zum Mathematikunterricht* (S. 593.–596). Hildesheim: Franzbecker.

Wälti, B. (2014): *Alternative Leistungsbewertung in der Mathematik*. Bern: Schulverlag plus.

Wälti, B. (2018): *Produkte im Mathematikunterricht begleiten und bewerten*. Bern: Schulverlag plus.

Wälti, B./Luginbühl, S./Berger, C./Hübner, M. (2018a): *Mathwelt 2. Themenbuch 3.–6. Schuljahr. 1. Semester*. Zürich: Schulverlag plus.

Wälti, B./Luginbühl, S./Berger, C./Hübner, M. (2018b): *Mathwelt 2. Themenbuch 3.–6. Schuljahr. 2. Semester*. Zürich: Schulverlag plus.

Wälti, B./Schütte, M./Friesen, R.-A. (2020a, in Vorb.): Mathematik kooperativ spielen, üben, begreifen. Band 2: Lernumgebungen für heterogene Gruppen (Schwerpunkt 5. bis 7. Schuljahr). Hannover: Klett/Kallmeyer.

Wälti, B./Schütte, M./Friesen, R.-A. (2020b, in Vorb.). Mathematik kooperativ spielen, üben und begreifen. In *Beiträge zum Mathematikunterricht 2020*.

Weskamp, S. (2019): *Heterogene Lerngruppen im Mathematikunterricht der Grundschule. Design Research im Rahmen substanzieller Lernumgebungen*. Wiesbaden: Springer Spektrum.

Winter, H. W. (2016): *Entdeckendes Lernen im Mathematikunterricht. Einblicke in die Ideengeschichte und ihre Bedeutung für die Pädagogik* (3. Auflage). Wiesbaden: Springer Spektrum.

Wittmann, E. C. (1990): Wider die Flut der „bunten Hunde" und der „grauen Päckchen": Die Konzeption des aktiv-entdeckenden Lernens und des produktiven Übens. In: G. N. Müller/E. C. Wittmann (Hrsg.), *Handbuch produktiver Rechenübungen* (1. Aufl., Bd. 1, S. 157–171). Stuttgart: Klett Schulbuchverlag.

Wittmann, E. C. (1995): Mathematics education as a 'design science'. In: *Educational Studies in Mathematics, 29*(4), S. 355–374.

Wittmann, E. C. (1998): Design und Erforschung von Lernumgebungen als Kern der Mathematikdidaktik. In: *Beiträge zur Lehrerbildung, 16*(3), S. 329–342.

Wittmann, E. C. (2001): Developing Mathematics Education in a Systemic Process. In: *Educational Studies in Mathematics, 48*(1), S. 1–20.

Wittmann, E. C./Müller, G. N. (1990): *Handbuch produktiver Rechenübungen. Bd. 1. Vom Einspluseins zum Einmaleins*. Stuttgart, Düsseldorf, Berlin, Leipzig: Klett Schulbuchverlag.

Wollring, B. (2008): Kennzeichnung von Lernumgebungen für den Mathematikunterricht in der Grundschule. In: Kasseler Forschergruppe (Hrsg.), *Lernumgebungen auf dem Prüfstand. Bericht 2 der Kasseler Forschergruppe Empirische Bildungsforschung Lehren – Lernen – Literacy* (S. 9–26). Kassel: Kassel University Press.

Yackel, E. / Cobb, P. / Wood, T. (1991): Small-Group Interactions as a Source of Learning Opportunities in Second-Grade Mathematics. In: *Journal for Research in Mathematics Education, 22*(5), S. 390–408.

Yackel, E. / Cobb, P. / Wood, T. (1993): The Relationship of Individual Children's Mathematical Conceptual Development to Small-Group Interactions. In: *Journal for Research in Mathematics Education, 6*, S. 45–54.

Zu den Lernumgebungen in diesem Band

Im folgenden praktischen Teil dieses Bandes werden 35 Lernumgebungen zu zentralen Inhalten der Mathematik vorgestellt. Diese sind in vier thematische Kapitel gegliedert. Die Leitidee „Zahlen und Operationen" (KMK 2005) wurde aufgrund der Fülle an entwickelten Aufgaben in drei Kapitel untergliedert: *Zahlenraum erforschen* (Teil 1), *Addieren und Subtrahieren* (Teil 2) sowie *Multiplizieren und Dividieren* (Teil 3). Der 4. Teil *Mit Größen handeln* enthält Aufgabenstellungen zu *Maßzahlen* und damit zur Leitidee „Größen und Messen" der Bildungsstandards (KMK 2005).

Aufbau der Lernumgebungen

Alle Lernumgebungen in diesem Buch haben denselben Aufbau.

Im **Steckbrief** gleich zu Beginn einer jeden Lernumgebung wird Auskunft über die Interaktion (kooperativ, teil-kooperativ oder kompetitiv) und Gruppengröße gegeben. Anschließend folgen Informationen
- zum *mathematischen Fokus*,
- zum *Ziel* der Aufgabe,
- zu den *Schuljahrgangsstufen*,
- zum *Zeitbedarf*,
- zum benötigten *Material* sowie
- zu Kopiervorlagen.

Bei einigen Lernumgebungen wird auf ähnliche Aufgaben im Lehrwerk *MATHWELT 2* verwiesen (Wälti u. a. 2018a; 2018b). Diese Aufgaben wurden teilweise stark für die hier präsentierten Lernumgebungen abgeändert. Außerdem werden an dieser Stelle entsprechende Lernumgebungen von Band 2 erwähnt.

Im Abschnitt **Unterrichtsverlauf** wird in erster Linie skizziert, wie sich die Lernumgebungen inszenieren lassen. Oft wird hier zwischen einer kompetitiven und einer kooperativen Variante unterschieden (→ Kap. 5.2).

Im Abschnitt **Anpassen** werden mögliche Differenzierungsmöglichkeiten aufgezeigt. Diese können im Sinne von „niedrigen Eingangsschwellen" und „Rampen" verstanden werden. Da die Aufgaben kooperativ bearbeitet werden, wird jedoch nicht – wie bei bisher publizierten Lernumgebungen – eine Anpassung an einzelne Schülerinnen und Schüler, sondern eine Anpassung an die gesamte Lerngruppe bzw. möglicherweise an einzelne Kleingruppen innerhalb der Lerngruppe angedacht.

Die Lernumgebungen wurden in der Unterrichtspraxis in verschiedenen Lerngruppen in Deutschland, der Schweiz und in Südtirol erprobt. Bei einigen Lernumgebungen fließen Bilder, Dokumente der Lernenden, Interviews, Transkripte von der Gruppeninteraktion oder erprobungsgestützte Hinweise in den Text ein. Andere Lernumgebungen werden mit einem Abschnitt zur **Erprobung** abgeschlossen.

Die abschließenden Gedanken zur **Auswertung und Reflexion** sind Anregungen zur Lernsicherung und zum Weiterdenken innerhalb der gleichen Aufgabenstellung.

Die Lernumgebungen machen Kooperation und Interaktion notwendig bzw. sind so angelegt, dass eine Einzelarbeit unsinnig erscheint oder gar nicht möglich ist. Selbstverständlich sind auch wir nicht der Meinung, dass Lernen nur in Kooperation erfolgen kann. In den Hinweisen zur Auswertung und Reflexion sind auch Arbeitsaufträge zu finden, die auf Einzelarbeit ausgerichtet sind und der individuellen Vertiefung dienen. Im Anschluss an diese Einzelarbeit können im Sinne des dialogischen Lernens Entdeckungen oder Strategien in Kleingruppen oder im Plenum ausgetauscht werden („Wir – Ich (Du) – Wir").

Die Aufgaben sind so angelegt, dass sie in der Regel 1–2 Schulstunden in Anspruch nehmen. Die Bearbeitungszeit kann jedoch flexibel an den Bedarf der Lernenden angepasst werden.

Zu zahlreichen Lernumgebungen existieren Kopiervorlagen. Die Kopiervorlagen sind Spielbretter, Protokollvorlagen oder Kärtchen, die es auszuschneiden gilt. Es handelt sich aber in keinem Fall um Arbeitsblätter, die von den Lernenden zu bearbeiten sind und danach korrigiert werden. Wir sind der Ansicht, dass ein „weißes Blatt" oft das beste Arbeitsblatt ist. Daher haben wir auch das eine oder andere Mal darauf verzichtet, mögliche (Protokoll-)Vorlagen anzubieten.

Unterrichten mit Lernumgebungen

Wir empfehlen für die Lernumgebungen in diesem Band drei Phasen für die Umsetzung im Unterricht:
1. Inszenierung der Lernumgebung, Klärung der Interaktionsform;
2. längere Phase des kooperativen Arbeitens in Partnerarbeit oder Kleingruppen und individuelle fachliche Begleitung durch die Lehrperson;
3. Auswertung und Reflexion.

Inszenierung

Die Aufgaben werden von der Lehrperson *inszeniert*. Für die Phase der Inszenierung reichen meist wenige Minuten aus, manchmal sind auch bis zu 15 Minuten notwendig. Die Aufgaben werden mit einer Spielgruppe angespielt, es werden gemeinsam Beispiele gesucht oder es wird vom Aufgaben- oder Spielziel rückwärts gearbeitet. Eine Lerngruppe spielt – eventuell gemeinsam mit der Lehrperson – die Aufgabe an einem Gruppentisch an, die Lernenden stellen sich um den Tisch. Unter Umständen werden die Materialien dazu in Großformat hergestellt und/oder mit Magneten an der Tafel befestigt. Während der beispielgestützten Inszenierung gibt die Lehrperson Hinweise für eine gelingende Teamarbeit und diskutiert mit der Lerngruppe erste strategische Gedanken.

Wir beschränken uns bewusst auf wenige, in Schulen meist verfügbare Materialien, die nach Möglichkeit in mehreren Lernumgebungen verwendet werden. Im Anhang finden Sie eine nach Lernumgebungen geordnete Liste, welche Materialien verwendet werden (→ S. 187). Zu einigen Lernumgebungen gibt es spezifische Materialien (Spielbrett, Kopiervorlage, Spielkarten). Es lohnt sich, diese sorgfältig aufzubereiten (z. B. Papier auswählen, laminieren, sorgfältig schneiden, entsprechend beschriften und in Tüten aufbewahren) damit sie mehrere Male verwendet werden können.

Wir empfehlen, die Aufgaben nur in Ausnahmesituationen theoretisch zu erklären (dies würde eine schriftliche Formulierung des Arbeitsauftrages an die Lernenden ersetzen), sondern möglichst bald konkret in die Aufgabe *einzutauchen bzw. sie beispielhaft zu inszenieren.* Wenn bei der Inszenierung nicht alle Eventualitäten vorweg geklärt werden können, ist das durchaus im Sinn der Autorin und der Autoren. Das Variieren einer Aufgabe macht sie für die Lernenden oft sinnhaltiger und interessanter und öffnet weitere Entdeckungsfreiräume. Es ist definitiv nicht Ziel, wie bei einem Gesellschaftsspiel die Regeln des Spiels so abzustimmen, dass alle ein und denselben Weg zu „spielen" haben.

Wir haben bewusst darauf verzichtet, die Aufgaben so zu verschriftlichen, dass sie den Lernenden als Auftrag abgegeben werden und die Bearbeitung in Phasen zu selbstorganisiertem Lernen („SOL") stattfinden können. Die Schülerinnen und Schüler sollen die Aufgaben jeweils gemeinsam als Gruppe verstehen. Ein gemeinsames Verständnis für eine Aufgabe erlangen die Lernenden eher durch Diskussion und Interaktion und nicht durch individuelle Lektüre einer Aufgabenstellung.

Kooperatives Arbeiten

Während der zweiten Phase arbeiten die Lernenden in *Partner- oder Gruppenarbeit*. Die Aufgaben befinden sich in einem Kontinuum von eher kooperativen, teil-kooperativen und kompetitiven Varianten. Oft enthält eine Lernumgebung mehrere Varianten als Vorschläge und es lassen sich kompetitive Varianten kooperativ „wenden", indem zwei Lerntandems gegeneinander spielen (teil-kooperativ). So tauschen sich die Lernenden im Tandem aus und unterstützen sich gegenseitig.

Die Lehrperson konzentriert sich in dieser Phase auf die fachliche Begleitung sowie auf die Beratung und Kontrolle der Lerngruppen. Sie achtet darauf, dass die vorgegebenen oder ausgehandelten Regeln für das gemeinsame Arbeiten beachtet werden. Während der Gruppenarbeit kann es notwendig sein, die Klasse zusammenzurufen und auf einen Punkt hinzuweisen, der Beachtung verdient. Um die Interaktion der Schülerinnen und Schüler am Laufen zu halten, wirft die Lehrperson bei Bedarf Fragen ein oder regt Begründungen an.

Zwischenzeitliche Irrwege oder Denkstaus gehören zum Aushandlungs- und Argumentationsprozess während der Arbeit in Lernteams. Diese sind oft die entscheidenden Türöffner zu nachhaltigem Verstehen. Deshalb sollte vermieden werden, vorschnell in das Arbeiten der Lernenden einzugreifen oder die Vorgehensweisen der Lerngruppe zu kommentieren. In diesem Sinne empfiehlt es sich, eher „Steine in den Weg zu legen", um kooperative Prozesse herauszufordern, als selbige zu entfernen, um „ruckelfreies" Abarbeiten zu ermöglichen.

Auswertung und Reflexion
Die Lernumgebungen enthalten für die Lernenden Entscheidungsspielräume. So lässt sich nur bedingt planen, was die Lernenden tun und wie weit sie gedanklich vordringen. Es ist daher wichtig, dass spätestens die Reflexion die Lernenden in regen inhaltlichen Austausch bringt. In dieser Phase werden individuelle Erkenntnisse nochmals bewusst gemacht und Gemeinsames herausgearbeitet. Alle Lernumgebungen enthalten daher Anregungen zum Vertiefen und Reflektieren.

In der Erprobung konnten wir wiederholt feststellen, dass auch Entdeckungen in einer der Aufgabe nachgeschalteten Auswertungsphase gemacht wurden. Diese Zeit mag auf Kosten einer arbeitsblatt- oder arbeitsheftgestützten Übungsphase gehen. Wir empfehlen, die notwendige Zeit zu investieren, da neue Zusammenhänge und Einsichten für viele Lernende nur zu erschließen sind, wenn ihnen Zeit zum nachträglichen gedanklichen Eintauchen und zum Verweilen gegeben wird. Außerdem sind fast alle Lernumgebungen so ausgerichtet, dass sich mit ihnen auch wichtige Grundfertigkeiten automatisieren lassen. Das flüchtige Abarbeiten von Aufgaben dient im Gegensatz dazu oft nur einer besseren Geläufigkeit und führt zu keinen neuen Einsichten.

Oft klingt die Arbeit an einer Lernumgebung mit einer Plenumsphase aus. Dort werden Lösungswege, Ergebnisse und Strategien vorgestellt, verglichen und diskutiert. „Reguläres" bzw. zentrale mathematischen Aspekte können hier nochmals betrachtet werden.

Gerade bei eher kompetitiven Aufgaben sollte nicht im Vordergrund stehen, welche Gruppe am meisten geschafft hat oder welche Schülerin/welcher Schüler innerhalb einer Gruppe besonders geschickt vorgegangen ist, da dadurch schnell der Blick für substanzielle Mathematik und für Gemeinsames dem Wettbewerb unter den Lernenden weichen kann. Vielmehr geht es darum, besondere Entdeckungen hervorzuheben bzw. die Aufgabe und die Gruppenprozesse zu reflektieren (Yackel/Cobb/Wood 1991, S. 406 f.). Hierzu kann die Lehrperson schon während der kooperativen Phase Beobachtungen notieren und diese später im Plenum aufgreifen. Gerade an dieser Stelle zeigt sich, wie bedeutsam es ist, dass die Lehrperson bereits bei der Vorbereitung mögliche Lernhürden, aber auch Lösungswege und Ergebnisse antizipiert, damit sie differenziert auf Antworten und Erklärungen der Kinder reagieren kann und bei Bedarf auch Hilfsmittel während des Bearbeitungsprozesses an die Hand zu geben vermag.

Die Bewertung der Arbeit an reichhaltigen Aufgaben stützt sich auf fachspezifische Kriterien (Wälti 2018). Nicht alle Aufgaben eignen sich dazu gleichermaßen – einige geeignete Aufgaben wurden mit entsprechenden Kriterien versehen. (Siehe dazu auch die Ausführungen auf der nächsten Seite.)

Zusammenstellen der Lerngruppen

Kooperatives Lernen basiert auf vorgegebenen oder ausgehandelten gemeinsamen Regeln. Yackel, Cobb und Wood (1991, S. 387) betonen, dass beim gemeinsamen Problemlösen bedeutungsvolle mathematische Aktivitäten wichtiger sind als korrekte Lösungen. Dazu gehört, sich auf herausfordernde Probleme auch über eine längere Zeitspanne hinweg einzulassen und sich dafür auf weniger Aufgaben zu konzentrieren. Es ist günstig, wenn die Lernenden Lösungswege und Ergebnisse jeweils gemeinsam klären, bevor die nächste Aufgabe in Angriff genommen wird.

Ob Lerngruppen heterogen oder eher homogen bezüglich des Leistungsstandes der Kinder zusammengesetzt werden, kann nicht pauschal beantwortet werden. Auch die diesbezügliche Forschung vertritt hier verschiedene Standpunkte und bietet daher keine schlüssige Orientierung (Rothenbächer 2016, S. 26; Konrad/Traub 2019, S. 55 ff.).

Zum einen wird argumentiert, dass Kinder gerade auch in heterogenen Gruppen von- und miteinander lernen können (Ebbens/Ettekoven 2011, S. 31 f.). Potenzielle Lernsituationen werden zum Beispiel in kollektiven Argumentationen heterogen zusammengesetzter Lerngruppen gesehen, in denen fortgeschrittene Lernende angeregt werden, Sachverhalte zu begründen und zu erklären. Damit erweitern und differenzieren sie einerseits ihre eigenen Deutungen (Rahmungen) aus und ermöglichen andererseits weniger fortgeschrittenen Schülerinnen und Schülern, über die Partizipation an diesen Prozessen neue Deutungskonstruktionen (Rahmungen) vorzunehmen (Friesen 2020, S. 269 f.).

Zum anderen zeigen Forschungsergebnisse aber auch, dass Kinder mit wenig Erfahrung bei der Bearbeitung kooperativer Aufgaben gemeinsames Arbeiten in heterogenen Lerngruppen als herausfordernd erleben. Bei großen Leistungsunterschieden spielen die sozialen Kompetenzen der Lernenden eine entscheidendere Rolle für gelingendes gemeinsames Arbeiten (Matter 2017, S. 304). Yackel, Cobb und Wood (1991, S. 387) räumen in diesem Kontext ein, dass bei sehr heterogenen Lernteams eine Einigung nicht per se anzustreben ist, da leistungsschwächere Lernende die Gedanken von leistungsstärkeren Schülerinnen und Schülern nicht immer nachvollziehen können. Demnach plädieren Brüning und Saum (2009, S. 123 f.) dafür, Kinder mit einem ähnlichen Lernstand gemeinsam an Aufgaben arbeiten zu lassen, mit dem Hinweis, dass unter diesen Bedingungen die Aufgabe besser an den Lernbedarf einer Gruppe angepasst werden kann (z. B. in Bezug auf den Zahlenraum).

Analysen von Gruppenarbeitsprozessen aus einer interaktionistischen Perspektive zeigen hingegen differenziert auf, dass sich je nach Gruppenzusammensetzung – heterogen oder homogen zusammengesetzte Gruppen – unterschiedliche Lernanlässe für die Beteiligten ergeben können (Jung 2019, S. 121 ff.). In homogen zusammengesetzten Gruppen lassen sich aufgrund meist ähnlicher Situationsdefinitionen relativ schnell und einfach Arbeitskonsense herstellen. Auf deren Basis können sich die Lernenden bei der Bearbeitung von herausfordernden Aufgaben gegenseitig unterstützen und gegebenenfalls durch Freiheitsgrade in der Bearbeitung den Erwerb von neuen mathematischen Inhalten gemeinsam erarbeiten. In heterogen zusammengesetzten Gruppen liegt der Fokus der Aushandlung hingegen oft auf dem Zusammenbringen der verschiedenen Situationsdefinitionen. Die Beteiligten werden hierdurch angeregt, über ihre Ideen und Vorstellungen zu kommunizieren, beim gemeinsamen Bearbeiten ihr Vorgehen zu begründen und ihre Fähigkeiten im Rahmen der prozessbezogenen mathematischen Kompetenzen auszubauen (siehe auch Friesen 2020).

Wir schlagen daher abgestimmt auf die Aufgaben vor, dass je nach Situation, Klassenzusammensetzung und Lernziel Gruppen bewusst eher leistungsheterogen oder -homogen zusammengesetzt werden. In unseren Erprobungen haben sowohl leistungshomogen wie auch leistungsheterogen zusammengesetzte Gruppen meist problemlos zusammengearbeitet.

Zur Bewertung der Arbeit an kooperativen Lernumgebungen

Leistungsbewertung erfolgt im Fach Mathematik gestern wie heute in der Regel im Rahmen von Klassenarbeiten. Die Lernenden bearbeiten die gestellten Aufgaben einzeln, meist gibt es je Aufgabe eine eindeutige Lösung, die es auf zuvor eingeübten Wegen zu finden gilt. In einem zeitlich klar begrenzten Rahmen sollen nun möglichst viele Aufgaben richtig gelöst werden. Fehlerhaft gelöste Aufgaben ergeben oft gleich viele Punkte wie Aufgaben, die überhaupt nicht bearbeitet wurden. Meist führen die Lernenden im Rahmen solcher Arbeiten nur die Tätigkeiten aus, die mittlerweile effizient und zuverlässig von

Maschinen übernommen werden können (Drüke-Noe 2014).

Ein Bewertungskonzept auf dieser Grundlage wird als nicht mehr zeitgemäß kritisiert (Strittmatter 2009; Wälti 2014, 2018). Kompetent mathematisch handeln heißt unter anderem, mit anderen Lernenden zu interagieren, Entscheidungen zu treffen, auf neue Situationen zu reagieren, auf ein Ziel hin zu arbeiten, zu planen, Fragen zu stellen, Annahmen zu treffen und zu verwerfen sowie Ergebnisse zu evaluieren. Wer so arbeitet, erweitert die persönliche Kompetenz und legt den individuellen Lernstand offen. Kompetenzorientierte Bewertung setzt dort an, wo Tätigkeiten in diesem Sinn eingefordert werden. Umgekehrt können Kompetenzen mit Tests, in denen in einem zeitlichen Korsett ohne Interaktion mit der Umwelt lediglich Ergebnisse produziert werden, nicht valide „gemessen" werden, auch wenn die Messergebnisse sicherlich mit den vorhandenen Kompetenzen korrelieren. Oder anders ausgedrückt: Tests sind für die Messung von Kompetenzen zwar ein gängiges, jedoch nur bedingt ein valides Instrument (Wälti 2014).

Weil es nicht möglich ist, eine ganze Klasse während der Arbeit zu beobachten, muss sich die Bewertung bei substanziellen Lernumgebungen auf Produkte stützen, die während der Arbeit entstehen. Oft werden solche Produkte nach einer ersten gemeinsamen (kooperativen) Phase zusätzlich eingefordert. Dies kann aber auch nachgeschaltet im Rahmen der Lernreflexion geschehen.

In diesem Band finden Sie zu mehreren kooperativen Lernumgebungen Bewertungsraster. Diese sind möglichst einfach gehalten. Dadurch braucht das Erklären der Raster wenig Zeit und die Lernenden können ihre Arbeit rasch fokussieren. Ebenso ist die Auswertung zeitökonomisch, da nicht nach aufwendig gestuften Kriterienlisten bewertet wird. Projekte zur Leistungsbewertung haben gezeigt, dass eine Orientierung an einem einfachen Kriterienraster nicht nur Zeit und Ressourcen spart, sondern von den Schülerinnen und Schülern sowie von den Eltern besser akzeptiert wird als eine elaborierte Punktetabelle, die die Bewertung aufwendiger und kritikanfälliger, aber nicht genauer macht (Wälti 2014).

Die Arbeiten der Lernenden werden mit *ungenügend*, *genügend*, *gut* oder *sehr gut* bewertet. Eine Bewertung mit lediglich vier Prädikaten ermöglicht, sich nicht in buchhalterischen Fragestellungen zu verstricken und die Arbeit der Lernenden an wenigen wichtigen Aspekten auszurichten. Wir empfehlen, wie in diesem Band für die Bewertungsstufen *genügend*, *gut* und *sehr gut* jeweils ein bis zwei Kriterien zu formulieren. Wir haben die Arbeit jeweils so organisiert, dass das Kriterium für die Bewertungsstufe *genügend* bei vielen Lernenden bereits während der kooperativen Arbeitsphase beobachtet werden kann. Wo die Lehrperson diesbezügliche Zweifel hegt, kann sie die Aufgabe mit den Lernenden diskutieren (z. B. sich das Spiel erklären lassen und es mit ihnen erneut spielen oder ein Beispiel abändern und diskutieren, was geschieht). Die Arbeit an den Kriterien für die Bewertungsstufen *gut* und *sehr gut* findet in der Regel im Nachgang an die kooperative Phase in Einzelarbeit statt. Weitere Hinweise zur Bewertung befinden sich jeweils in den Beschreibungen der einzelnen Lernumgebungen. Hier ist eine kommentierte Übersicht zum Kriterienraster zu sehen, an dem sich alle Vorschläge zur Leistungsbewertung in diesem Band orientieren.

Zu den Lernumgebungen in diesem Band

Kriterienraster

Die Kriterien sind in *du*-Form formuliert und werden mit den Lernenden vor der eigentlichen Bewertungssituation besprochen.

ungenügend: keine erfüllten Kriterien	Für *ungenügend* wurden keine Kriterien formuliert. Eine Arbeit, die das grüne Kriterium für *genügend* nicht erfüllt, ist *ungenügend*.
genügend: das **grüne** Kriterium erfüllen	Das Kriterium oder die Kriterien zu *genügend* werden in diesem Rahmen meist so gesetzt, dass die Lernenden bereits während der kooperativen Phase bewertet werden können. Zum Beispiel kann *genügend* sein, wer ein Spiel nach den Regeln korrekt spielen und protokollieren kann.
gut: das grüne Kriterium und mindestens eines der beiden **gelben** Kriterien erfüllen	① Wer *genügend* erreicht hat, arbeitet in der Regel selbstverantwortet weiter an anspruchsvolleren Kriterien. Den Lernenden kann bereits während der Arbeit mitgeteilt werden, dass die Arbeit mindestens *genügend* ist (oder eben noch nicht *genügend* ist). Wir orientieren uns hier immer am gleichen Muster: Für *gut* (gelb) und *sehr gut* (blau) haben wir immer jeweils zwei Kriterien formuliert.
	② *Gut* erhält, wer das grüne Kriterium und mindestens ein gelbes Kriterium (weitgehend) erfüllt. Die Kriterien wurden so gewählt, dass fast alle Lernenden einer Klasse im gelben Bereich arbeiten können. Lernende, die dies erfolgreich tun, werden mindestens mit gut bewertet.
sehr gut: eines der beiden gelben Kriterien und mindestens eines der beiden **blauen** Kriterien erfüllen	① Die Arbeit im Bereich *sehr gut* erfolgt wie die Arbeit im Bereich *gut* individuell. Die Lernenden wissen, dass die Arbeit in diesem Bereich anspruchsvoll ist. Sie sind sich in der Regel (ziemlich) sicher, dass sie mindestens eines der gelben Kriterien erfüllt haben. Lernende, die mit den Kriterien im gelben (oder im grünen) Bereich Mühe haben, beachten die blauen Kriterien in der Regel nicht.
	② Die Arbeit im blauen Bereich entspricht dem „Maximalstandard" in Bezug auf die Arbeit. Die Arbeit in diesem Bereich steht nicht allen Lernenden offen. Einige Lernende sollen aber auch hier zeigen, was sie können.

1 Zahlenraum erforschen

1 Zahlenraum erforschen

Lernumgebung	Schuljahr	mathematischer Fokus	Entsprechung in Band 2
1.1 Wo stehe ich richtig?	2.–5.	Ordinalzahlen, Zahlen bis 1000, Zahlenstrahl, Proportionalität	1.1: *Wo stehe ich richtig?* Schwerpunkt Dezimalbrüche
1.2 Buchstaben am Zahlenstrahl	2.–5.	Ordinalzahlen, natürliche Zahlen, Zahlenstrahl, Proportionalität	1.2: *Buchstaben am Zahlenstrahl* Schwerpunkt Dezimalbrüche und Brüche
1.3 Geschickt zur Zielzahl	3.–5.	Zahlen bis 1000, Stellenwertsystem, Ziffern, Begriffsbildung *(mit Bewertungskriterien)*	1.3: *Geschickt zur Zielzahl* Schwerpunkt Dezimalbrüche
1.4 Geheimzahlen erraten	3.–5.	Zahlenraum bis 100, Zahleigenschaften, Stellenwertsystem, Begriffsbildung	1.4: *Geheimzahlen erraten* Schwerpunkt Zahlen bis 1000
1.5 Pärchen finden	3.–6.	Stellenwertsystem, Grundoperationen, Zahleigenschaften, Begriffsbildung	–
1.6 Welche Regel passt?	3.–7.	Zahlenfolgen, Zahleigenschaften, Begriffsbildung	1.6: *Welche Regel passt?* Anpassungen in Bezug auf Komplexität der Aussagen
1.7 Zahlenstrahl aufräumen	2.–8.	Ordinalzahlen, Zahlen bis 1000, Zahlenstrahl, Proportionalität	– (eine Anpassung wird in diesem Band angeregt)
1.8 Immer schön nach unten	3.–5.	Grundoperationen, Zahlen bis 1000	– (eine Anpassung wird in diesem Band angeregt)

1.1 Wo stehe ich richtig?

Kooperative Lernumgebung für Gruppen ab 5 Lernenden oder eine ganze Klasse

Fokus:	Ordinalzahlen, Zahlen bis 1000, Zahlenstrahl, Proportionalität
Ziel:	Sich auf dem Zahlenstrahl einer Zahl entsprechend positionieren
Stufe:	2.–5. Schuljahr
Zeitbedarf:	ca. 20 Minuten
Material:	• Post-Its • eventuell Schnur, Kreppklebeband • eventuell Zollstock oder Maßband zum Nachmessen

Die Aufgabe wurde für Band 2 angepasst und befindet sich dort unter dem gleichen Titel (Lernumgebung 1.1: *Wo stehe ich richtig?*).

Zum Inhalt

Voraussetzungen:	Zahlen im Zahlenraum bis 1000 der Größe nach ordnen
Automatisierung:	im Zahlenraum orientieren, Zahlen auf dem Zahlenstrahl ordnen

Die Lernenden stellen sich die Position von Zahlen auf dem Zahlenstrahl vor und positionieren sich entsprechend der Zahl auf einem Zahlenstrahl (z. B. Schulflur oder Wand im Klassenzimmer).

Ein gesichertes Verständnis des Stellenwertsystems ist für Lernende der Grundschule zentral. Dazu gehört das Orientieren auf dem Zahlenstrahl. So wird bei dieser Aufgabe über Fragen wie „Was ist in der Mitte zwischen 10 und 100?" oder „Wo liegt 85 auf einem Zahlenstrahl, der von 0 bis 1000 reicht?" nachgedacht. Die Lernenden korrigieren und kontrollieren sich in ihren Lerngruppen nach Möglichkeit eigenständig.

Unterrichtsverlauf

Alle Schülerinnen und Schüler der Klasse notieren sich zu Beginn ihre Geheimzahl zu einem vorher vereinbarten Zahlenraum (z. B. 0 bis 1000) auf ein Post-It.

Die Lehrperson markiert nun eine lange, von allen Lernenden einsehbare Strecke (mindestens 6 m) und beschriftet den Angangspunkt mit 0, den Endpunkt mit 1000 (oder einer anderen Zahl). Dabei achtet sie auf die Schülersicht: links 0, rechts 1000. Der Zahlenstrahl kann durch eine gespannte Schnur oder ein Kreppklebeband auf dem Boden dargestellt werden.

Die erste Spielrunde wird mit Alois angespielt. Er überreicht sein Post-It der Lehrperson und stellt sich an die Position auf dem Zahlenstrahl, die aus seiner Sicht seiner Geheimzahl möglichst genau entspricht. Nun schätzen die Kinder seine Geheimzahl. Damit nicht alle Lernenden gleichzeitig Tipps abgeben, bestimmt Alois 5 Kinder, die ihre (einmalige) Schätzung an der Wandtafel notieren dürfen. Falls die meisten Schätzungen deutlich vom gewünschten Wert abweichen, meldet Alois das zurück und korrigiert unter Umständen seine Position auf dem Zahlenstrahl. In diesem Fall darf nochmals geschätzt werden.

Alois gibt nun seine Geheimzahl bekannt. Gemeinsam wird das Kind mit der besten Schätzung bestimmt. Sie oder er übernimmt nun die Rolle von Alois und stellt sich an die Position, die ihrer bzw. seiner Geheimzahl entspricht – die nächste Spielrunde kann beginnen.

1 Zahlenraum erforschen

Nach 2–3 Spielrunden haben die Lernenden das Vorgehen verstanden. Die Klasse wird nun in Gruppen zu 5–7 Lernenden eingeteilt. Jeder Gruppe wird eine Strecke zugeteilt, auf der die Zahlen dargestellt werden. Die Lerngruppen funktionieren nun weitgehend eigenständig: Eine Schülerin oder ein Schüler stellt sich entsprechend der Geheimzahl auf den Zahlenstrahl, die anderen Lernenden der Gruppen schätzen die Geheimzahl. Die Schülerin oder der Schüler gibt die persönliche Geheimzahl bekannt. Das Kind mit der besten Schätzung stellt sich dann seinerseits auf den Zahlenstrahl. Bei mehreren gleich guten Schätzungen entscheidet der Würfel oder das Los, wer als Nächstes seine Geheimzahl stellt. Nachdem die Geheimzahl einer Schülerin / eines Schülers geknackt wurde, notiert sie / er sich eine neue Geheimzahl für weitere Runden.

Vorgehen im Klassenverbund

Falls im Klassenverbund gespielt wird, werden Gruppen zu 2–3 Lernenden gebildet. Jede Gruppe einigt sich dann auf eine Schätzung, die an der Wandtafel notiert wird. So wird die Anzahl Schätzungen je Spielrunde auf weniger als 10 reduziert und die Schülerinnen und Schülern kooperieren auch beim Finden einer passenden Schätzung.

Anpassen

Zugang erleichtern
- Die Hälfte und die Viertel der Strecke markieren, damit die Lernenden mehr Anhaltspunkte haben.

Ansprüche erhöhen
- Mit dem Zollstock jeweils nachmessen und die Distanz zwischen geschätzter und wirklicher Position berechnen.

Auswerten – Reflexion

Alle Lernenden markieren nun mit einer Klammer, einem leeren Post-It oder einem anderen Gegenstand möglichst genau die Position ihrer Geheimzahl. Als Hilfestellung hat die Lehrperson zu drei Längen je 3–4 Schnurstücke vorbereitet. Sie entsprechen $\frac{1}{10}$ ($\rightarrow$ 100), $\frac{1}{4}$ ($\rightarrow$ 250) und $\frac{1}{2}$ ($\rightarrow$ 500) der Länge des Ausschnittes aus dem Zahlenstrahl. Diese können von den Lernenden verwendet werden.

Zum Schluss wird aufgelöst. Alle Lernenden ersetzen ihre Marke durch das Post-It mit der Geheimzahl. Haben die Lernenden ihre Zahlen in die richtige Reihenfolge gebracht? Müssen Korrekturen vorgenommen werden?

1.2 Buchstaben am Zahlenstrahl

Kooperative Lernumgebung für 2 Lernende oder kompetitive Lernumgebung für Gruppen mit 3–4 Lernenden

Fokus:	Ordinalzahlen, natürliche Zahlen, Zahlenstrahl, Proportionalität
Ziel:	sich auf dem Zahlenstrahl orientieren
Stufe:	2.–5. Schuljahr
Zeitbedarf:	1 Schulstunde
Material:	• Schnur
• Kärtchen mit Buchstaben
• Zollstock oder Maßband zum Nachmessen
• eventuell Wäscheklammern oder Post-Its mit Pfeilspitze
• eventuell Kreppklebeband zum Befestigen der Schnur

Siehe auch *MATHWELT 2*, Thema 2, Aufgabe 15 (Themenbuch 1. Semester, S. 25)
Die Aufgabe wurde für die Arbeit mit Brüchen angepasst und befindet sich unter dem gleichen Titel auch in Band 2 (Lernumgebung 1.2: *Buchstaben am Zahlenstrahl*).

Zum Inhalt

Voraussetzungen:	Zahlen im entsprechenden Zahlenraum der Größe nach ordnen
Automatisierung:	sich im Zahlenraum orientieren, Zahlen auf dem Zahlenstrahl ordnen (Ordinalzahlen)

Die Lernenden stellen sich die Position von Zahlen auf dem Zahlenstrahl vor bzw. überlegen sich, welche Zahlen an bestimmten Orten auf dem Zahlenstrahl stehen.

Unterrichtsverlauf

Je Lerngruppe wird ein Zahlenstrahl (z. B. Schnur mit 2–10 m Länge) benötigt. Der Zahlenstrahl wird durch 2 Zahlkärtchen begrenzt, die am Anfang und am Ende der Schnur angebracht werden (z. B. 0 und 1000, 0 und 1 000 000, 0 und 100 oder auch 0 und 1 für gebrochene Zahlen).

Die Lernenden beschriften zur Vorbereitung 12 bis maximal 20 Kärtchen mit den Buchstaben *a*, *b*, *c*, *d* usw. und heften sie gemeinsam mit Wäscheklammern an beliebige Positionen der Schnur. Dann überlegen sie, für welche Zahlen die Buchstabenkärtchen stehen.

Kooperative Variante für 2 Lernende

Andrej wählt im Kopf für sich ein Buchstabenkärtchen, z. B. *h*. Er nennt die Zahl, der das Kärtchen aus seiner Sicht am ehesten entspricht, im Beispiel die Zahl 730. Blanca überlegt sich, welcher Buchstabe am ehesten an der entsprechenden Position hängt. Falls Blanca den Buchstaben nennt, den sich Andrej ausgedacht hat, wechseln sie die Rollen, ansonsten wird nachgemessen oder nachgefragt. Es ist ebenso möglich, dass die Lehrperson eine Messhilfe vorbereitet (bei einer Länge von 4 m z. B. Papierstreifen von 40 cm Länge für 100 und von 80 cm Länge für 200).

Kompetitive Variante für Gruppen mit 3 oder 4 Lernenden

Annouk bestimmt ein Buchstabenkärtchen, z. B. das Kärtchen *d*. Annouk und ihre Mitschülerinnen und Mitschüler notieren sich nun verdeckt

1 Zahlenraum erforschen

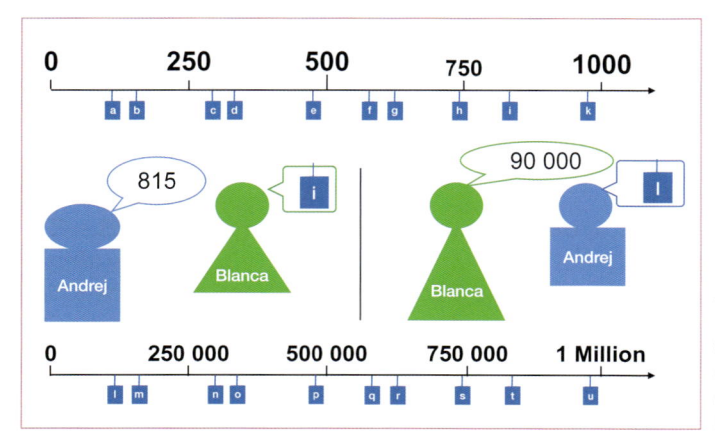

Abb. 1: Schema des Spielverlaufs. Die Übung wird je nach Bedarf mit 2 Zahlenstrahlen gleichzeitig durchgeführt oder auf einen Zahlenstrahl beschränkt. Wichtig ist, dass während der Arbeit die Rollen getauscht werden. Wenn die Aufgabe zu einfach wird, werden die Buchstaben umgehängt oder weitere Buchstaben hinzugefügt.

die Zahl, die aus ihrer Sicht zu d passt. Die notierten Zahlen werden aufgedeckt und der Reihe nach geordnet. Es erhält 1 Punkt, wer die Zahl in der Mitte (bei 4 Spielenden die beiden Zahlen in der Mitte) notiert hat. Falls mehrere Spielende auf die gleiche Zahl tippen, werden keine Punkte verteilt.

Falls eine Spielerin oder ein Spieler keinen Punkt erhalten hat und dennoch der Meinung ist, die beste Schätzung abgegeben zu haben, wird nachgemessen. Liegt ihre/seine Zahl tatsächlich am nächsten, erhält sie/er 3 Punkte. Liegt die Zahl jedoch nicht am nächsten bei der Marke, wird ihr/ihm 1 Punkt abgezogen.

Abb.2: Eine jahrgangsgemischte Lerngruppe (4.–6. Schuljahr, Dresden) wertet hier gerade aus, welche ihrer Schätzungen in der Mitte liegen, und notieren sich die Punkte

Anpassen

Zugang erleichtern

- Mit weniger Buchstabenkärtchen arbeiten.
- Mit einem bekannten Zahlenraum arbeiten.
- Die Mitte (z. B. 500) sowie $\frac{1}{4}$ und $\frac{3}{4}$ (z. B. 250 und 750) markieren.
- Eine Schnur mit der Länge 5 m oder 10 m wählen, damit das Nachmessen erleichtert wird.

Ansprüche erhöhen

- Wenn viele Buchstabenkärtchen hängen, wird die Aufgabe anspruchsvoller, ebenso wenn der Zahlenraum vergrößert wird.
- Mit gebrochenen Zahlen (Zahlen mit Komma oder Brüchen) spielen. In diesem Fall werden auf dem Zahlenstrahl Zahlen zwischen 0 und 1, 0 und 2 oder 0 und 10 dargestellt.

Auswerten – Reflexion

Es wird im Anschluss an das Spiel diskutiert, wie man genau bestimmen kann, welche Zahlen zu den Orten der Buchstabenkärtchen passen. Dazu wird nachgemessen oder es werden mithilfe einer Schnur wichtige Bruchteile ($\frac{1}{2}$, $\frac{1}{4}$, $\frac{3}{4}$, $\frac{1}{8}$ usw. des entsprechenden Zahlenraums) bestimmt.

Zum Abschluss der Sequenz bestimmen die Lernenden die genauen Zahlen zu einigen Positionen. Dazu führen sie eine Tabelle mit den Zeilen Länge in cm und Zahl.

1.3 Geschickt zur Zielzahl

Kooperative oder kompetitive Lernumgebung für Gruppen mit 2–4 Lernenden

Fokus:	Zahlen bis 1000, Stellenwertsystem, Ziffern, Begriffsbildung
Ziel:	durch geschicktes Wählen bzw. Aneinanderreihen von Aktionskarten ausgehend von einer Startzahl eine bestimmte Zielzahl erreichen
Stufe:	3.–5. Schuljahr
Zeitbedarf:	1–2 Schulstunden
Material:	je Lerngruppe: • 1 Set Aktionskarten **(M 1.3)** • 1 Set Ziffernkarten (0–9)

Die Aufgabe wurde für die Arbeit mit Zahlen mit Komma angepasst und befindet sich auch in Band 2 (Lernumgebung 1.3: *Geschickt zur Zielzahl*).

Zum Inhalt

Voraussetzungen:	sich im vorgegebenen Zahlenraum orientieren
Automatisierung:	Begriffe verwenden, Grundoperationen ausführen

Die Lernenden beschäftigen sich mit zentralen Operationen im Zahlenraum bis 1000, um von einer gegebenen Startzahl zu einer Zielzahl zu gelangen. Falls mit einem anderen Zahlenraum gespielt wird, müssen die Aktionskarten entsprechend angepasst werden.

Unterrichtsverlauf

Die Klasse wird in Lernteams zu 2–4 Lernenden eingeteilt. Bevor sie die Aktionskarten (Abb. 2) strategisch einsetzen, machen sie sich damit vertraut: Die Aktionskarten bieten eine Auswahl an Rechenoperationen, mit denen die Lernenden in einer „Zahlenreise" von einer gegebenen Startzahl zu einer gegebenen Zielzahl kommen sollen. Sie suchen sich die Aktionskarten aus, die für sie schwer verständlich sind. Diese werden – bei Bedarf mit Hilfe der Lehrkraft – im Team geklärt.

Nun einigen sich die Lernenden einer Lerngruppe auf eine Startzahl. Sie führen ausgehend mit der Startzahl und einigen Aktionskarten einige Operationen durch und notieren sich die Ergebnisse. Die Startzahl und die Aktionskarten werden mit einer anderen Lerngruppe ausgetauscht, die Ergebnisse verglichen.

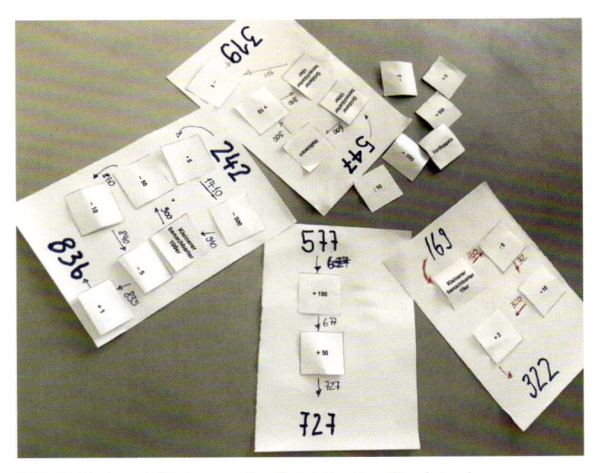

Abb. 1: Nachgestellte kooperative Spielsituation. Der Autor hat die Aufgabe dreimal mit von Excel generierten Zufallszahlen gelöst und jeweils alle 4 Zielzahlen erreicht. Beim letzten Versuch blieben 6 Aktionskarten ungenutzt (siehe Abbildung). Es ist den Lernenden zuzutrauen, dass sie mindestens 3 von 4 Zielzahlen erreichen.

1 Zahlenraum erforschen

Kooperative Variante

Die Lernenden bestimmen gemeinsam **4 Start- und 4 entsprechende Zielzahlen**. Für jede dieser Zahlen werden die Ziffernkarten von 0 bis 9 verdeckt gemischt. Die Lerngruppe bestimmt zuerst die Startzahlen, indem 3 Ziffern aufgedeckt werden (etwa 2, 5 und 6 für die Zahl 256) und notieren diese auf einen Zettel. Die Ziffern werden zurückgelegt und die Zielzahlen jeweils nach der gleichen Methode bestimmt. Die Spielenden erhalten so 4 gemeinsame Start- und Zielzahlen.

Alternativ können die Zufallszahlen auch mit einem Tabellenkalkulationsprogramm wie Excel oder OpenOffice/LibreOffice Calc bestimmt werden. Geben Sie dazu die Formel
= GANZZAHL(1000*(ZUFALLSZAHL()))
in 8 beliebige Felder ein.

Die 24 zur Verfügung stehenden **Aktionskarten** werden dann so auf die 4 „Zahlenreisen" verteilt, dass 2, 3 oder sogar alle 4 Zielzahlen erreicht werden (siehe Abb. 1). Dabei können die Karten nach einer provisorischen ersten Verteilung auch noch getauscht werden. Zum Erreichen der Zielzahlen werden nicht immer gleich viele Operationsschritte (Aktionskarten) benötigt. Einige Aktionskarten bleiben so eventuell liegen. Die kooperative Variante wird erleichtert, wenn den Lerngruppen 2 Sets Aktionskarten zur Verfügung stehen.

Kompetitive Variante

In der kompetitiven Variante bestimmen zuerst alle Teilnehmenden im Zahlenraum zwischen 100 und 1000 je eine individuelle Start- und Zielzahl (siehe *Kooperative Variante*). Diese schreiben sie für die anderen Mitspielenden sichtbar auf einen Zettel. Die 24 Aktionskarten werden gemischt und offen ausgelegt. Die Spielenden A, B, C und D wählen in der Reihenfolge A B C D D C B A je eine Aktionskarte und führen die gezogenen Operationen aus bzw. protokollieren die Zwischenergebnisse (siehe Abb. 3). Die Protokoll-

+ 500	+ 50	+ 5	: 10	• 5	Größerer benachbarter 100er
− 500	− 50	− 5	• 10	: 5	Kleinerer benachbarter 100er
+ 100	+ 10	+ 1	+ 2	Halbieren	Größerer benachbarter 10er
− 100	− 10	− 1	− 2	Verdoppeln	Kleinerer benachbarter 10er

Abb.2: Kopiervorlage Aktionskarten **(M 1.3)**

le werden individuell und offen geführt, die Lernenden kontrollieren sich gegenseitig. Die Aktionskarten werden dann wieder zusammengelegt, neu gemischt und erneut offen ausgebreitet.

Wiederum wählen alle Lernenden 2 Aktionskarten, wobei dieses Mal B zuerst wählen darf (Reihenfolge B C D A A D C B). Es wird so lange gespielt, bis eine Spielerin/ein Spieler ihre/seine persönliche Zielzahl erreicht.

Ein mögliches Spielprotokoll ist in Abb. 3 abgebildet.

Alternative kompetitive Variante für 2 Lernende
Alfons und Boris gehen von einer gemeinsamen Startzahl aus. Die beiden haben jedoch eine eigene Zielzahl, die sie versteckt notieren. Ein Set Aktionskarten liegt offen in der Mitte. Alfons und Boris wählen daraus abwechselnd eine Aktionskarte, führen die Aktion mit dem Zwischenergebnis aus und legen die Karte beiseite. Nach je 4 Aktionskarten steht das Endergebnis fest. Die beiden geben ihre Geheimzahl bekannt. Es gewinnt, wessen Ergebnis näher an ihrer/seiner Zielzahl liegt.

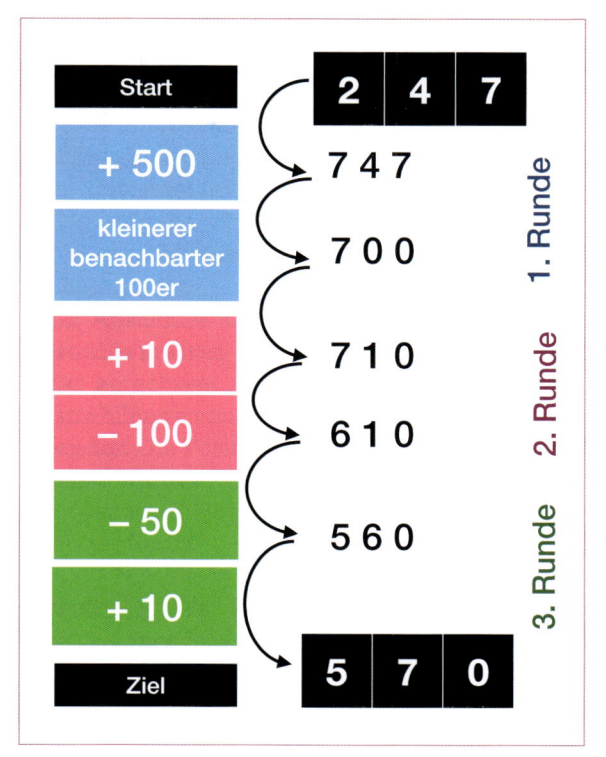

Abb. 3: Hier ist ein prototypischer Spielverlauf einer Spielerin dargestellt – die Protokolle der Mitspielenden werden nach der gleichen Idee geführt. Die Lernende hat die Zielzahl nach 3 Spielrunden erreicht und hat 6 Aktionskarten benötigt.

Anpassen

Zugang erleichtern
- Im Zahlenraum 1 bis 100 spielen, dazu eventuell einige Aktionskarten entfernen oder anpassen.

Ansprüche erhöhen
- Zu einem zu bestimmenden Zahlenraum neue Aktionskarten erfinden.
- Zahlenraum und Aktionskarten erweitern.

Auswerten – Reflexion – Bewertung

- In der Klasse werden 2 oder 3 Start- und Zielzahlen bestimmt. Die Zielzahlen sollen mit möglichst wenig Aktionskarten erreicht werden. Es steht für jede „Zahlenreise" das ganze Set an Aktionskarten zur Verfügung.
- 2 Schülerinnen/Schüler bestimmen je eine Start- und Zielzahl so, dass ihnen das Erreichen der Zielzahl schwierig erscheint. Sie tauschen die beiden Zahlen aus und versuchen dann (wie oben), die Zielzahl der Lernpartnerin/des Lernpartners mit möglichst wenigen Zügen zu erreichen.
- Ein oder mehrere vorliegende Spielprotokolle untersuchen. Sind die Wege korrekt? Gibt es kürzere Wege von der Start- zur Zielzahl? Es ist auch denkbar, dass die Lernenden ihr eigenes Protokoll untersuchen und kommentieren. Dabei entsteht ein Produkt, das bei Bedarf bewertet werden kann.

Falls die Arbeit an der Aufgabe bewertet wird, werden Bewertungskriterien vorgeschlagen (siehe S. 47). Die Kriterien zu *gut* und *sehr gut* stützen sich auf eine dem Spiel nachgeschaltete Phase der Einzelarbeit. Lernende, die das Kriterium *genügend* noch nicht erfüllt haben, spielen das

1 Zahlenraum erforschen

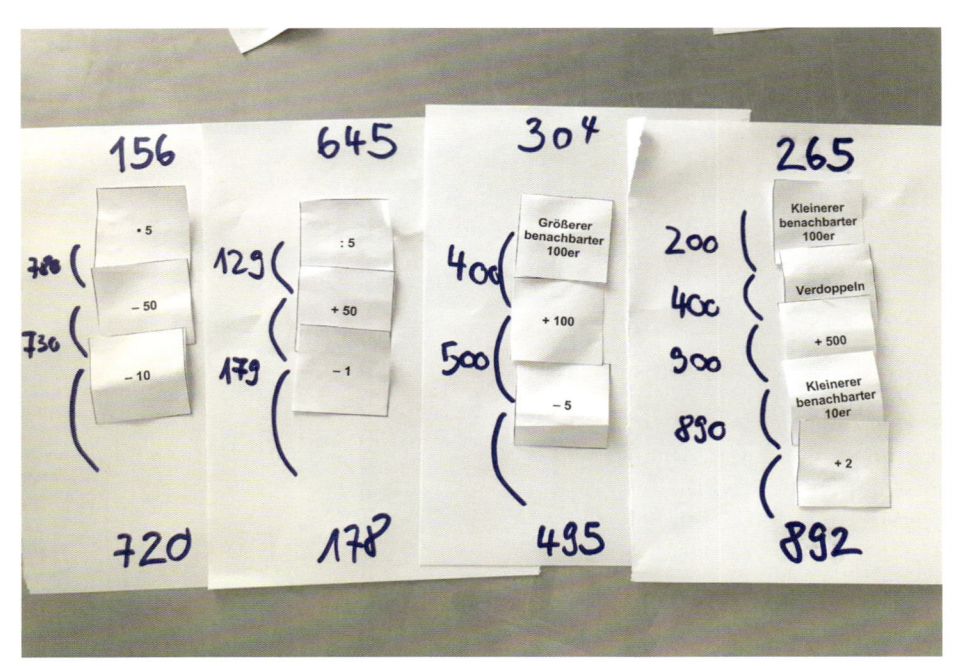

Abb. 4: Lösungsbeispiel. Die vier Zielzahlen wurden mit einem Set Aktionskarten erreicht.

Spiel gemeinsam und werden von der Lehrperson nochmals beobachtet. Die anderen Lernenden erhalten ein Set Aktionskarten. Die Bewertungskriterien werden vor der Arbeit mit den Lernenden geklärt.

Die Bewertungskriterien auf der folgenden Seite sind auf das 4. Schuljahr ausgerichtet.

Abb. 5: Die drei Jungen aus Thörigen, Kanton Bern (4. Schuljahr) haben zu 3 Startzahlen mit einem Set Aktionskarten die 3 Zielzahlen erreichen können. Die drei Jungen waren dazu lange und konzentriert an der Arbeit und haben Aktionskarten mehrere Male neu zugeordnet.

Aus der Erprobung

Rückmeldungen von Kindern aus der Erprobung (4. Schuljahr):
- „Es hat Spaß gemacht. Du kannst es zusammen machen, zusammen besprechen."
- „Mit nur einer (Zielzahl) wäre es uns gar nicht in den Sinn gekommen, mal 5 und so zu nehmen. Das hätten wir ja dann gar nicht gemusst."
- „Jeder konnte Ideen bringen, also wir hatten drei Ideen und die konnten wir dann alle ausprobieren. Alleine hätte ich immer wieder überlegen müssen. Es geht halt so einfacher."

Zur alternativen kompetitiven Variante für 2 Lernende:
- „Es ist wie ein Wettkampf – sie will rauf und ich will runter. Es ist lustig."
- „Ich habe schnell gemerkt, in welche Richtung sie gehen will, und nach dem zweiten Mal versuchte ich, sie zu täuschen. Da habe ich nur +2 gerechnet und so. Ich habe mir dann den · 10 bis zum Schluss aufgespart."

1.3 Geschickt zur Zielzahl

Bewertung

genügend: das **grüne** Kriterium erfüllen	Du hast das Spiel mitgespielt, Aktionskarten eingesetzt und (meistens) korrekt Protokoll geführt. Du hast mindestens einmal deine Zielzahl erreicht.
gut: das grüne Kriterium und mindestens eines der beiden **gelben** Kriterien erfüllen	① Du gehst von der Startzahl 392 aus und wählst dazu 3 Aktionskarten. Zeige, dass je nach Reihenfolge dieser Aktionskarten verschiedene Ergebnisse erreicht werden. Bestimme mit 3 Aktionskarten mindestens 3 verschiedene Ergebnisse korrekt. Achtung: Wenn du die Aktionskarten falsch wählst, erhältst du immer das gleiche Ergebnis.*
	② Max (145) und Jule (236) haben beide mit eher kleinen Startzahlen begonnen. Nach drei Aktionszahlen sind beide Zwischenergebnisse größer als 3000. Wie kann das gehen? Die beiden haben verschiedene Aktionskarten verwendet. Finde ein mögliches Spielprotokoll.
sehr gut: eines der beiden gelben Kriterien und mindestens eines der beiden **blauen** Kriterien erfüllen	① Du zeigst 3 verschiedene Wege auf, wie man mit der Startzahl 128 die Zielzahl 260 erreicht. Verwende dabei nur verschiedene Aktionskarten.
	② Du stellst eine Spielrunde nach. Folgende Start- und Zielzahlen sind gegeben: 156 – 720 645 – 178 304 – 495 265 – 892 Du findest mit einem Set Aktionskarten die Zielzahlen zu mindestens 3 Startzahlen.

Kriterium ① zu *gut*: Wenn die Aktionskarten falsch gewählt werden, können weniger Ergebnisse erreicht werden.
Mit 3 Aktionskarten ergeben sich jeweils 6 verschiedene mögliche Pfade, daher sind maximal 6 Ergebnisse möglich.
Hier zwei Lösungsbeispiele: eines mit 3, eines mit 4 verschiedenen Ergebnissen.
Lösungsbeispiel 1 mit den Aktionskarten: + 500, halbieren, größerer benachbarter 100er
392 → + 500 (892) → halbieren (446) → größerer benachbarter 100er (500)
392 → + 500 (892) → größerer benachbarter 100er (900) → halbieren (450)
392 → halbieren (196) → + 500 (696) → größerer benachbarter 100er (700)
392 → halbieren (196) → größerer benachbarter 100er (200) → + 500 (700)
392 → größerer benachbarter 100er (400) → + 500 (900) → halbieren (450)
392 → größerer benachbarter 100er (400) → halbieren (200) → + 500 (700)
Lösungsbeispiel 2 mit den Aktionskarten: · 10, + 10, größerer benachbarter 100er
392 → · 10 (3920) → + 10 (3930) → größerer benachbarter 100er (4000)
392 → · 10 (3920) → größerer benachbarter 100er (4000) → + 10 (4010)
392 → größerer benachbarter 100er (400) → · 10 (4000) → + 10 (4010)
392 → größerer benachbarter 100er (400) → + 10 (410) → · 10 (4100)
392 → + 10 (402) → größerer benachbarter 100er (500) → · 10 (5000)
392 → + 10 (402) → · 10 (4020) → größerer benachbarter 100er (4100)

Kriterium ② zu *gut*: Lösungsbeispiel:
Max: 145 → + 500 (645) → · 10 (6450) → + 50 (6500)
Jule: 236 → + 100 (336) → verdoppeln (672) → · 5 (3360)

Kriterium ① zu *sehr gut*: Lösungsbeispiel:
128 → größerer benachbarter 100er (200) → + 50 (250) → + 10 (260)
128 → verdoppeln (256) → größerer benachbarter Zehner (260)
128 → kleinerer benachbarter Zehner (120) → + 100 (220) → + 50 (270) → – 10 (260)
128 → – 2 (126) → · 5 (630) → halbieren (315) → – 5 (310) – 50 (260)

Kriterium ② zu *sehr gut*: Lösungsbeispiel siehe Abb. 4.

1.4 Geheimzahlen erraten

Kooperative Lernumgebung für Gruppen mit 2–4 Lernenden

Fokus:	Zahlenraum bis 100, Zahleigenschaften, Stellenwertsystem, Begriffsbildung
Ziel:	Eigenschaftskarten selbst gewählten Zahlen zuordnen und diese erraten
Stufe:	3.–5. Schuljahr
Zeitbedarf:	mindestens 1 Schulstunde
Material:	je Lerngruppe: • 1 Set Eigenschaftskarten **(M 1.4)** • DIN-A3-Blatt mit den Spielfeldern *Ja* bzw. *Nein* • 100er-Tafel

Die Aufgabe findet sich in Bezug auf Eigenschaften und Zahlenraum angepasst auch in Band 2 (Lernumgebung 1.4: *Geheimzahlen erraten*).

Zum Inhalt

Voraussetzungen:	Die verwendeten Begriffe sind vertraut oder werden mit den Lernenden geklärt.
Automatisierung:	Begriffe verstehen und verwenden

Hier geht es darum zu prüfen, ob Zahlen bestimmte mathematische Eigenschaften erfüllen oder nicht. Die Lernenden machen sich mit Begriffen zu Zahlen vertraut und verwenden sie. Sie lernen den Zahlenraum besser kennen, beschäftigen sich mit den Stellenwerten sowie mit Fragen zur Teilbarkeit oder zur Ziffernsumme.

Unterrichtsverlauf

In der Erprobung war es hilfreich, zur Einführung einige Eigenschaftskarten (Abb. 3) im Plenum zu diskutieren. Wir haben 12 schwierigere Karten verteilt. Die Lernenden hatten den Auftrag, die Eigenschaft zu klären und dazu eigene Beispiele zu notieren. Die Eigenschaften wurden im Anschluss von den Lernenden erläutert und mit den gefundenen Zahlbeispielen illustriert.

Ebenso könnte man einige Eigenschaftskarten reihum geben: Die Lernenden schreiben jeweils ein Beispiel auf die Karte und reichen diese nachher weiter. Am Schluss einer solchen Runde stehen auf jeder Karte mehrere Beispiele zu jeder Zahl. Unsicherheiten werden diskutiert, einige Begriffe nochmals geklärt.

Für die eigentliche **Aufgabe** erhält jede Lerngruppe ein Set Eigenschaftskarten. Das Ziel der Lerngruppe ist nun, dass alle Mitspielenden eine Zahl wählen, die von den anderen beiden erraten wird, es wird also kooperativ gespielt. Adam wählt als Erster eine Geheimzahl zwischen 01 und 99 und schreibt diese verdeckt auf einen Zettel. Adam teilt die Spielfläche außerdem in 2 Hälften. In die eine Hälfte legt er ein Blatt mit der Beschriftung *Ja*, in die andere eines mit *Nein*. Er wird in der Folge je Eigenschaft beurteilen, ob diese auf seine Geheimzahl zutrifft oder nicht.

> ⓘ Bei einstelligen Zahlen kann hier diesmal die Ziffer 0 (01, 02, … 09) vorangestellt werden. Das ist für die Kinder gewöhnungsbedürftig, jedoch mathematisch korrekt. So besteht etwa die Zahl 07 aus 0 Zehnern und 7 Einern. Will man diese Schwierigkeit umgehen, kann der Zahlenraum auf 10 bis 99 eingeschränkt werden.

Benz und Carola versuchen nun, Adams Geheimzahl zu erraten. Die Eigenschaftskarten liegen für Benz und Carola sichtbar auf dem Tisch. Benz und Carola wählen abwechselnd jeweils eine Eigenschaftskarte aus und geben sie Adam zur Prüfung. Zum Beispiel hat Adam die Geheimzahl 88 notiert und erhält von Benz die Karte *Ist ein Vielfaches von 4*. Er legt die Karte sichtbar auf *Ja*.

Nach jeder verwendeten Eigenschaftskarte können Benz und Carola weitere Zahlen ausschließen. Sie dürfen nach jeder gelegten Karte einen Tipp abgeben. Ist der Tipp richtig, deckt Adam seine Zahl auf. Ist der Tipp falsch, erhält Adam von dem jeweiligen anderen Kind eine weitere Eigenschaftskarte, die er erneut zuordnet, und es darf wieder getippt werden. Adam, der ja an einer Lösung des Falls interessiert ist, kann nach einigen falschen Tipps helfend eingreifen (z. B.: „Aufgrund der bisherigen Eigenschaften glaube ich, dass die Zahl deutlich größer sein müsste als euer letzter Tipp" oder „Ihr habt vergessen, dass die Zahl die Ziffer 1 oder 2 enthalten muss, das ist bei 83 nicht der Fall"). Es wird gespielt, bis die Geheimzahl erraten wird.

Anschließend werden die Rollen getauscht. Benz notiert eine Geheimzahl, während Adam und Carola raten.

Anpassen

Zugang erleichtern
- Den Zahlenraum auf die Zahlen 1 bis 20 beschränken. In diesem Fall werden weniger Eigenschaftskarten gebraucht.

> Mögliche Eigenschaftskarten für den Zahlenraum 1 – 20:
> - ist in der 3er-Reihe
> - ist größer als 10
> - ist gerade
> - ist ungerade
> - die Einerziffer ist größer als 4
> - ist in der 5er-Reihe
> - Nachbarzahl einer Zehnerzahl
> - größer als 15
> - kleiner als 6

- Das Spiel mit einer 100er-Tafel stützen. Nach jeder gelegten Eigenschaft werden die Zahlen durchgestrichen, die sich ausschließen lassen.

> In der 100er-Tafel in Abb. 2 wurden aufgrund von vier Eigenschaften alle Zahlen außer 57, 75 und 87 ausgeschlossen und farbig markiert:
> - 3 ist ein Teiler → *Ja*
> - gerade → *Nein*
> - Summe der Ziffern > 10 → *Ja*
> - Einerziffer ist 5, 6 oder 7 → *Ja*
>
> Es kommen nur noch die Zahlen 57, 75 und 87 infrage.

- Begriffe werden im Voraus gemeinsam geklärt. Bei Unsicherheit fragen die Schülerinnen und Schüler bei der Spielleitung nach.

Abb. 1: In der Erprobung in Bern und Thörigen (Kanton Bern) haben die Schülerinnen und Schüler des 5. und 6. Schuljahrs auf einer 100er-Tafel Zahl um Zahl durch Abstreichen ausgeschlossen. Das hat das Spiel auf der einen Seite vereinfacht, auf der anderen Seite mussten die Lernenden so nicht mehr verschiedene Eigenschaften im Kopf miteinander kombinieren. Die Lösungsfindung erfolgte auf diese Weise etwas mechanisch.

1 Zahlenraum erforschen

Abb. 2: Eine 100er-Tafel kann zum Abstreichen der Zahlen benutzt werden, die nach einer Eigenschaftskarte nicht mehr infrage kommen.

Ansprüche erhöhen

- Die Ansprüche werden erhöht, wenn auf die 100er-Tafel verzichtet wird.
- Die Beispiele können auf den Eigenschaftskarten entfernt werden oder einfache durch anspruchsvolle Eigenschaftskarten ersetzt werden (z. B. *gerade* durch *Summe 190*).

Auswerten – Reflexion

Die Lernenden notieren individuell zu einer Geheimzahl 5 bis höchstens 6 Eigenschaften so, dass die Geheimzahl eindeutig bestimmt werden kann. Ist das überhaupt möglich?

Sie tauschen ihre Beschreibungen in Gruppen aus und versuchen gegenseitig, die Geheimzahlen zu erraten.

Anschließend tauschen sie ihre Beschreibungen aus und versuchen, aufgrund der Beschreibungen die Geheimzahl der / des anderen zu erraten.

Summe der Ziffern > 10 (Beispiel: 56, 69)	zwei gleiche Ziffern (Beispiel: 11, 44)	zwei benachbarte Ziffern (Beispiel: 45, 32)	Zehnerziffer > Einerziffer (85, 72)	Summe der Ziffern < 15 (Beispiel: 56, 17)
größer als 50 (Beispiel: 51, 99)	zwischen 25 und 75 (Beispiel: 27, 63)	gerade (Beispiel: 02, 98)	ungerade (Beispiel: 17, 55)	3 ist ein Teiler (Beispiel: 24, 63)
Vielfaches von 4 (Beispiel: 24, 68)	Vielfaches von 5 (Beispiel: 25, 70)	Quadratzahl (Beispiel: 9, 36)	enthält die Ziffer 1 oder 2 (Beispiel: 51, 22)	enthält die Ziffer 3 oder 4 (Beispiel: 73, 48)
beide Ziffern gerade (Beispiel: 20, 84)	beide Ziffern ungerade (Beispiel: 57, 33)	Produkt der Ziffern > 20 (Beispiel: 46, 73)	Produkt der Ziffern < 14 (Beispiel: 62, 33)	Einerziffer 5, 6 oder 7 (Beispiel: 97, 36)

Abb. 3: Kopiervorlage Eigenschaftskarten **(M 1.4)**

1.5 Pärchen finden

Kooperative oder kompetitive Lernumgebung für Gruppen mit 2–4 Lernenden

Fokus:	Stellenwertsystem, Grundoperationen, Zahleigenschaften, Begriffsbildung
Ziel:	viele Zahlenpaare zu Eigenschaftskarten finden
Stufe:	3.–6. Schuljahr
Zeitbedarf:	2 Schulstunden
Material:	je Lerngruppe:

- 100er-Tafel **(M 1.5.1)**
- 1 Set Eigenschaftskarten **(M 1.5.2)**
- Farbstifte
- Wendeplättchen (kompetitive Variante)
- eventuell Blankokarten und Spielfiguren

Die Aufgabe eignet sich zur Wiederholung der Eigenschaften von Zahlen ausgezeichnet auch für das 5. und 6. Schuljahr. Sie wurde für Band 2 nicht angepasst.

Zum Inhalt

Voraussetzungen:	Die verwendeten Begriffe sind den Lernenden bereits vertraut oder werden gemeinsam geklärt.
Automatisierung:	Begriffe verstehen und verwenden

Es werden zu Eigenschaftskarten (Abb. 3) passende Zahlenpaare bestimmt. Die Eigenschaftskarten enthalten Begriffe, die im Unterricht wahrscheinlich schon verwendet wurden. Insofern trägt das Spiel zur Begriffsbildung und -festigung bei. Die Eigenschaften sind so formuliert, dass auch gerechnet werden muss.

Weil die Zahlenpaare jeweils mit Angabe der verwendeten Eigenschaft auf der 100er-Tafel (Abb. 4) abgestrichen werden, wird die Auswahl an Zahlen immer kleiner und das Finden von Zahlpaaren von Eigenschaft zu Eigenschaft etwas anspruchsvoller.

Einige Eigenschaftskarten beschreiben die Beziehung der zwei Zahlen (z. B. *Differenz 25*), andere Eigenschaften sind jeweils nur einzeln auf Zahlen anzuwenden (z. B. nur *ungerade Ziffern*). Auf diesen Umstand kann bei der Inszenierung gegebenenfalls eingegangen werden.

Unterrichtsverlauf

Gespielt wird mit der 100er-Tafel (KV). Auf dieser sind alle Primzahlen (sowie die 1) bereits eingefärbt. Diese Zahlen dürfen im Spiel also nicht verwendet werden. Dadurch wird das Finden von Zahlen mit gemeinsamen Eigenschaften etwas erleichtert und das Spiel ein wenig beschleunigt.

Die Klasse wird in Lerngruppen zu 2–4 Lernenden aufgeteilt. Jede Lerngruppe erhält ein Set Eigenschaftskarten. Die Lerngruppen diskutieren ausgewählte Eigenschaften und nennen jeweils zwei dazu passende Zahlen, die im 100er-Feld unter Angabe der gewählten Eigenschaft abgestrichen werden. Aus dieser Tätigkeit ergeben sich Fragen, welche später im Plenum besprochen werden.

Die Eigenschaftskarten enthalten jeweils ein passendes Zahlenpaar zur Stützung bzw. Klärung der verwendeten Begriffe. Diese Zahlen sollten im Spiel nicht verwendet werden.

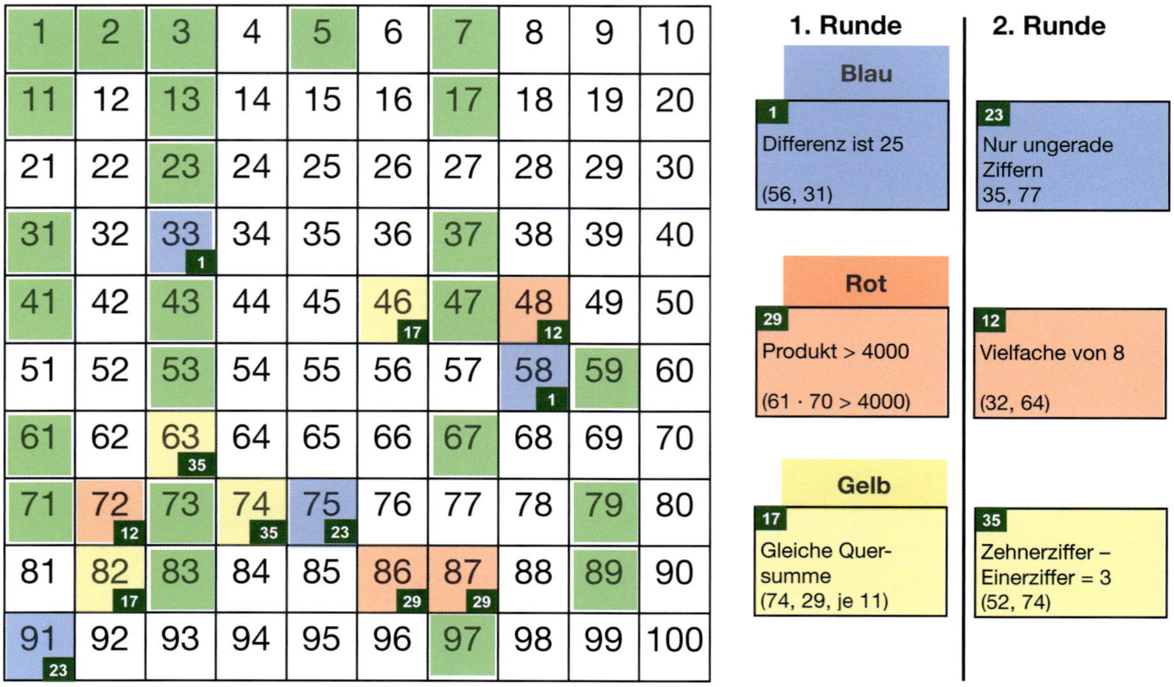

1 Zahlenraum erforschen

Abb. 1: Nach zwei Spielrunden mit 3 Spielenden wurden 3 · 2 Zahlenpaare markiert. Die vorab grün markierten Zahlen sind dabei „verboten".

1. Runde

Blau — 1: Differenz ist 25 (56, 31)

Rot — 29: Produkt > 4000 (61 · 70 > 4000)

Gelb — 17: Gleiche Quersumme (74, 29, je 11)

2. Runde

Blau — 23: Nur ungerade Ziffern 35, 77

Rot — 12: Vielfache von 8 (32, 64)

Gelb — 35: Zehnerziffer – Einerziffer = 3 (52, 74)

Abb. 2: Eine Lösung zu 35 der 36 Zahleigenschaften. Auf der abgebildeten 100er-Tafel konnten zusätzlich zu den 26 bereits markierten Zahlen 35 Zahlenpaare markiert werden. 4 Zahlen wurden nicht markiert (20, 60, 70 und 90).
Die Eigenschaft 15 *(Einerziffer > Zehnerziffer)* konnte nicht mehr zugeordnet werden.

1.5 Pärchen finden

1	2	3	4	5	6	7	8	9	10
11	12	13	14	15	16	17	18	19	20
21	22	23	24	25	26	27	28	29	30
31	32	33	34	35	36	37	38	39	40
41	42	43	44	45	46	47	48	49	50
51	52	53	54	55	56	57	58	59	60
61	62	63	64	65	66	67	68	69	70
71	72	73	74	75	76	77	78	79	80
81	82	83	84	85	86	87	88	89	90
91	92	93	94	95	96	97	98	99	100

Abb. 3: Kopiervorlage 100er-Tafel **(M 1.5.1)**. Grün eingefärbt sind die „verbotenen" Primzahlen sowie die 1.

Kooperative Variante

Die Eigenschaftskarten werden offen ausgelegt, die 100er-Tafel und Buntstifte werden in die Mitte des Tisches gelegt.

Alle Mitglieder der Lerngruppe wählen 2 Eigenschaftskarten. Mit Vorteil werden dabei Karten mit wenigen Zahlbeispielen zu Beginn gewählt und gespielt.

Reihum legen die Spielenden jeweils eine Eigenschaftskarte und markieren ein entsprechendes Zahlenpaar auf der gemeinsamen 100er-Tafel mit den Buntstiften. Die Lernenden helfen sich gegenseitig bei der Wahl der Zahlenpaare. Abgelegte Eigenschaftskarten werden jeweils durch eine neue Karte ergänzt. Sobald jemand keine Eigenschaftskarte mehr legen kann, ist das Spiel zu Ende.

Die Lerngruppe legt gemeinsam möglichst viele Eigenschaftskarten ab. Wenn es z. B. gelingt, 30 Karten abzulegen, werden 60 Zahlen markiert. Da auf der Tafel bereits 26 Zahlen (die Primzahlen und die 1) markiert sind, bleiben so 14 Zahlfelder leer.

Kompetitive Variante für Gruppen mit 2–4 Spielenden

Alle Mitspielenden spielen mit der eigenen 100er-Tafel.

Die Eigenschaftskarten werden gemischt. Die oberste Karte wird aufgedeckt.

Alle Spielenden legen innerhalb von maximal 1 Minute 2 Wendeplättchen auf ein der Eigenschaft entsprechendes Zahlenpaar ihrer 100er-Tafel. Wem das nicht gelingt, passt in dieser Runde.

Die Mitspielenden korrigieren sich nun gegenseitig: Sie dürfen die gewählten Zahlenpaare auf der 100er-Tafel definitiv einfärben, falls sie der Eigenschaft entsprechen und die Zahlen zuvor nicht eingefärbt wurden. Wenn zwei Mitspielende das gleiche Zahlenpaar vorschlagen, dürfen beide das Zahlenpaar nicht färben.

Es wird gespielt, bis alle 36 Karten (oder auch nur z. B. 20 Karten) aufgedeckt wurden. Wer am meisten Zahlenpaare färben konnte, gewinnt.

1 Zahlenraum erforschen

Differenz beider Zahlen ist 25 (56, 31) 56 − 31 = 25 **1**	Differenz beider Zahlen ist 50 (98, 48) 98 − 48 = 50 **2**	Quotient beider Zahlen ist 8 (72, 9) 72 : 9 = 8 **3**	Quotient beider Zahlen ist 4 (84, 21) 84 : 21 = 4 **4**
Summe beider Zahlen ist 150 (66, 84) 66 + 84 = 150 **5**	Summe beider Zahlen ist 100 (47, 53) 47 + 53 = 100 **6**	Summe beider Zahlen durch 12 teilbar (34, 14) 34 + 14 = 48 **7**	Summe beider Zahlen < 60 (5, 14) 5 + 14 < 60 **8**
beide Zahlen gerade (34, 14) **9**	beide Zahlen ungerade (45, 47) **10**	beide Zahlen Vielfache von 3 (9, 66) **11**	beide Zahlen Vielfache von 8 (32, 64) **12**
gleiche Einerziffer (6**1**, 5**1**) **13**	gleiche Zehnerziffer (**7**1, **7**3) **14**	bei beiden Zahlen ist Einerziffer > Zehnerziffer (13, 37) **15**	Umkehrzahlen (17, 71) **16**
gleiche Quersumme (74, 29) Je 11 **17**	Summe der vier Ziffern ist 30 (77, 97) 7 + 7 + 9 + 7 = 30 **18**	keine gemeinsamen Teiler (34, 55) **19**	Pasch (zwei gleiche Ziffern) (55, 33) **20**
Quotient beider Zahlen ist < 2 (45 : 34 < 2) **21**	beide Zahlen Quersumme < 6 (50, 21) **22**	nur ungerade Ziffern (35, 77) **23**	zwei benachbarte Zahlen (63, 64) **24**
Quotient beider Zahlen ist 3 (21, 63) 21 • 3 = 63 **25**	Produkt 100, 200 oder 300 (8, 25) 8 • 25 = 200 **26**	Produkt beider Zahlen hat Endziffer 7 (13, 19) 13 • 19 = 24**7** **27**	durch 13 oder 11 teilbar (26, 33) 26 : 13 = 2; 33 : 11 = 3 **28**
Produkt beider Zahlen > 4000 (61, 70) 61 • 70 = 4270 **29**	die eine Zahl ist die Hälfte der anderen Zahl (45, 90) **30**	Summe beider Zahlen > 180 (92, 94) 92 + 94 > 180 **31**	beide Zahlen Vielfache von 9 und ungerade (27, 63) **32**
vier aufeinanderfolgende Ziffern (34, 56) 3 – 4 – 5 – 6 sind aufeinanderfolgend **33**	Produkt beider Zahlen ist Vielfaches von 12 (7, 24) 7 • 24 = 168 14 • **12** = 168 **34**	bei beiden Zahlen ist Zehnerziffer minus Einerziffer = 3 (52, 74) 5 – 2 = 3; 7 – 4 = 3 **35**	die beiden Zahlen enthalten die vier Ziffern 1, 3, 4 und 7 (41, 73) **36**

Abb. 4: Kopiervorlage Eigenschaftskarten (**M 1.5.2**)

Anpassen

Zugang erleichtern

- Es wird mit einer gemeinsamen großen 100er-Tafel gespielt. Für alle Lernenden sichtbar wird dann eine Eigenschaftskarte gezogen. Alle Lernenden legen nach Möglichkeit 2 Wendeplättchen auf ein entsprechendes Zahlenpaar. Die markierten Zahlenpaare werden anschließend diskutiert.

Ansprüche erhöhen

- Eigene Eigenschaftskarten gestalten und mit diesen spielen.
- Mit eigenen oder den gegebenen Eigenschaftskarten möglichst viele Zahlenpaare färben.
- Neue Eigenschaftskarten so formulieren, dass sie jeweils für 3 Zahlen gelten. Jeweils 3 Zahlen auf der 100er-Tafel färben.

Auswerten – Reflexion

Die Lernenden arbeiten in der Auswertungsphase allein oder zu zweit. Sie nutzen die Nummerierung der Eigenschaftskarten und versuchen, zu mindestens 25 Eigenschaftskarten jeweils Zahlenpaare zu markieren. So werden mindestens 50 verschiedene Zahlen verwendet.

Es ist naheliegend, zuerst schwierige Eigenschaften mit wenigen Möglichkeiten (wie *Summe > 180*, *Vielfache von 9 und ungerade* oder *Produkt 100, 200 oder 300*) zu verwenden.

Abb. 5: Aus der Erprobung mit Lernenden in altersgemischten Lerngruppen (Klasse 4–6) in Dresden mit Till und Theo

Abb. 6: In der Erprobung in Dresden bearbeiteten Till (5. Schuljahr) und Theo (4. Schuljahr) die Aufgabe kooperativ. Beide brachten Ideen ein und tauschten sich über ihre Gedanken und Strategien aus. Sie konnten 29 der 36 Eigenschaftskarten Zahlenpaaren zuordnen. Die 30. Eigenschaft verwendeten sie zweimal, weil sowohl Till als auch Theo ihre Vorschläge markierten. Außerdem wurde die 6. Eigenschaft nicht korrekt zugeordnet. Ihnen fehlten am Ende lediglich Zahlenpaare zu den Eigenschaften 18, 23, 26, 27, 28, 33 und 34.

1 Zahlenraum erforschen

1.6 Welche Regel passt?

Kooperative oder kompetitive Lernumgebung für Gruppen mit 2 – 4 Lernenden

> **Fokus:** Zahlenfolgen, Zahleigenschaften, Begriffsbildung
> **Ziel:** Zahlen zu vorgegebenen Regeln (Eigenschaften) finden und zu vorgegebenen Zahlen passende Regeln finden
> **Stufe:** 3.–7. Schuljahr
> **Zeitbedarf:** 1–2 Schulstunden
> **Material:** je Lerngruppe:
> - 100er-Tafel
> - (durchsichtige) Wendeplättchen
> - Übersicht Regelkarten (**M 1.6**, Karten nicht zuschneiden)
> - 1 Set Regelkarten (**M 1.6**, Karten zuschneiden)
> - eventuell 12er-Würfel

Die Lernumgebung wurde für Band 2 in Bezug auf die Komplexität der Aussagen angepasst (Lernumgebung 1.6: *Welche Regel passt?*).

Zum Inhalt

> **Voraussetzungen:** Begriffswissen: Quersumme, Differenz, gerade und ungerade Zahlen, Differenzierung Ziffern und Zahlen
> **Automatisierung:** Begriffe verstehen und verwenden

Eine Person zieht (oder würfelt mit einem 12er-Würfel verdeckt) eine von 12 vorgegebenen Regeln und markiert auf der 100er-Tafel 5 dieser Regel entsprechende Zahlen. Zu allen Regeln gibt es passende Zahlen und Zahlenfolgen, zu einigen Regeln, wie z.B. zu Regel 11 *(Der Abstand von Zahl zu Zahl wird immer um 1 größer)*, sind sogar *nur* Zahlenfolgen möglich.

Die anderen Spielenden versuchen, die Regel zu erraten.

Zu jeder Regel gibt es viele mögliche Kombinationen mit jeweils 5 Zahlen. Dies erlaubt einen vielfältigen Einsatz des Spiels.

Unterrichtsverlauf

Die Lernenden erhalten zu Beginn die Kopiervorlage mit den 12 Regeln (Abb. 2). Zur Vorentlastung werden einige Regeln im Plenum diskutiert. Die Lernenden finden zu einigen Regeln jeweils Zahlenbeispiele im Zahlenraum von 1 bis 100. Dabei kontrollieren und unterstützen sie sich gegenseitig.

Danach werden die ersten Spielrunden gemeinsam in Angriff genommen. Die Lehrperson hat eine 100er-Tafel an die Wandtafel gezeichnet oder projiziert es an die Wand. Nun zieht sie verdeckt eine Regelkarte aus dem gemischten Stapel (oder würfelt sie mit dem 12er-Würfel).

Es wurde beispielsweise Regel 10 *Die Zahlen haben die Quersumme 8* gezogen. Die Lehrperson markiert dazu 5 passende Zahlen auf der 100er-Tafel (z.B. 35, 44, 53, 62 und 71), ohne den Lernenden die Regel zu nennen.

Die Lernenden suchen nun in ihrer eigenen Regelliste nach einer zu den Zahlen passenden Regel. An dieser Stelle wird erwähnt, dass je nach Auswahl der Zahlen auch mehr als eine Regel zutreffen kann.

1.6 Welche Regel passt?

Die Lernenden spielen nun das Spiel in Gruppen zu 2–4 Lernenden.

Arthur zieht eine Regel und markiert auf der 100er-Tafel 5 Zahlen bzw. eine Zahlenfolge mit 5 Gliedern, die der Regel entsprechen. Die anderen Mitspielenden versuchen jeweils, die Regel zu erraten.

Kooperative Variante

Die Spielenden diskutieren gemeinsam, welche Regel Arthur wohl gewählt hat, und geben einen Tipp ab. Arthur wirkt bei dieser Diskussion klärend mit („Habt ihr bedacht, dass …?", „Das kann nicht sein, weil …"). Es ist wahrscheinlich, dass im Spielverlauf auch mal auf eine Regel getippt wird, die zwar den markierten Zahlen, jedoch nicht der gesuchten Regel entspricht. In diesem Fall kann Arthur seine Wendeplättchen auf andere, der Regel auch entsprechende Zahlen umlegen, um das Erraten seiner Regel zu vereinfachen. Er kann auch 5 neue Plättchen in einer anderen Farbe auf 5 neue Zahlen legen.

Nach einigen Spielrunden erweitern die Lernenden gemeinsam das Set der Regelkarten, indem sie neue Regeln erstellen.

Abb. 1: Lernende einer altersgemischten Lerngruppe (4. bis 6. Schuljahr, Dresden) diskutieren, zu welcher Regel die markierten Zahlen passen.

Kompetitive Variante

3 Schülerinnen / Schüler spielen reihum gegeneinander: Alicia, Binja und Cloe. Alicia deckt eine Karte auf und legt 5 entsprechende Wendeplättchen auf die 100er-Tafel. Die anderen zwei Spielenden tippen auf eine Regel. Es erhält einen Punkt, wer zuerst die Regel findet, die auf die gelegten Zahlen zutrifft. Als Nächste zieht Binja eine Regelkarte und legt 5 entsprechende Plättchen und Alicia und Cloe versuchen, die Regel zu erraten.

Die Zahlen sind ungerade. (5; 37; …) 1	Die Zahlen sind gerade. (8; 36; …) 2	Die Zahlen haben den gleichen Einer. (13; 23; …) Die Ziffer im Einer ist 3. 3	Die Zahlen haben den gleichen Zehner. (25; 27; …) Die Ziffer im Zehner ist 2. 4
Die Zahlen sind durch 5 teilbar. (35; …) 35 : 5 = 7 5	Die Zahlen sind durch 3 teilbar. (12; …) 12 : 3 = 4 6	Die Zahlen sind durch 4 teilbar. (20; …) 20 : 4 = 5 7	Der Zehner ist immer um 3 größer als der Einer. (85; …) 5 + 3 = 8 8
Die Zahlen haben immer den gleichen Abstand zueinander. (37, 39, 41; …) Der Abstand beträgt jeweils 2. 9	Die Zahlen haben die Quersumme 8. (26; 35; …) 2 + 6 = 8; 3 + 5 = 8 Eine Quersumme entsteht, indem man die Ziffern einer Zahl miteinander addiert. 10	Der Abstand von Zahl zu Zahl wird immer um 1 größer. (5; 7; 10; 14; …) Der Abstand von Zahl zu Zahl beträgt 2; 3; 4; … 11	Der Abstand von Zahl zu Zahl wird immer um 1 kleiner. (5; 12; 18; 23; …) Der Abstand von Zahl zu Zahl beträgt 7; 6; 5; … 12

Abb. 2: Kopiervorlage Regelkarten **(M 1.6)**

Anpassen

Zugang erleichtern
- Einfachere Regeln vorgeben.

Ansprüche erhöhen
- Die Hilfestellungen und Beispiele auf den Regeln entfernen.
- Schwierigere Regeln vorgeben bzw. selbst Regeln erfinden lassen.
- Mit dem 1000er-Buch spielen.
- Die Lernenden spielen ungestützt ohne die Liste der Regeln.

Auswerten – Reflexion

Die Lernenden markieren zu den 12 Regelkarten jeweils 5 Zahlen auf 100er-Tafel. Dabei darf keine Zahl zweimal gefärbt werden.

Es werden im besten Fall also 5 · 12 = 60 Zahlfelder gefärbt.

Aus der Erprobung

Das folgende Transkript stammt aus einer Erprobung in Dresden in einer jahrgangsgemischten Lerngruppe (4.–6. Klasse). Elisabeth (E) (6. Klasse) ist an der Reihe, Diane (D) und Charis (C) (jeweils 4. Klasse) raten die entsprechende Regel. Die beiden tippen auf eine passende Regel, Elisabeth hat sich jedoch an einer anderen Regel orientiert. Es folgt eine Diskussion, in der Elisabeth Hilfestellungen gibt. Dafür legt sie weitere mögliche Zahlenkombinationen, die auch auf die Regel zutreffen. Schließlich weist sie Charis sehr kleinschrittig auf den gleichen Abstand hin. Dabei stellt sich heraus, dass Charis aufgrund des gegebenen Beispiels diese Regel anders interpretiert hatte, nämlich dass der Abstand immer 2 betragen muss.

Transkript aus der Erprobung
Elisabeth (6. Klasse), Diane und Charis (4. Klasse)

E [nimmt die Karte in die Hand, legt ein Plättchen auf die 77]

D hä schon wieder das oder was? [schaut auf die 100er-Tafel]

E [legt weitere Plättchen auf 44, 55, 88 und auf 66]

C hä was soll ich dazu sagen? das sind immer selbe Zahlen. wie nennt man das? [zeigt auf die Plättchen]

D durch Elf teilbar

C die och

E ist es aber nicht.

D oh

C och man [lacht] … oh Gott

E hä wie meinst du das denn?

C na

E (mit) immer die gleichen Zahlen?

C was ist?

E wie meinst du das mit – äh sind immer die gleichen Zahlen?

C ähm Vier Vier Fünf Fünf und so [zeigt erst auf die 44, dann auf die 55]

E na guck doch ihr könnt doch auf den Zettel gucken was es sein könnte.

C eben [schaut von ihrer Liste auf die 100er-Tafel und umgedreht]

D [verrückt ihren Bleistift auf der Liste von oben nach unten entlang der Regeln]

E ich kann's auch anders legen. ich kann es auch so legen [legt die Plättchen auf die Zahlen 32, 34, 36, 38, 40]

D hier das? [zeigt mit ihrem Stift auf eine Regel auf ihrer Liste, man kann nicht genau erkennen, auf welche]

E m m [schaut auf Dianes Liste] ich hab's – so [legt zwei Plättchen auf die 55 und 66] ich kann's auch

D man. ach so wir ham ja nur. einmal (unverständlich)

E ich kann's auch so legen. [legt die Plättchen auf 21, 23, 25, 27, 29]

D äh [schaut von der 100er-Tafel auf ihre Liste]

E aber du kannst [nimmt die Plättchen von den Zahlen 27 und 29 herunter, dann von der 25 und 23]

C ja die Zahlen warte mal. diese Zahlen [berührt das Plättchen, das vorher auf der 25 lag]
E na ich kann's auch so legen [legt die Plättchen wieder auf die Zahlen 21, 23, 25, 27, 29]
C wenn du's so legst dann sind da nein. doch
E na aber ich hab's ja so gelegt. so [legt die Plättchen auf die Zahlen 44, 55, 66, 77, 88] und ich meine aber nicht dass sie durch Elf teilbar sind . sondern was anderes.
C mhm [schaut auf ihre Liste]
D ähm kannst du's nochmal anders machen?

Die Lehrperson kommt mit an den Tisch und schlägt vor, dass Elisabeth es den anderen beiden auch verraten kann und sie darauf hinweist, dass Charis noch raten darf. Diane stellt klar, dass sie weiter mitdenken darf, auch wenn sie schon mehrfach geraten hat.

E [legt die Plättchen auf die Zahlen 32, 34, 36, 38, 40]
C ou das ist schwer [schaut auf die 100er-Tafel]
E was ist denn das? [tippt nacheinander auf die gelegten Plättchen, legt diese danach auf die Zahlen 44, 55, 66, 77, 88]
D ich hab – warte richtig geraten oder falsch?
E richtig
D na toll
E es ist nicht durch Elf teilbar. [sammelt die Plättchen von der 100er-Tafel ein] du musst dir mal das angucken wie die liegen. [legt die Plättchen erneut auf die Zahlen 44, 55, 66, 77, 88] wie die wie sind die zueinander?
C ich find das hier [zeigt mit ihrer Hand auf ihre Liste]
D oh mein Gott [schaut auf Charis Liste, dann auf die 100er-Tafel]
E was ist das zwischen den? [bewegt die beiden Plättchen der Zahlen 44 und 55 mehrmals aufeinander zu und wieder weg]
C der Abstand
E ja. wie ist der Abstand?
D [schaut zu Charis, tippt etwas mit dem Finger auf den Tisch]
E das steht dort [zeigt auf die Liste vor Charis]
C hä [lacht] wo ich [schaut auf die Liste vor sich]
E [zeigt auf eine Zeile auf Charis Liste] da
C ja aber keine Zwei? der Abstand
E weil in diesem Falle nicht. in diesem Fall ist es immer Zehn [tippt auf die gelegten Plättchen]
C Zahlen haben aber immer den gleichen Abstand zueinander
E ja. haben immer den gleichen Abstand.

1 Zahlenraum erforschen

1.7 Zahlenstrahl aufräumen

Kooperative Lernumgebung für Gruppen mit 3–5 Lernenden

Fokus:	Ordinalzahlen, Zahlen bis 1000, Zahlenstrahl, Proportionalität
Ziel:	durch Schätzen und Messen Positionen von Zahlen bestimmen
Stufe:	2.–8. Schuljahr
Zeitbedarf:	1–2 Schulstunden
Material:	• Kreppklebeband
	• Zollstock oder Maßband
	• verschiedenfarbige Stifte
	• eventuell Schnur

Siehe auch *MATHWELT 2*, Thema 19, Aufgabe 2 (Themenbuch 2. Semester, S. 89).
Obwohl die Aufgabe gerade auch für Lernende des 5. und 6. Schuljahres zentral ist, wurde sie in Band 2 nicht aufgenommen. Eine Anpassung der Aufgabe an einen der Lernstufe entsprechenden Zahlenraum ist zu empfehlen, die Vorgehensweise muss dazu nicht geändert werden.

Zum Inhalt

Voraussetzungen:	sich im vorgegebenen Zahlenraum orientieren
Automatisierung:	Begriffe verwenden, Grundoperationen ausführen

Im Zentrum der Lernumgebung steht das ordinale Zahlverständnis.

Die Lernenden stellen sich die Position von Zahlen auf dem Zahlenstrahl von 1 bis 1000 vor bzw. überlegen sich, welche Zahlen an bestimmten Orten auf dem Zahlenstrahl stehen. Diese Positionen werden vorerst eher intuitiv bestimmt. Später wird die Position der Zahlen exakter bestimmt, indem Unstimmigkeiten bei den Schätzungen verschiedener Lernender „bereinigt" werden.

Dabei werden sich die meisten Lernenden vorerst an der Zahlenstrahlmitte bzw. der Hälfte (kleiner oder größer) orientieren, später kann die Einteilung (etwa durch fortgesetztes Halbieren von Intervallen mit einer Schnur) verfeinert werden.

Unterrichtsverlauf

Vorbereitend wird die Klasse in 3er-, 4er- oder 5er-Lerngruppen aufgeteilt. Am Boden oder an der Wand wird für jede Lerngruppe ein Zahlenstrahl von 2 m, 4 m oder 5 m Länge vorbereitet (z. B. mit Papierklebeband). Links steht die Zahl 0 rechts die Zahl 1000. Bei genügend Klebebändern und Zollstöcken können die Lerngruppen ihren Zahlenstrahl selbst vorbereiten.

Kooperative Variante

Die Lernenden einer Lerngruppe wählen Filz- oder Buntstifte in jeweils einer eigenen Farbe. Damit markieren sie reihum abwechselnd jeweils 4 beliebige Stellen (bei 3 Spielenden: jeweils 5 Stellen) auf dem Zahlenstrahl. Bei 4 Lernenden ergeben sich so 4 × 4 = 16 Marken in 4 verschiedenen Farben. Zwischen zwei Marken soll immer ein Mindestabstand von 2 mm eingehalten werden.

Mit ihrer jeweiligen Farbe schreiben die Lernenden nun Zahlen auf kleine Blankokärtchen, die ihrer Meinung nach den eigenen Marken am ehesten entsprechen. Die notierten Zahlen bleiben vorerst geheim, die Lernenden tauschen sich in dieser Phase auch nicht miteinander über die markierten Stellen aus.

Nachdem zu allen Marken Zahlen notiert wurden, befestigen die Lernenden ihre Zahlenkarten an den entsprechenden Orten. Ein mögliches Ergebnis dieser ersten Phase ist in Abb. 1 abgebildet.

> Alternativ kann hier rotiert werden: Blau notiert die Zahlen von Rot, Rot von Gelb etc. Dies erlaubt beispielsweise, die Geheimzahlen von Rot mit den Schätzungen von Blau zu vergleichen.

Nun wird in Kooperation versucht, die Marken mit den „richtigen" Zahlen zu beschriften. Dazu werden gemeinsam neue Zahlkärtchen angefertigt, die nach Ansicht der Gruppe die Marken gut repräsentieren, unter Umständen wird ein zweiter Zahlenstrahl der gleichen Länge vorbereitet. Für diese Phase erhalten die Lerngruppen eine Schnur mit der gleichen Länge wie der Zahlenstrahl, mit der sie beispielsweise die Position der Zahlen 0, 125, 250, 375, … 1000 exakt bestimmen. Ziel dieser Phase ist es, die korrekten Zahlkärtchen an den bestehenden Marken anzubringen. Das Ergebnis einer solchen „Bereinigung" ist in Abb. 2 beispielhaft dargestellt.

Die Aufgabe wird kooperativ angegangen, daher ist es nicht wesentlich, wer die Zahlen am genauesten setzt.

Im Anschluss kann man die Länge des Zahlenstrahls messen und die Positionen der Zahlen exakt berechnen. So liegen etwa bei einer Zahlenstrahllänge von 4 m Nachbarzahlen 4 mm auseinander. Die Position jeder Zahl kann so ausgemessen werden: Zum Beispiel liegt 647 genau $647 \cdot 4$ mm $= 2588$ mm $= 2$ m 58 cm 8 mm von der Zahl 0 entfernt.

Kompetitive Variante

Eine kompetitive Spielrunde ergibt erst Sinn, wenn die Lernenden die Aufgabe zuvor kooperativ angegangen sind. In diesem Fall spielen

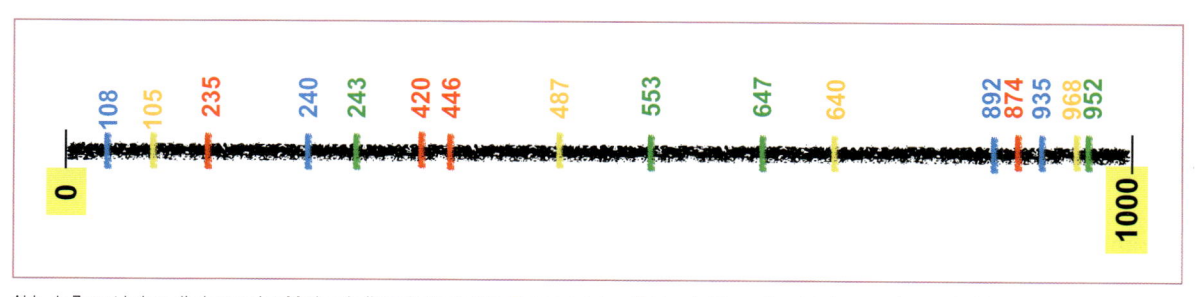

Abb. 1: Zuerst haben die Lernenden Marken in ihren individuellen Farben auf dem Zahlenstrahl angebracht, dann wurden verdeckt passende Zahlen notiert. Die Zahlen sind in der Abbildung den Markierungen bereits zugeordnet. Grün 647 steht hier beispielsweise vor Gelb 640. Die den Positionen entsprechenden Zahlen werden bei der „Bereinigung" in den Lerngruppen ausgehandelt.

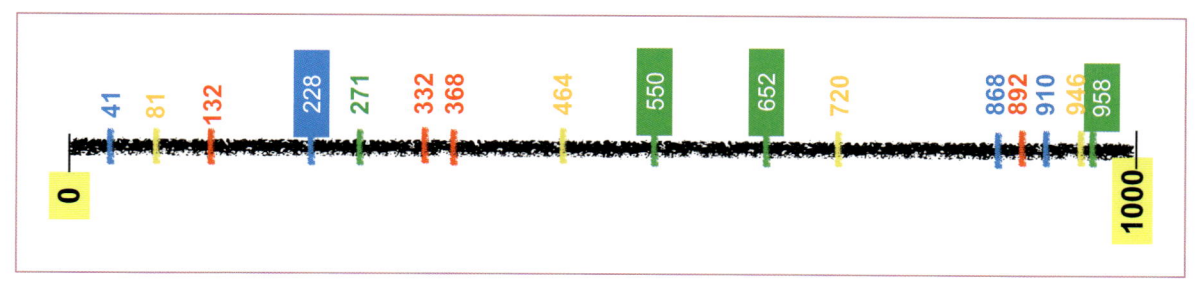

Abb. 2: Zahlenstrahl, nachdem die ersten Schätzungen der Lernenden (aus Abb. 1) gemeinsam korrigiert bzw. „bereinigt" wurden. Die hervorgehobenen Zahlen wurden auf Anhieb besonders gut geschätzt.

1 Zahlenraum erforschen

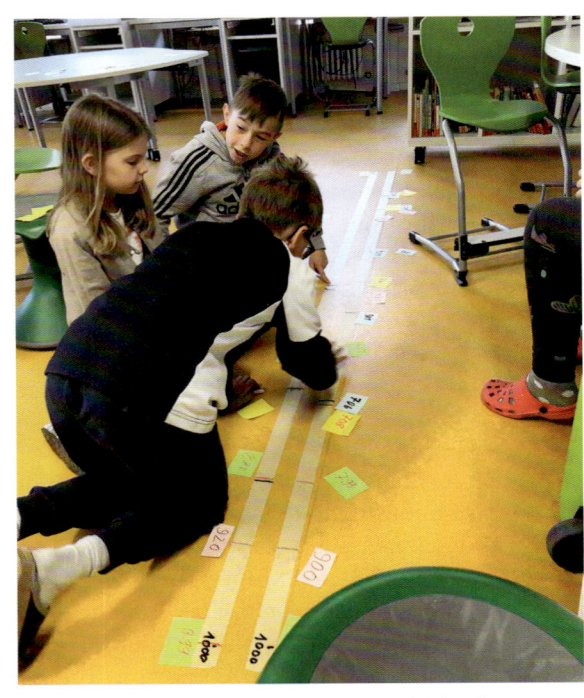

Abb. 3: In der Abbildung links (4. Schuljahr, Gsiesertal, Südtirol) teilen Laura, Oliver und Nathan den zweiten Zahlenstrahl in 125er-Schritte ein, um die geschätzten Werte des ersten Zahlenstrahls zu bereinigen. In der Abbildung rechts bereinigen die drei ihre Zahlmarkierungen.

Abb. 4: Luana, Manuel und Pavel (4. Schuljahr, Gsiesertal, Südtirol) haben mit Papierklebband einen Streifen hergestellt, mit dem sie 100er-Schritte ausmessen können.

Abb. 5: Der Zufall will es, dass der Fuß von Lionel zwischen 0 und 1000 genau 20-mal passt. So lassen sich die Zahlwerte der Markierungen relativ genau bestimmen. Lionel führt die Schritte aus, Leah „protokolliert".

zwei Teams gegeneinander. Jedes Team setzt für das andere Team jeweils 4 Marken auf dem Zahlenstrahl. Ohne zu messen, bestimmen die Teams die 4 Zahlen des anderen Teams, die aus ihrer Sicht den Marken am ehesten entsprechen. Erst dann wird ausgemessen und für jede Marke der exakte Wert bestimmt. Die Differenzen zwischen Schätzwerten und den exakten Werten werden aufaddiert. Das Team mit der kleineren Differenzensumme gewinnt das Spiel.

Anpassen

Zugang erleichtern

- Mit einem Zahlenstrahl von exakt 5 m (oder 2 m) spielen. Dann liegen benachbarte Zahlen 5 mm bzw. 2 mm auseinander.

Ansprüche erhöhen

- Länge des Zahlenstrahls willkürlich wählen.
- Ab 5. Schuljahr: Der Zahlenraum wird auf Zahlen zwischen 0 und 2 eingeschränkt. Die Lernenden notieren jeweils 4 Zahlen auf einem Post-It: eine beliebige Zahl zwischen 0 und 1, sowie je eine Zahl mit genau 1, 2 und 3 Stellen nach dem Komma.
- Ab 6. Schuljahr: Zusätzlich zu den Zahlen werden die Markierungen mit entsprechenden Bruchteilen beschriftet. Dabei beschränken sich die Lernenden auf Brüche mit Nennern ≤ 10. Sie versuchen, jeweils den bestmöglichen Bruch (mit Nenner ≤ 10) zu finden.

Auswerten – Reflexion

Die Lernenden messen einige Marken am Zahlenstrahl individuell nach und bestimmen die Zahl, die genau zu der jeweiligen Marke passt, rechnerisch.

1 Zahlenraum erforschen

1.8 Immer schön nach unten

Kompetitive Lernumgebung für 2 Lernende oder teilkooperative Lernumgebung für 2 Lerntandems

Fokus:	Grundoperationen, Zahlen bis 1000
Ziel:	Rechenwege einer Mitschülerin oder eines Mitschülers nachvollziehen
Stufe:	3.–5. Schuljahr
Zeitbedarf:	1–2 Schulstunden
Material:	je Lerngruppe: • Spielplan, eventuell Spielfiguren **(M 1.8.1)** • wenn der Spielplan laminiert wird: wasserlösliche Folienstifte

Obwohl das Ausführen zentraler Grundoperationen auch für Lernende des 5. und 6. Schuljahrs von großer Bedeutung ist, wurde die Aufgabe für Band 2 nicht adaptiert. Eine Anpassung der Aufgaben auf einen anderen Zahlenraum ist sinnvoll, die Vorgehensweise muss nicht geändert werden.

Zum Inhalt

Voraussetzungen:	sich im Zahlenraum bis 1000 orientieren und Grundoperationen ausführen
Automatisierung:	zentrale Operationen im Zahlenraum bis 1000 ausführen

Unterrichtsverlauf

Die Aufgabe wird mit 2 Lernenden angespielt. Dazu kann der Spielplan vergrößert oder an die Wand projiziert werden. 2 Lernende bzw. 2 Lerntandems werden aufgefordert, einen für alle sichtbaren Weg vom Start- zum Zielfeld mit Spielsteinen, Magneten oder Post-Its zu markieren, wobei die beiden Spielenden mit je einer anderen Farbe spielen. Die Wege der beiden Lernenden und die zugehörigen Rechenoperationen werden der Klasse vorgestellt.

Nun sind alle Lernenden der Klasse gefordert: Sie notieren zu beiden Wegen sämtliche Zwischenergebnisse und bestimmen die Endzahl. Gemeinsam werden die richtigen Zahlen bestimmt und das Vorgehen nochmals erörtert.

Nun wird die Klasse in 4er-Gruppen aufgeteilt, wobei jeweils 2 Lerntandems miteinander spielen. Zu Beginn spielen die Teams mit offenen Wegen: Sie wählen eine Startzahl, markieren die geplanten Zwischenhalte bzw. den Rechenverlauf (z. B. mit Spielfiguren oder mit Filzstift) und berechnen dann Zwischenergebnisse und Zielzahl. Da die gewählten Wege für alle Spielenden sichtbar sind, lassen sich die Zielzahlen leicht vergleichen. Wenn man sich in der Lerngruppe einig ist, kann die nächste Rechnung angegangen werden, sonst wird nachgerechnet.

Nach wenigen Runden wird die anspruchsvollere Spielvariante in Angriff genommen. Die Lernenden bestimmen zuerst im Tandem einen Weg, bestimmen dazu die Startzahl und berechnen die Zwischenergebnisse sowie die Zielzahl. Die Rechenwege verlaufen dabei immer von oben nach unten. Wenn mit Lerntandems gespielt wird, entscheiden die beiden Lernenden beim Erstellen des Rätsels abwechselnd den jeweils nächsten Rechenschritt.

Im Anschluss werden nur die Start- und die Zielzahl unter den Tandems ausgetauscht. Beide Tandems versuchen nun herauszufinden, welchen Weg das andere Tandem gewählt hat. Dazu können die Lernenden den Weg mit Spielsteinen nachstellen. Sollte sich dies als zu anspruchsvoll

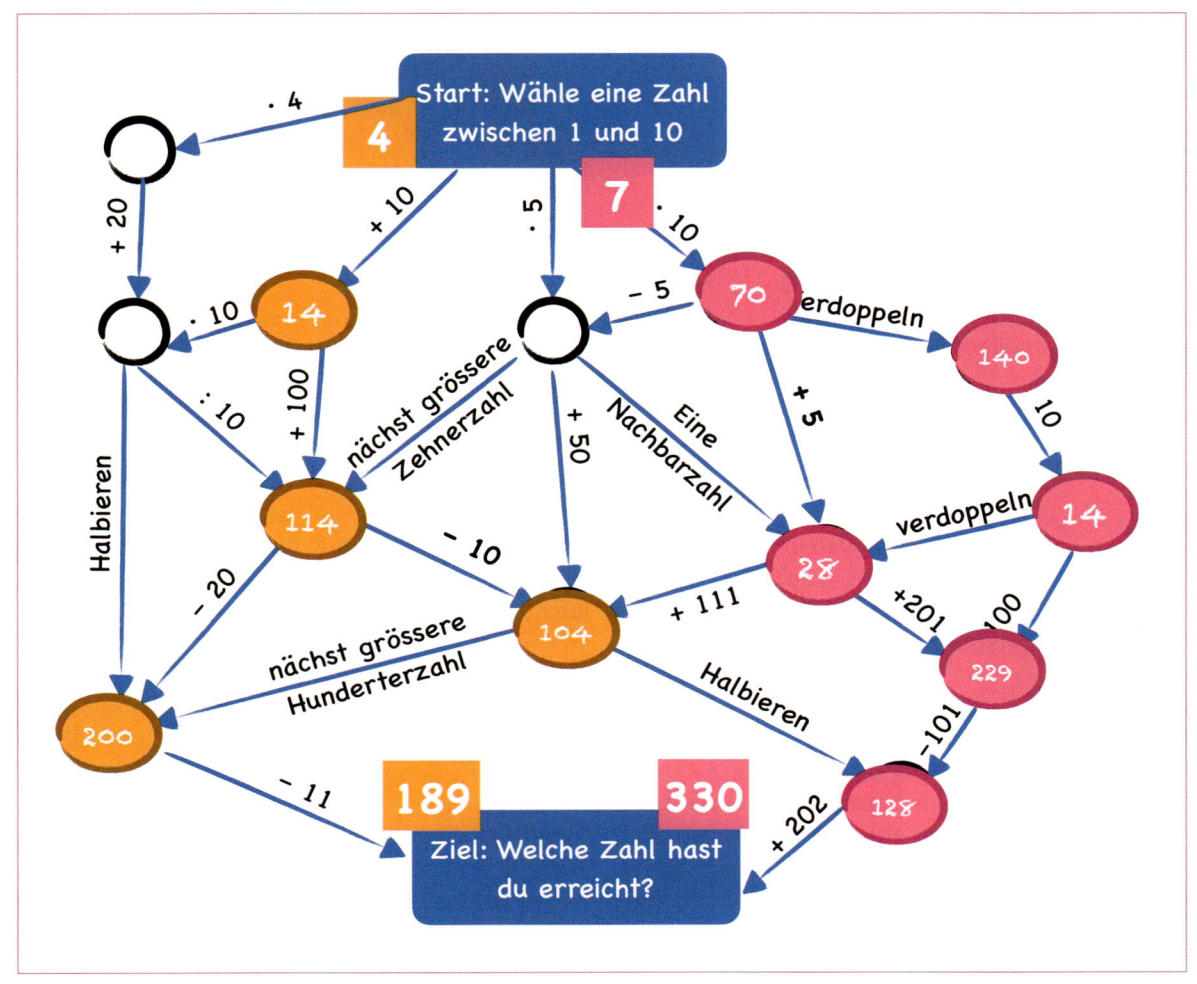

Abb. 1: Zwei mögliche Wege durch die „Operationslandschaft"

herausstellen, kann ein Zwischenhalt (Ort und Ergebnis) angegeben werden.

Die im Unterricht entstehenden Rätsel können gesammelt und anderen Lerntandems zur Bearbeitung zur Verfügung gestellt werden. Wer ein solches Rätsel geknackt hat, vergleicht die Lösung mit der Lösung der Autorin/des Autors des Rätsels.

Aus der Erprobung

Die Lernumgebung wurde in Kiesen, Kanton Bern, mit einem 4. Schuljahr erprobt. Die Lehrperson schrieb dazu Folgendes:

„Ich habe das Spiel in 2 Schulstunden eingesetzt. In der ersten Stunde haben wir die Aufgabe gemeinsam durchgespielt, damit es alle verstehen. Die Schülerinnen/Schüler konnten das Spiel sofort selber spielen. In einer 2. Lektion brauchte es von meiner Seite her nur wenig Unterstützung, es lief super. Lernstarke Kinder haben dann wirklich auch nur noch Rätsel gestellt und gelöst. Sie haben jeweils bloß die Start- und Zielzahl angegeben und damit gerechnet. Ein Kind mit reduzierten individuellen Lernzielen hat Schritt für Schritt seinen Weg notiert und jedes Zwischenergebnis berechnet. Es hat den Kids total Spaß gemacht, die Aufgabe funktioniert wunderbar."

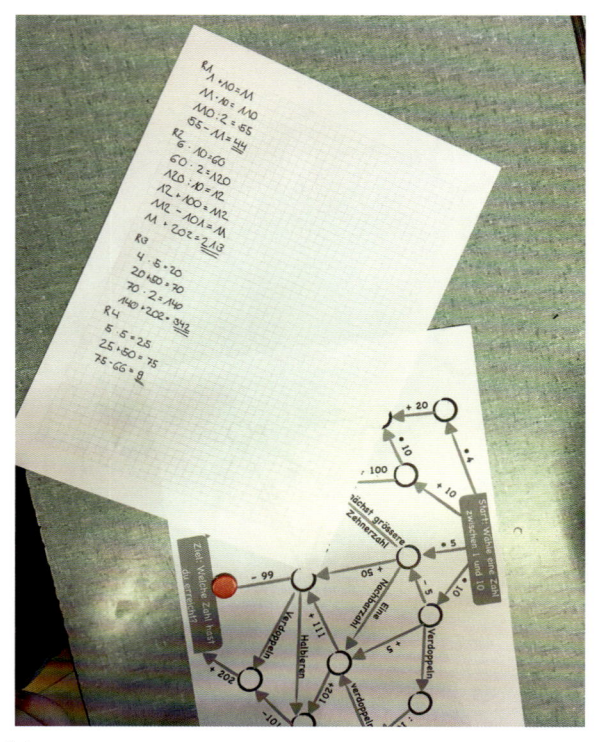

Abb. 2: Aus der Erprobung in Kiesen, Kanton Bern, mit Lernenden des 4. Schuljahres.
Die Schülerinnen und Schüler haben den Rechenweg jeweils Rechnung für Rechnung festgehalten.

Anpassen

Zugang erleichtern
- Es wird immer mit der Zahl 10 gestartet.
- Ein Knotenpunkt mit Ergebnis wird zusätzlich zur Zielzahl verraten.

Ansprüche erhöhen
- Startzahlen bis 20 erlauben.
- Operationen auf dem Spielplan erschweren bzw. austauschen.
- Einen neuen Spielplan zeichnen (Blanko-Spielplan: **M 1.8.2**, Abb. 4).

Auswerten – Reflexion

Nach einigen Spielrunden versuchen die Lernenden, ausgehend von der gleichen Startzahl (z. B. 5) eine möglichst große Zielzahl und eine möglichst kleine Zielzahl zu erreichen. Ebenso kann ein Weg gesucht werden, bei dem eine Zielzahl möglichst nahe an 100 oder 200 erreicht wird. Die hier vorgeschlagene Auswertung eignet sich ebenso zur Einführung in die Aufgabe.

Es ist denkbar, im Anschluss einen eigenen Spielplan zu konstruieren. Dies sollte nicht unterschätzt werden. Je nach gewählten Operationen und Zwischenschritten werden die Rechenschritte schwierig. Ebenso sollte für Lernende bis zum 4. Schuljahr beim Setzen von Divisionen (und Halbieren) darauf geachtet werden, dass unter jeder Bedingung ohne Rest geteilt werden kann.

1.8 Immer schön nach unten

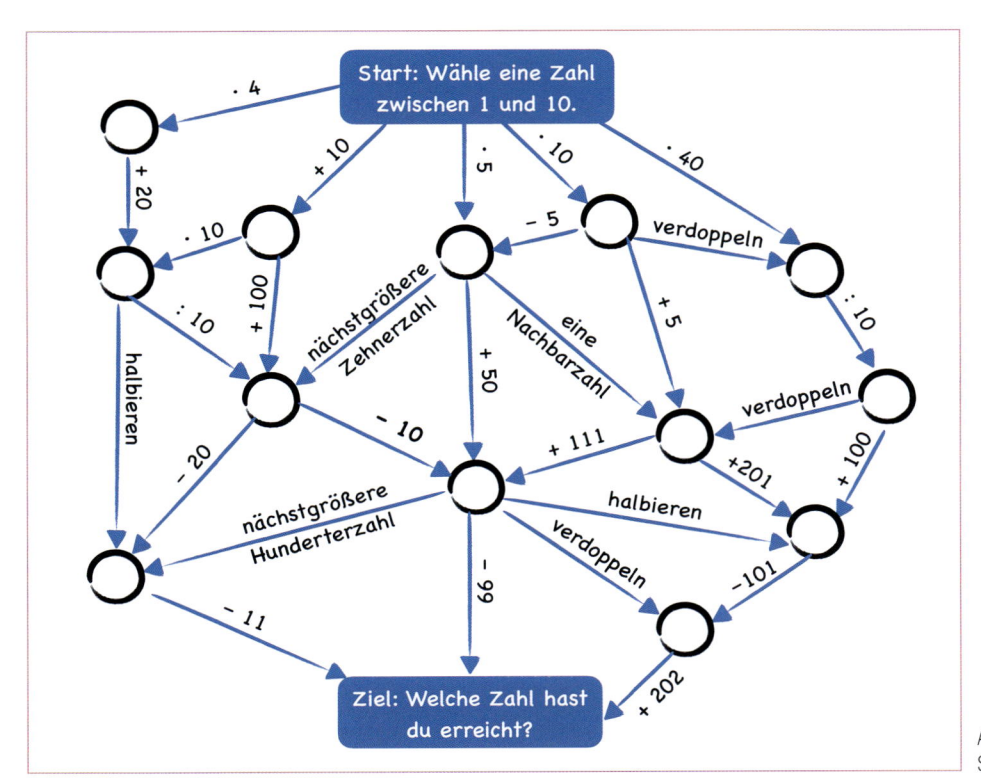

Abb. 3: Kopiervorlage Spielplan (M 1.8.1)

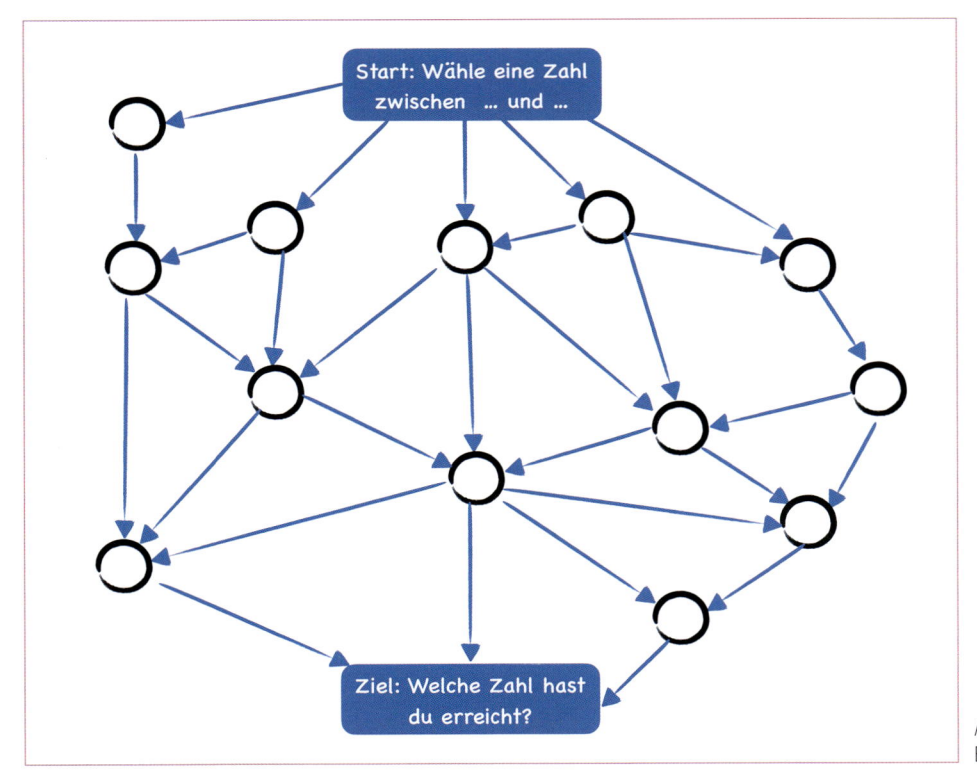

Abb. 4: Kopiervorlage Blanko-Spielplan (M 1.8.2)

2 Addieren und subtrahieren

2 Addieren und subtrahieren

Lernumgebung	Schuljahr	mathematischer Fokus	Entsprechung in Band 2
2.1 Streichquadrate herstellen	2.–6.	Addition, Subtraktion, Ordinalzahlen, Rechentrick, Problemlösen	–
2.2 Summen anpeilen	3.–10.	Addition, Stellenwertsystem, Ziffern *(mit Bewertungskriterien)*	–
2.3 Apfelkuchen	2.–6.	Brüche, Zahlenstrahl, Addition	2.1: *Apfelkuchen* Die Aufgabe wurde für Band 2 angereichert.
2.4 Wer baut den besten Würfel?	3.–9.	Kombinatorik, Addition, Transitivität	2.2: *Wer baut den besten Würfel?* Das Spiel in in Band 2 ist einne ergänzte und angereicherte Aufgabe mit Brüchen.
2.5 Scopa	1.–6.	Addition, Subtraktion, Gleichungen, Grundoperationen	–
2.6 Überschlagen	3.–5.	Addition, Stellenwertsystem, (Ergebnisse) überschlagen *(mit Bewertungskriterien)*	3.5: *Überschlagen* Das Spiel in Band 2 ist wesentlich komplexer. Alle Grundoperationen werden einbezogen.

2.1 Streichquadrate herstellen

Kompetitive Lernumgebung für Gruppen mit 2–4 Lernenden (die Beschreibung ist auf 4 Lernende ausgerichtet)

Fokus:	Addition, Subtraktion, Ordinalzahlen, Rechentrick, Problemlösen
Ziel:	viele eigene Zahlkarten ins Streichquadrat legen, die Streichsumme voraussagen
Stufe:	2.–6. Schuljahr
Zeitbedarf:	1–3 Schulstunden
Material:	je Lerngruppe: • farbige Zettel oder kleine Post-Its • 5×5-Quadratraster in passender Größe **(M 2.1.1)**

Siehe auch *MATHWELT 2*, Thema 5, Aufgabe 3 (Themenbuch 1. Semester, S. 56).
Die Aufgabe eignet sich für Lernende bis zum 6. Schuljahr. Sie wurde für Band 2 nicht angepasst.

Zum Inhalt

Voraussetzungen:	Addition, Subtraktion, erste Erfahrungen mit Streichquadraten
Automatisierung:	Das Automatisieren von Summen im 20er-Raum steht für viele Lernende nicht mehr im Vordergrund. Es geht darum, Zahlen nach bestimmten Regeln auszuwählen und entsprechend im Quadrat einzuordnen. Die Lernumgebung hat daher auch stark problemlösenden Charakter.

+	a	b	c
d	a+d	b+d	c+d
e	a+e	b+e	c+e
f	a+f	b+f	c+f

+	3	5	8
10	13	15	18
20	23	25	28
30	33	35	38

Abb. 1: Quadrat links: additive Verknüpfungstabelle mit den Variablen a, b, c, d, e und f; Quadrat rechts: additive Verknüpfungstabelle mit Summanden zwischen 3 und 30.

Bei Streichquadraten handelt es sich um ein Übungsformat, aus dem sich verschiedene produktive, strukturierte Übungen ableiten lassen. Streichquadrate sind Zahlengitter mit 3×3, 4×4, 5×5 oder auch 6×6 Zahlen. Sie bestehen aus den Ergebnissen einer quadratischen Verknüpfungstabelle. In Abb. 1 sind Beispiele für ein 3×3-Quadrat zu sehen. Bei Streichquadraten ist die Differenz der Zahlen zwischen zwei bestimmten Zeilen oder zwei bestimmten Spalten immer dieselbe.

Im Streichquadrat wird mithilfe des Streichverfahrens eine Streichquadratsumme gebildet. Die Lernenden wählen zunächst in der obersten Zeile eine Zahl durch Einkreisen aus und streichen anschließend die restlichen Zahlen dieser Spalte. Nun wählen sie eine Zahl in der zweiten Zeile aus und streichen die restlichen Zahlen dieser Spalte. Dies wird – abhängig von der Größe des Streichquadrates – Zeile für Zeile so lange wiederholt, bis in der untersten Zeile nur noch eine Zahl übrig bleibt. Die ausgewählten Zahlen werden nun addiert. Alle auf diese Art gebildeten Streichquadratsummen sind gleich groß.

2 Addieren und subtrahieren

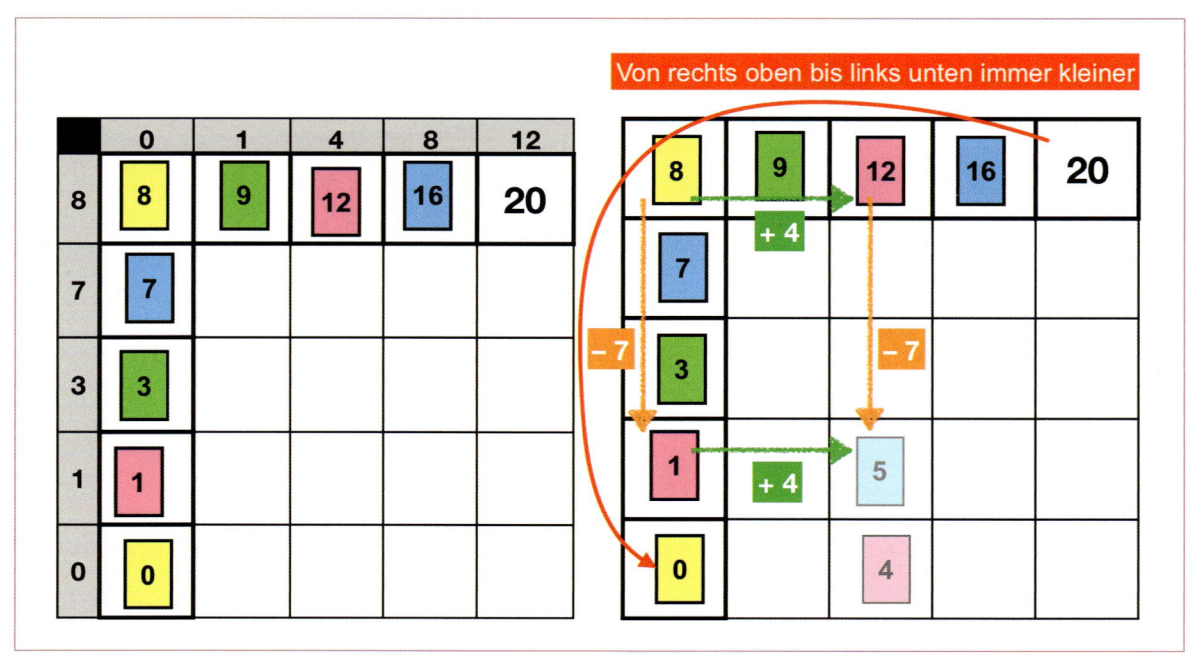

Abb. 2: Im eigentlichen Spiel (Tabelle rechts) sind Kopfzeile und Kopfspalte (grau) der Verknüpfungstabelle nicht sichtbar. Diese wurden in der Tabelle links ausgehend von den 9 Zahlen bestimmt. Die Lernenden nutzen im Spiel die Zahlbezüge innerhalb der Tabelle. Mit den 9 „Randzahlen" in der Tabelle links sind alle Zahlen im Gitter bestimmt. Die „5" im blauen Rechteck in der Tabelle rechts ist aufgrund der Struktur von Streichquadraten um 7 kleiner als die „12", sie ist aber auch um 4 größer als die „1".

Die Konstanz der Streichquadratsumme (siehe Abb. 3) kann, unabhängig von der Auswahl der ausgewählten Zahlfelder, durch die Randzahlen begründet werden. Jede ausgewählte Zahl ist die Summe zweier Randzahlen. Im 3×3-Streichquadrat werden aus den 9 Feldern ja jeweils 3 Felder ausgewählt. In der Summe der 3 Zahlen sind stets alle 6 Randzahlen vertreten (a + b + c + d + e + f; siehe Abb. 1).

Diese Beobachtungen lassen sich leicht auf das Format in der Aufgabenstellung, wo mit 5×5-Quadraten gearbeitet wird, übertragen.

Unterrichtsverlauf

Falls die Lernenden noch nicht mit Streichquadraten gearbeitet haben, empfehlen wir vorgängig die Bearbeitung einer entsprechenden Aufgabe (z.B. *MATHWELT 2*, Themenbuch 1, Thema 5, Aufgabe 3). Die Einsicht, dass die Differenz der Zahlen zwischen zwei bestimmten Zeilen bzw. Spalten immer dieselbe ist (siehe *Zum Inhalt*) sollten die Lernenden für dieses Spiel mitbringen. Hierfür wird im Vorfeld an Streichquadraten mit Lücken mit zunehmendem Schwierigkeitsgrad gearbeitet. Die Lernenden können solche Aufgaben auch selbstständig erfinden und mit anderen austauschen.

Im Plenum wird dann über unterschiedliche Strategien gesprochen, die fehlenden Zahlen im Quadrat zu ergänzen. Im Spiel werden vor allem die Differenzen zwischen den Zahlen zweier Zeilen oder Spalten verglichen und auf die leeren Felder übertragen. Es sind noch zwei weitere Strategien möglich, die jedoch für das Spiel nur bedingt hilfreich sind:

- Das Bilden von Streichquadratsummen mit im Gitter bereits vorhandenen Zahlen und das Füllen von Lücken, indem die Summe auf vorhandene Zahlen und eine Lücke angewendet wird.
- Das Füllen des Streichquadrates, indem die Randzahlen (Kopfzeile und Kopfspalte Abbil-

dung unten) gebildet werden. Die fehlenden Zahlen lassen sich durch Addition der Randzahlen berechnen. Mit dieser Strategie lässt sich zusätzlich feststellen, dass zu einem gegebenen Streichquadrat verschiedene Randzahlen mit jeweils der gleichen Gesamtsumme möglich sind.

Im eigentlichen Spiel bauen 4 Lernende gemeinsam ein 5×5-Streichquadrat. Jeder Gruppe steht dazu ein 5×5-Quadratgitter zur Verfügung. Die Zahl „20" im Feld oben rechts ist jeweils gesetzt, die anderen 24 Zahlen werden von den Lernenden bestimmt (siehe Abb. 2). Die Zahlkarten sind so groß zu wählen, dass sie in die Kästchen des Quadratgitters passen. Hierfür lohnt es sich, Zettelchen in verschiedenen Farben in der entsprechenden Größe vorzubereiten.

Nun wählen die 4 Lernenden nach eigenem Ermessen je 8 verschiedene Zahlen zwischen 0 und 19 und notieren diese auf farbige Zettel. Die Zahlkarten der 4 Lernenden sind hier in den Farben Blau, Rosa, Gelb und Grün dargestellt.

Alle Mitspielenden legen 2 ihrer Zahlkärtchen offen aufs Quadratgitter. Die 4 mal 2 Zahlen werden nun in die oberste Zeile, dann in die linke Spalte gelegt: Oben rechts ist die Zahl 20 gesetzt, die größte Zahl auf den Zahlkärtchen wird rechts danebengelegt. Dann werden die Zahlen in absteigender Reihenfolge von rechts nach links und oben nach unten eingetragen, die kleinste Zahl steht also unten links. Doppelt gewählte Zahlen werden ersetzt, indem eine der beiden Zahlen um 1 vergrößert oder um 1 verkleinert wird.

Achtung: In der Erprobung haben Lernende vermutet, dass die gelegten Zahlen in der Kopfzeile und Kopfspalte die Randzahlen darstellen und deshalb addiert werden müssen. In der Darstellung (Abb. 2) sind denn die Felder auch nicht wie in der Abbildung oben grau hinterlegt („Randzahlen"), sondern dicker umrandet dargestellt.

Die Lernenden legen nun reihum passende Zahlen ins Gitter – sofern sie solche notiert haben. Bei jeder gelegten Zahl wird begründet bzw. kontrolliert, ob sie wirklich in das Feld passt. Wer keine passende Zahl mehr hat, scheidet aus.

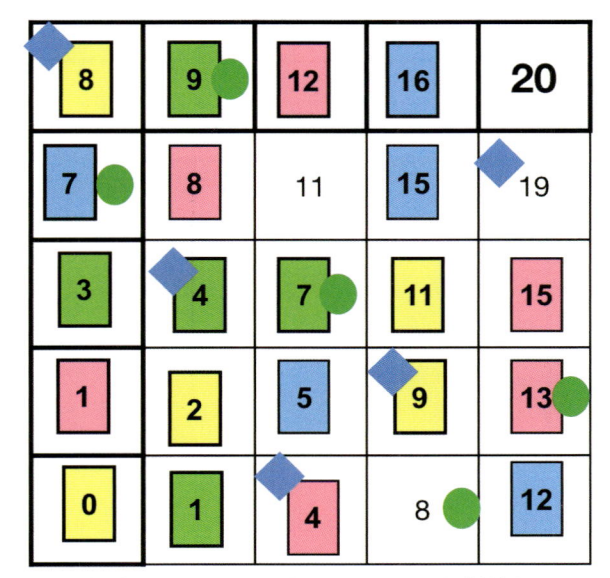

Abb. 3: Die Streichquadratsumme ist unabhängig von der Wahl der Zahlen immer gleich groß. Die Summe der mit einer blauen Rauke markierten Zahlen ist gleich der Summe der Zahlen mit einem grünen Kreis ($44 = 8 + 19 + 4 + 9 + 4 = 9 + 7 + 7 + 13 + 8$).

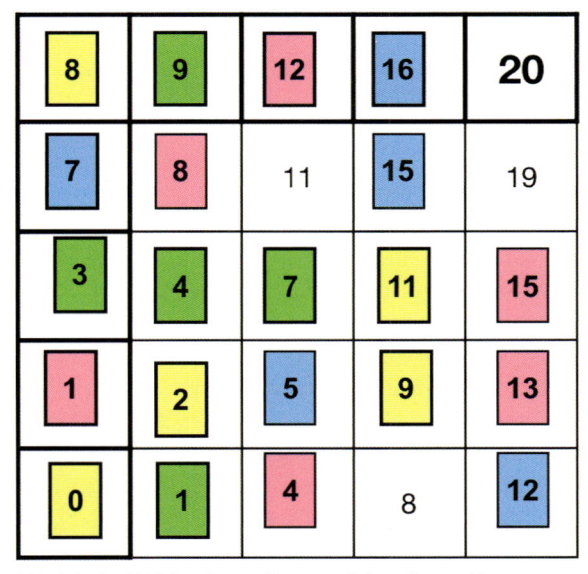

Abb. 4: In der Abbildung konnte Blau zusätzlich zur Startposition die Zahlen 5, 12 und 15 legen, Grün und Gelb haben ebenso 3 Zahlen hinzugefügt. Rosa konnte 4 Zahlen (8, 15, 13 und 4) dazulegen und erhält 1 Spielpunkt. Die Zahlen 8, 11, 19 sind hier vollständigkeitshalber mitvermerkt.

2 Addieren und subtrahieren

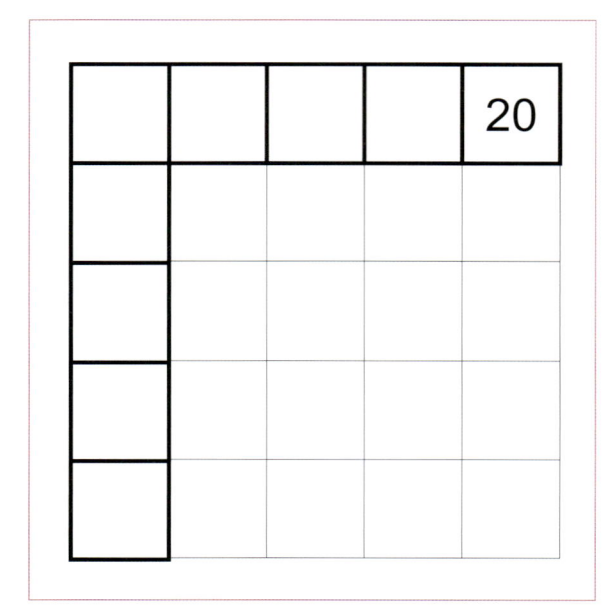

Abb. 5: Kopiervorlage 5 × 5-Quadratraster **(M 2.1.1)**

Abb. 6: Kopiervorlage 4 × 4-Quadratraster **(M 2.1.2)**

Abb. 7: In einer Erprobung in Dresden spielten Till (5. Schuljahr) und Theo (4. Schuljahr) mit jeweils 16 Kärtchen auf einem 5 × 5-Streichquadrat das Spiel. Einige Felder blieben jeweils frei, da die beiden keine passenden Zahlen mehr zur Verfügung hatten.

2.1 Streichquadrate herstellen

Es wird gespielt, bis alle Felder des Quadrates belegt sind oder bis niemand weitere passende Zahlkärtchen legen kann.

Die Spielerin/der Spieler mit den meisten gelegten Karten erhält 1 Spielpunkt.

> ⓘ Bei Streichquadraten wird aus jeder Zeile eine Zahl so gewählt, dass die gewählten Zahlen in verschiedenen Spalten (bzw. niemals untereinander) stehen. 5 solche Zahlen ergeben immer die gleiche Summe (in unserem Beispiel in Abb. 3 $44 = 8 + 19 + 4 + 9 + 4 = 9 + 7 + 7 + 13 + 8$). Die Streichquadratsumme variiert von Spiel zu Spiel. Bei dem vorgeschlagenen Setting sind Summen zwischen 30 und 70 zu erwarten.

Nach einigen Spielrunden geben die Lernenden bei Spielbeginn einen Tipp ab für die Streichquadratsumme, die sich durch das Setzen der Randkarten ergeben wird. Mit kluger Wahl der Zahlkärtchen lässt sich diese Summe beeinflussen. Es erhält jeweils 1 Punkt, wer der tatsächlichen Streichquadratsumme am nächsten kommt.

Anpassen

Zugang erleichtern
- Mit 4×4-Quadraten spielen, die Anzahl der Randkarten beträgt dann 7, danach werden noch 9 Felder gefüllt. In diesem Fall empfiehlt es sich, zu dritt zu spielen.

Ansprüche erhöhen
- Es ist eher ungünstig, den Zahlenraum zu erweitern, da damit die Wahrscheinlichkeit für passende Zahlen sinkt.
- Wird der Zahlenraum bis 100 erweitert, könnten die Zahlkärtchen so vorbereitet werden, dass die Lernenden den Einer mit einer Leerstelle markieren und beim Legen den passenden Einer ins Kärtchen schreiben.

Auswerten – Reflexion

- Gemeinsam begründen, weshalb sich immer ein Streichquadrat ergibt.
- Überlegen, welche Zahlen in die Kopfzeile und die Kopfspalte gelegt werden müssen, damit die Streichquadratsumme 70 bzw. 30 ist.
- Gemeinsam die Zahlen so legen, dass die Streichquadratsumme möglichst groß oder möglichst klein wird. In diesem Fall bereiten die Lernenden ihre 8 Zahlkärtchen jeweils mit diesem Ziel vor.

2 Addieren und subtrahieren

2.2 Summen anpeilen

Kompetitive oder auch kooperative Lernumgebung für Gruppen mit 3–4 Lernenden

Fokus:	Addition, Stellenwertsystem, Ziffern
Ziel:	mit 6 Ziffernkarten Summen bilden und dabei einer Zielzahl möglichst nahekommen
Stufe:	3.–10. Schuljahr (mit Vereinfachung ab 2. Schuljahr)
Zeitbedarf:	mindestens 1 Schulstunde
Material:	je Lerngruppe: • 3 Sets Ziffernkarten (30 Kärtchen) • eventuell 1000er-Tafel für die Auswertung **(M 2.2)**

Siehe auch *MATHWELT 2*, Thema 3, Aufgabe 2 (Themenbuch 1. Semester, S. 31).
Die Aufgabe eignet sich für Lernende bis zum 10. Schuljahr. Sie wurde in Band 2 nicht aufgenommen.

Zum Inhalt

Voraussetzungen:	Addition im 1000er-Raum
Automatisierung:	Überschlagen von Summen im 1000er-Raum, Addieren im 1000er-Raum

Die Lernenden bilden mit 6 Ziffernkarten Summen, die möglichst nahe an eine Zielsumme kommen sollen. Dabei ist entscheidend, welche Ziffern für die Hunderterstellen und welche Ziffern für die Zehnerstelle verwendet werden.

Vordergründig handelt es sich hier um ein Spiel zur Addition. Durch die Wahl der Ziffern, vor allem aber durch das geschickte Setzen der Ziffern als Hunderter, Zehner und Einer gerät das Stellenwertsystem in den Vordergrund. So können beispielsweise mit den Ziffern 1, 2, 3, 4, 6 und 9 über hundert verschiedene Summen zwischen 1 und 999 gebildet werden (siehe Abb. 1).

Je Addition werden jeweils alle 6 Ziffern verwendet. Die möglichen Summen unterscheiden sich um 9 oder um Vielfache von 9. So kann mit den Ziffernkarten 1, 2, 3, 4, 5 und 6 z. B. die Summe 321 + 456 = 777 gebildet werden. Die nächstgrößere mögliche Summe ist um 9 größer: 154 + 632 = 786.

Bei geschickter Wahl der Ziffern ist es häufig möglich, eine Summe zu legen, die sich um maximal 4 von der Zielzahl unterscheidet.

Unterrichtsverlauf

3 Sets Ziffernkarten werden offen auf den Tisch gelegt.

Die Lernenden wählen reihum jeweils eine Ziffernkarte, bis alle 6 Ziffernkarten haben.

Aus den restlichen Ziffernkarten wird verdeckt eine 3-stellige Zahl gezogen. Wird zuerst eine 0 gezogen, wird diese zurückgelegt.

Kompetitive Variante

Die Lernenden bilden nun mit den von ihnen gezogenen Ziffernkarten Summen. Die Summe soll der Zielzahl möglichst nahekommen.

Wir orientieren uns an folgenden Bildungsregeln:
- Es müssen jeweils alle 6 Ziffernkarten verwendet werden.
- Die Summanden sind 1-, 2- oder 3-stellig. Die Summen bestehen aus 2–4 Summanden.
- Es wird addiert und nicht subtrahiert.
- Es gewinnt, wer der gezogenen Zahl am nächsten kommt.
- Die Summanden werden zur besseren Kontrolle untereinander gelegt (siehe Abb. 2).

2.2 Summen anpeilen

1																	
2	12	21	31	41	21	21	12	61	91	92	93	92	92	91	91	91	136	129
3	3	3	2	2	34	43	63	24	2	13	21	31	41	43	43	46	64	42	64
4	4	4	4	3	6	6	4	3	3	4	4	4	3	16	26	32	23	9	3
6	6	6	6	6	9	9	9	9	4	6	6	6	6						
9	9	9	9	9				6											
25	**34**	**43**	**52**	**61**	**70**	**79**	**88**	**97**	**106**	**115**	**124**	**133**	**142**	**151**	**160**	**169**	**178**	**187**	**196**

139	149	196	196	196	234	216	216	261	263	■	264	263	■	291	324	324	342	342	341
64	63	23	32	43	1	34	43	3	14		31	41		36	1	16	1	16	26
2	2	4	4	2	6	9	9	4	9		9	9		4	6	9	6	9	9
					9			9							9		9		
205	**214**	**223**	**232**	**241**	**250**	**259**	**268**	**277**	**286**	**295**	**304**	**313**	**322**	**331**	**340**	**349**	**358**	**367**	**376**

369	361	391	392	391	416	426	416	416	426	462	462	324	461	342	324	492	342	■	394
14	29	6	16	26	2	1	23	32	31	1	13	169	32	169	196	36	196		162
2	4	4	4	4	9	3	9	9	9	3	9		9			1			
		2			3	9				9									
385	**394**	**403**	**412**	**421**	**430**	**439**	**448**	**457**	**466**	**475**	**484**	**493**	**502**	**511**	**520**	**529**	**538**	**547**	**556**

349	■	129	169	349		612	621	631	641	631	641	269		269	296	624	634	643
216		463	432	261		3	3	2	2	24	23	413		431	413	93	92	92
						4	4	4	3	9	9					1	1	1
						9	9	9	9									
565	**574**	**(583)**	**592**	**601**	**610**	**(619)**	**628**	**637**	**646**	**655**	**664**	**673**	**682**	**691**	**700**	**709**	**718**	**727**	**736**

416	491	629	629	462	461		496	496	694	692		461	649		649		694	
329	263	134	143	319	329		312	321	132	143		392	213		231		213	
745	**754**	**763**	**772**	**781**	**790**	**799**	**808**	**817**	**826**	**835**	**844**	**853**	**862**	**871**	**880**	**889**	**898**	**907**	**916**

691	691	926	936	926	629	936	924	962	962
234	243	13	12	34	341	42	63	34	3
		4	4	1		1	1	1	41
925	**934**	**943**	**952**	**961**	**970**	**979**	**988**	**997**	**1006**

Abb. 1: Zwischen dem kleinsten Ergebnis 25 und dem größten möglichen 3-stelligen Ergebnis 997 sind theoretisch 109 Ergebnisse möglich. Zu 97 der 109 möglichen Ergebnissen konnte eine Summe gebildet werden, es ist aber denkbar, dass nicht alle möglichen Ergebnisse gefunden wurden. Zu den 12 geschwärzten, theoretisch möglichen Summen konnten keine entsprechenden Summanden gefunden werden. Nachtrag: Mittlerweile wurden auch Ergebnisse zu 583 und 619 gefunden. Wir lassen die Abbildung als „unvollendet" stehen.

ⓘ

Ein Beispiel: Die Zielzahl ist 526.
Jana hat die Ziffern 0, 1, 4, 8, 9 und 9 gezogen. Sie bildet damit die Summe 419 + 90 + 8 und erhält 517.
Sie könnte aber auch 499 + 10 + 8 rechnen; auch das ergibt 517. Das gleiche Ergebnis kann sie als Summe von 2 3-stelligen Zahlen erreichen: 419 + 098 = 517.
Mit Janas Ziffern kann 526 nicht erreicht werden.

Kooperative Variante für jeweils 4 Lernende

Nachdem die Lernenden ihre Summe gelegt haben werden 2 Lerntandems gebildet. Sie versuchen nun, durch den Tausch genau einer Ziffer der Zielsumme (insgesamt) näherzukommen. Nach dem Tausch der Ziffer werden die Rechnungen neu gelegt und die Summen bestimmt.

Um gezielt Interaktion zwischen den Lernenden bereits beim Bilden der Summen zu fördern, schlagen wir außerdem ein teil-kooperatives Spiel 2 gegen 2 vor. In diesem Fall bilden jeweils 2 Lernende gemeinsam Summen, die möglichst nahe an der Zielzahl liegen. Dabei tauschen sie sich über Vorgehensweisen und Lösungsmöglichkeiten aus.

Alternative Spielidee: Mit Produkten rechnen

Anstatt mit Summen kann auch mit Produkten gerechnet werden. Folgende Punkte lassen sich übernehmen:

- Die Schülerinnen und Schüler wählen reihum Ziffernkarten. Diese liegen offen auf dem Tisch.
- Die Zielzahl ist 3-stellig und wird durch 3 gezogene Ziffern bestimmt, nachdem alle Lernenden ihre Ziffernkarten gewählt haben.

2 Addieren und subtrahieren

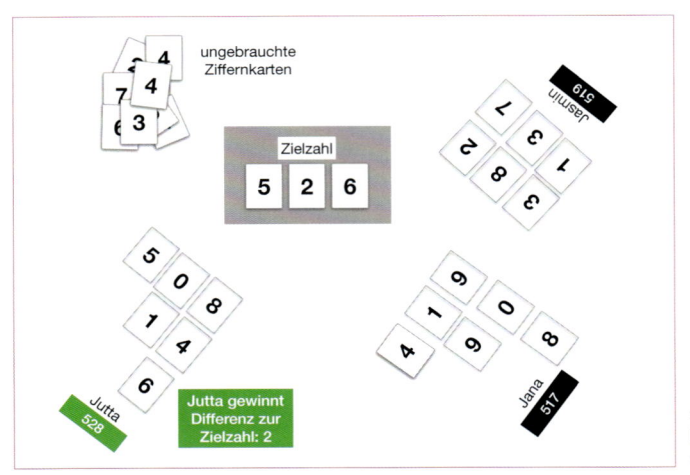

Abb. 2: Die Auslegeordnung passt zum im Text beschriebenen fiktiven Beispiel. Jutta gewinnt die Spielrunde, da sie der Zielzahl am nächsten kommt.

Im Vergleich zum beschriebenen Spiel werden folgende Änderungen vorgeschlagen:
- Es werden 7 anstelle von 6 Ziffernkarten gezogen.
- Es darf nicht mit dem Faktor 1 oder 2 multipliziert werden, alle Zahlen größer als 2 sind jedoch als Faktor erlaubt.
- Es müssen nicht alle gezogenen Ziffern verwendet werden (sonst wird das Produkt viel zu groß).

Das Rechnen mit Produkten hat sich in der Erprobung für einige Kinder als sehr schwierig erwiesen. Die Spielform ist sicherlich nicht im gleichen Maß reichhaltig wie das „Original". Für Lernende der 3. Klasse ist diese Variante in der Regel nicht zu empfehlen.

Anpassen

Zugang erleichtern
- Die Lernenden ziehen nur 5 anstelle von 6 Ziffern und bilden damit eine 2-stellige Zielzahl. In diesem Fall reichen 2 Ziffernsets je Lerngruppe aus.

Ansprüche erhöhen
- Mit den 6 gezogenen Ziffernkarten können 4 Zahlen gebildet werden. Diese werden mit 3 verschiedenen Operationszeichen (+, −, · oder :) verknüpft.

B

Ein Beispiel: Die Zielzahl ist 725.
Gezogen wurden die Kärtchen 1, 1, 3, 5, 6, 9.
Damit lässt sich die Rechnung
$11 \cdot 65 + 9 : 3 = 718$ bilden.
Ebenso ist $691 + 3 : 1 \cdot 5 = 706$ oder
$56 \cdot 13 + 1 − 9 = 720$ möglich.

Diese Spielform ist wesentlich anspruchsvoller. Je nach Lernstand der Klasse kann der Taschenrechner erlaubt werden.

Auswerten – Reflexion – Bewertung

Falls die Arbeit an der Aufgabe bewertet wird, kann man sich den Kriterien auf S. 79 orientieren: Die Bewertung der Kriterien *gut* und *sehr gut* stützt sich auf eine dem Spiel nachgeschaltete Phase der Arbeit. *Genügend* lässt sich bereits während der Bearbeitung der Aufgabe erreichen. Lernende, die das Kriterium *genügend* noch nicht erfüllt haben, spielen das Spiel gemeinsam (oder mit der Lehrperson) und werden von der Lehrperson nochmals beobachtet (vgl. dazu auch den Abschnitt zur Bewertung S. 34 ff.).

Zur Auswertung bilden die Lernenden mit jeweils den gleichen 5 oder 6 Ziffernkarten möglichst viele Ergebnisse mit der gleichen 100er-Ziffer. Diese werden auf einer 100er-Tafel markiert (Abb. 4). Alle möglichen Ergebnisse liegen auf einer Diagonalen und unterscheiden sich um 9 oder um Vielfache von 9.

In der Erprobung haben die Lernenden zur Auswertung 5 beliebige Ziffern gewählt. Das Berechnen der Summen ist mit 5 Ziffern einfacher als mit 6 Ziffern, ohne dass sich an den mathematischen Zusammenhängen etwas ändert. Schöne Muster gibt es etwa, wenn die Ziffern „1" und „2" sowie 3 weitere Ziffern gewählt werden. Auch hier unterscheiden sich alle Ergebnisse um 9 oder Vielfache von 9.

Dies sei hier in aller Kürze begründet. Jede Ziffer – so auch etwa die Ziffer *1* – wird hier in der Einer-, Zehner- oder Hunderterstelle verwendet. Wird die Ziffer „1" anstatt im Einer im Zehner verwendet, wird die Summe um 1 · 9 größer, wird sie im Hunderter verwendet, wird die Summe um 90 oder 99 größer. Analog verändert sich der Wert der Ziffer 2 um 2 · 9 = 18 (2 + 18 = 20) oder um 180 (20 + 180 = 200).

Die Auswertung in Partnerarbeit bei der Erprobung in Dresden hat bei den Lerngruppen zu einem regen Austausch geführt. Die Lernenden hatten hier nach dem Spiel Zeit, unterschiedliche Strategien für die Summenbildung auszuprobieren. Zwei Gruppen entdeckten auch Teile des Musters auf der 100er-Tafel und versuchten anschließend, gezielt die entsprechenden Summen zu finden, die ihrer Meinung nach das Muster fortsetzen würden.

Abb. 3: Spielsituation aus der Erprobung im Gsiesertal, Südtirol (3. Schuljahr) mit 4 Spielerinnen und Spielern. Die Lernenden haben je ein Ziffernset auf farbigem Papier erhalten. Das macht das Sortieren nach dem Spiel einfacher. Den 4 Spielerinnen und Spielern ist es mit den eigenen Ziffernkarten gelungen, ein Ergebnis in der Nähe der Zielzahl (680) zu legen. Eine Spielerin hat die geforderte Summe mit der Rechnung 647 + 31 + 2 = 680 sogar exakt getroffen.

Bewertung

genügend: das **grüne** Kriterium erfüllen	Du spielst das Spiel in einer Lerngruppe. Es gelingt dir mehr als einmal, deine Ziffernkarten so anzuordnen, dass deine Differenz zur Zielsumme kleiner als 10 ist.
gut: das grüne Kriterium und mindestens eines der beiden **gelben** Kriterien erfüllen	Du findest mit 6 von dir beliebig gewählten Ziffern mindestens 6 Summen innerhalb des gleichen 100ers (z. B. zwischen 301 und 400) und markierst diese auf einer Zahlentafel.
	Du konstruierst eine Spielsituation mit 2 · 10 Ziffern. 3 Kinder haben je 6 Ziffern gezogen. (Achtung: Jede Ziffer kommt nur 2-mal vor!) Bestimme eine beliebige Zielzahl. Bilde für alle 3 Kinder die Summen so, dass sie weniger als 10 von der Zielsumme entfernt sind.
sehr gut: eines der beiden gelben Kriterien und mindestens eines der beiden **blauen** Kriterien erfüllen	Du begründest in Ansätzen, weshalb mit 6 gezogenen Ziffern alle Summen in der Zahlentafel auf der gleichen Diagonale liegen. Tausche dazu bei einer Summe 2 beliebige Ziffern aus und beobachte, wie sich die Summe verändert.
	Man könnte das gleiche Spiel mit einer 4-stelligen Zielsumme und 8 gezogenen Ziffern spielen. Wird es dadurch schwieriger, einfacher oder etwa gleich schwer, eine Summe möglichst nahe der Zielsumme zu bilden? Begründe deine Antwort.

2 Addieren und subtrahieren

201	202	203	204	205	**206**	207	208	209	210
211	212	213	214	**215**	216	217	218	219	220
221	222	223	**224**	225	226	227	228	229	230
231	232	**233**	234	235	236	237	238	239	240
241	**242**	243	244	245	246	247	248	249	250
251	252	253	254	255	256	257	258	259	260
261	262	263	264	265	266	267	268	269	270
271	272	273	274	275	276	277	278	279	280
281	282	283	284	285	286	287	288	289	290
291	292	293	294	295	296	297	298	299	**300**

$143 + 56 + 7 = 206$
$134 + 75 + 6 = 215$
$143 + 75 + 6 = 224$
$153 + 76 + 4 = 233$
$163 + 75 + 4 = 242$
Alle möglichen Ergebnisse sind grün markiert

601	**602**	603	604	605	606	607	608	609	610
611	612	613	614	615	616	617	618	619	**620**
621	622	623	624	625	626	627	628	**629**	630
631	632	633	634	635	636	637	**638**	639	640
641	642	643	644	645	646	**647**	648	649	650
651	652	653	654	655	**656**	657	658	659	660
661	662	663	664	**665**	666	667	668	669	670
671	672	673	**674**	675	676	677	678	679	680
681	682	**683**	684	685	686	687	688	689	690
691	**692**	693	694	695	696	697	698	699	700

$567 + 34 + 1 = 602$
$543 + 61 + 7 = 611$
$153 + 467 = 620$
$613 + 4 + 5 + 7 = 629$
$563 + 71 + 4 = 638$
$536 + 147 = 683$
$631 + 4 + 5 + 7 = 647$
$634 + 15 + 7 = 656$
$643 + 15 + 7 = 665$
$653 + 14 + 7 = 674$
$673 + 15 + 4 = 692$
Alle möglichen Ergebnisse sind grün markiert

Abb. 4: Alle möglichen Summen zwischen 200 und 300 (oben) bzw. zwischen 601 und 700 (unten) mit den Ziffern 1, 3, 4, 5, 6, 7

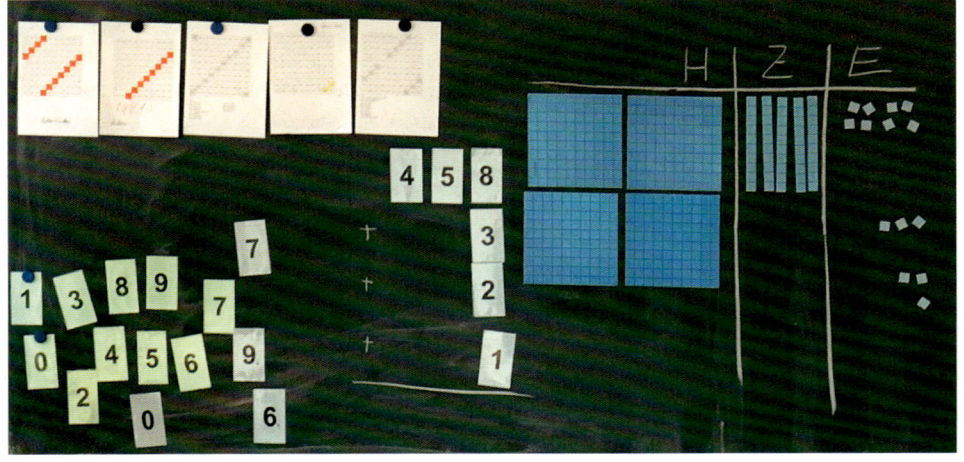

Abb. 5: Darstellung an der Wandtafel zur Frage, weshalb sich die Summen immer um 9 oder Vielfache von 9 verändern. Links oben sind 5 Arbeiten der Lernenden sichtbar. Auf allen lässt sich erkennen, dass die Summen auf einer Diagonalen liegen. Foto aus der Erprobung in Dresden.

2.2 Summen anpeilen

Abb. 6: Joel (3. Schuljahr, Gsiesertal, Südtirol) hat für die Auswertung die Ziffern 0, 1, 2, 3 und 4 gewählt. Er findet dazu die meisten möglichen Summen zwischen 0 und 200. Es stört ihn, dass er mit den gewählten Ziffern das Muster mit der Summe 82 nicht vervollständigen kann. Die Lehrperson „schenkt" ihm noch eine zweite 0. Nun „füllt er das Loch" mit 40 + 30 + 12 = 82.

1	2	3	4	5	6	7	8	9	10
11	12	13	14	15	16	17	18	19	20
21	22	23	24	25	26	27	28	29	30
31	32	33	34	35	36	37	38	39	40
41	42	43	44	45	46	47	48	49	50
51	52	53	54	55	56	57	58	59	60
61	62	63	64	65	66	67	68	69	70
71	72	73	74	75	76	77	78	79	80
81	82	83	84	85	86	87	88	89	90
91	92	93	94	95	96	97	98	99	100

101	102	103	104	105	106	107	108	109	110
111	112	113	114	115	116	117	118	119	120
121	122	123	124	125	126	127	128	129	130
131	132	133	134	135	136	137	138	139	140
141	142	143	144	145	146	147	148	149	150
151	152	153	154	155	156	157	158	159	160
161	162	163	164	165	166	167	168	169	170
171	172	173	174	175	176	177	178	179	180
181	182	183	184	185	186	187	188	189	190
191	192	193	194	195	196	197	198	199	200

Abb. 7: Ausschnitt aus Kopiervorlage 1000er-Tafel **(M 2.2)**

2.3 Apfelkuchen

Kompetitive Lernumgebung für Gruppen mit 2 Lernenden

Fokus:	Brüche, Zahlenstrahl, Addition
Ziel:	den letzten Summanden finden, der addiert werden kann
Stufe:	2.–6. Schuljahr
Zeitbedarf:	20 Minuten – 2 Schulstunden
Material:	eventuell wird die Geschichte mit Material nachgestellt (siehe *Unterrichtsverlauf*); ansonsten sind keine Materialien nötig

Siehe auch *MATHWELT 2*, Thema 19, Aufgabe 3 (Themenbuch, 2. Semester, S. 90).
Für Band 2 (Lernumgebung 2.1: *Apfelkuchen*) wurden die Spielregeln erweitert.

Zum Inhalt

Voraussetzungen:	natürliche Zahlen addieren
Automatisierung:	Brüche richtig benennen

Das Spiel lässt sich als niederschwelliger Einstieg in das Operieren mit Brüchen verwenden. Die Lernenden addieren abwechselnd Brüche. Wer zuletzt addiert, ohne die Zielzahl zu überschreiten, gewinnt das Spiel.

Brüche treten im Alltag vielerorts auf. Oft werden wir uns dessen gar nicht bewusst. Schon kleine Kinder hantieren mit Kuchenstücken, halbieren Äpfel oder verteilen Spielsachen. Dass sich ein Kuchen in 8 gleiche Stücke zerlegen lässt und ein Stück daher $\frac{1}{8}$ des Kuchens ist, ist Grundlage der Aufgabe. Da jedes Stück gleich groß ist, lassen sich die Stücke auch zählen: $\frac{1}{8}, \frac{2}{8}, \frac{3}{8}$ usw. Auch wenn die Lernenden wissen, dass $\frac{2}{8}$ gleich viel ist wie $\frac{1}{4}$, sind $\frac{2}{8}$ aber eben doch 2 Stücke, während wir uns unter $\frac{1}{4}$ in der Regel 1 größeres Stück vorstellen.

Im Spiel geht es darum, mit vorgegebenen Anteilen eines Apfelkuchens 3 ganze Kuchen „aufzubrauchen", indem abwechselnd ein Bruchteil addiert und im Kuchen entsprechend angefärbt wird. Jeder Anteil von $\frac{1}{8}, \frac{2}{8}, \ldots, \frac{8}{8}$ darf nur einmal verwendet werden, die Zielzahl 3 darf nicht überschritten werden. Protokolliert wird im Kreismodell, auf dem Rechenstrich und / oder mit Zahlen.

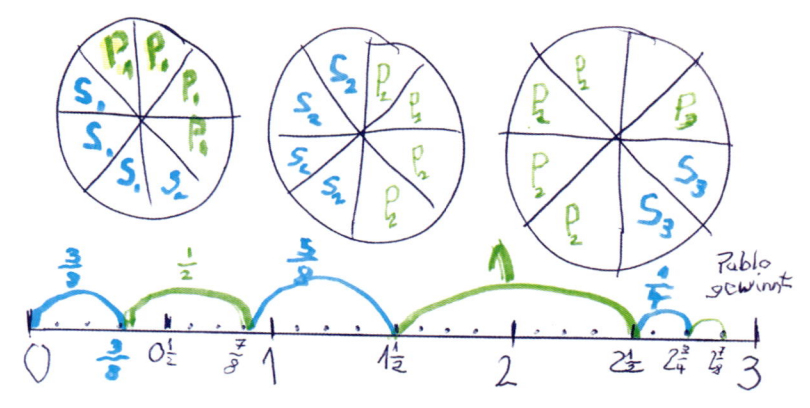

Abb. 1: Erprobungsdokument von Pablo und Sven (5. Schuljahr, Kanton Bern). Im oben abgebildeten Spielprotokoll konnte im Kuchenprotokoll der Kuchen rechts nicht ganz aufgebraucht werden. Die Spielenden haben bis auf $\frac{6}{8}$ und $\frac{7}{8}$ alle Zahlen verwendet, es bleibt aber nur noch $\frac{1}{8}$ Kuchen übrig. Der gleiche Sachverhalt wird auch im darunterstehenden Protokoll auf dem Rechenstrich dargestellt. Im abgebildeten Beispiel haben die beiden Lernenden aus dem 5. Schuljahr den Rechenstrich selbst gezeichnet und die Brüche gekürzt dargestellt.

2.3 Apfelkuchen

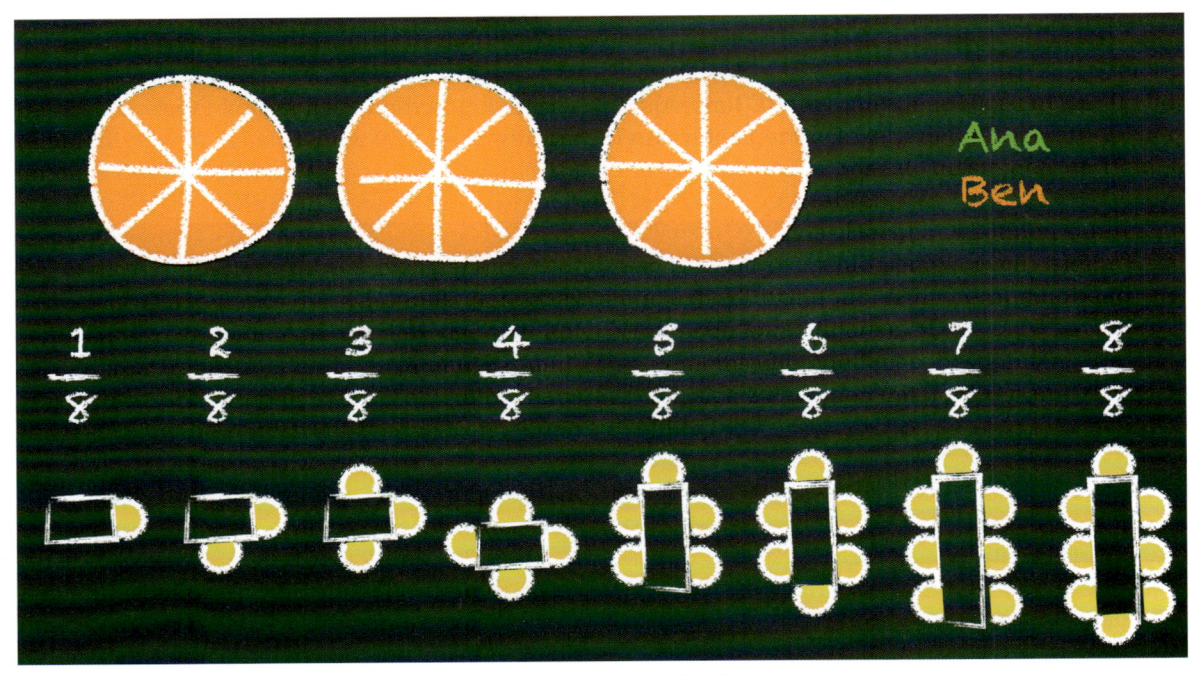

Abb. 2: Mit dieser Grafik wurde das Spiel im Gsiesertal, Südtirol, mit Lernenden des 4. Schuljahres eingeführt.

Unterrichtsverlauf

Den Lernenden wird eine Geschichte erzählt: Der Dorfbäcker hat vor dem Laden eine Festwirtschaft mit 8 Tischen aufgestellt. Er hat zu diesem Anlass 3 große Apfelkuchen mit einem Durchmesser von 50 cm gebacken, die in jeweils 8 gleich große Stücke geschnitten wurden.

Der Zufall will es, dass am ersten Abend alle 8 Tische mit Gästegruppen besetzt sind. Am ersten Tisch sitzt 1 Person, am zweiten Tisch 2 Personen und so weiter bis zum achten Tisch ganz rechts, an dem 8 Personen sitzen. An jedem Tisch sitzt jeweils eine Gästegruppe, die immer gemeinsam bestellt. Und weil der Apfelkuchen des Dorfbäckers überall geschätzt wird, bestellen alle Gästegruppen Apfelkuchen (Abb. 2).

Ana und Ben helfen wegen der vielen Kunden aus. Ana wählt den Fünfertisch, nimmt die Bestellung auf (alle wollen Apfelkuchen), geht zum Dorfbäcker und sagt: „$\frac{5}{8}$ Apfelkuchen". Dann nimmt Ben seine erste Bestellung auf: Er geht zum Siebenertisch, wo auch alle Apfelkuchen wollen. Er geht zum Bäcker hinein und holt dort $\frac{7}{8}$ Apfelkuchen. So bringen Ana und Ben abwechselnd Apfelkuchen, bis der Bäcker nicht mehr genügend Stücke hat, um einen ganzen Tisch mit Apfelkuchen zu versorgen.

Bei dem Spiel übernehmen also die Lernenden die Rolle der Bedienungen und versorgen abwechselnd Gästegruppen mit Apfelkuchen. Die Lernenden können wählen, welchen Tisch sie als Nächstes bedienen wollen. Es gewinnt, wer zuletzt alle Personen an einem Tisch mit je einem Stück Apfelkuchen versorgt.

Nach dieser Geschichte spielen 2 Lernende ein „Probespiel", die Lehrperson protokolliert die Spielzüge mit dem Kuchenprotokoll (im Sinne des Kreismodells).

Nun spielen und protokollieren die Lernenden das Spiel um den Apfelkuchen in 2er-Gruppen. Bei 3er-Gruppen spielen 2 Lernende gegeneinander, während die/der Dritte die Spielzüge protokolliert und auf die Regeln achtet.

2 Addieren und subtrahieren

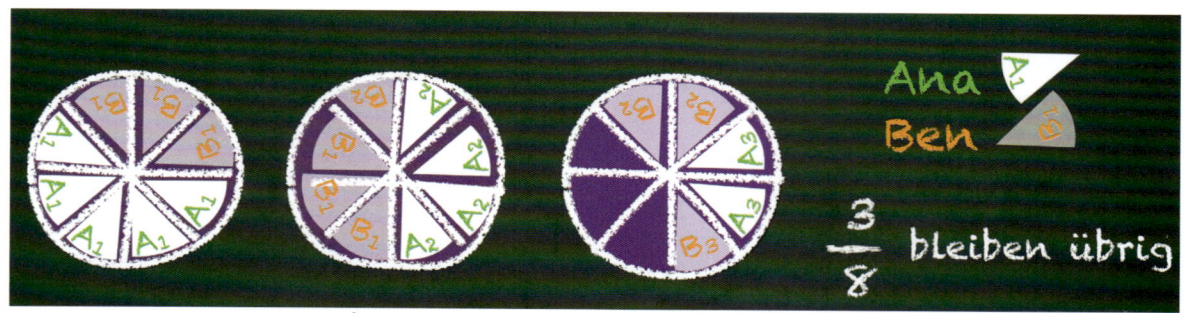

Abb. 3: Beim Spielbeispiel bleiben am Ende $\frac{3}{8}$ Kuchen übrig. Diese können nicht mehr serviert werden, da nur noch der 7er- und der 8er-Tisch nicht bedient wurden. Der Titel *Apfelkuchen-Nim* ist in Anlehnung an das chinesische Nim-Spiel entstanden.

Spielvariante mit Gewinnstrategie

Zur Gewinnstrategie: Falls die Brüche, wie in der Aufgabe angeregt, nur einmal verwendet werden dürfen, lässt sich keine sichere Gewinnstrategie bestimmen.

Falls jedoch die Brüche jeweils mehrfach verwendet werden dürfen – in der Geschichte gesprochen, handelt es sich dann um eine sehr große Bäckerei mit jeweils vielen Tischen zu 1, 2, 3, 4, 5, 6, 7 und 8 Personen –, gibt es eine eindeutige Gewinnstrategie. Wer zuerst zieht und klug spielt, wird die Gewinnzahl (in unserem Beispiel 3) immer zuerst erreichen.

Mit 8teln und der Zielzahl 3 lauten die Gewinnzahlen: $\frac{3}{4}$, $\frac{17}{8}$ und 3. Die Differenz zwischen zwei Gewinnzahlen beträgt jeweils $1 + \frac{1}{8} = \frac{9}{8}$.

A beginnt mit $\frac{3}{4}$ und ergänzt dann in jedem Spielzug die von B gewählte Zahl auf $\frac{9}{8}$.

Anpassen

Zugang erleichtern

- Der Zugang ist bereits niederschwellig. Bei der Erprobung haben auch Lernende des 3. Schuljahres ohne Probleme mitgespielt. Ein erleichterter Zugang drängt sich nicht auf.

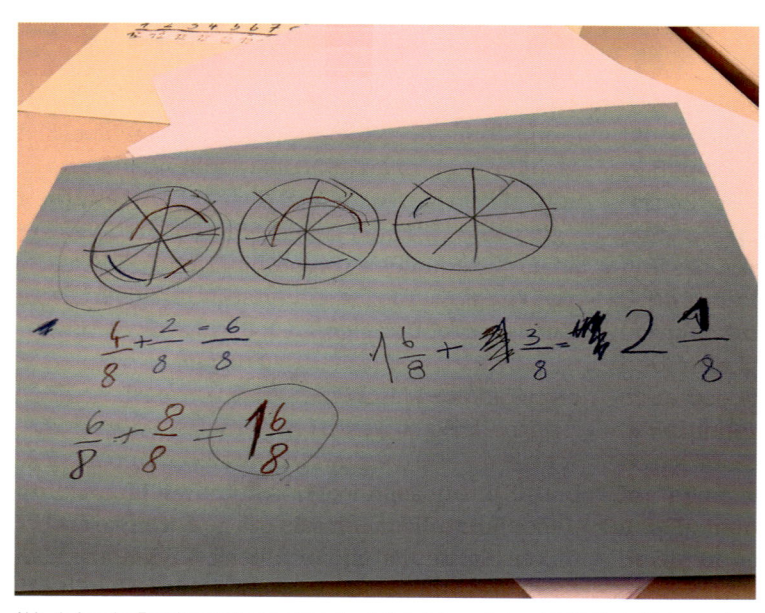

Abb. 4: Aus der Erprobung mit Lernenden des 4. Schuljahres, Gsiesertal, Südtirol. Die Lernenden nutzen das Kuchen- und das Rechenstrichprotokoll.

2.3 Apfelkuchen

Ansprüche erhöhen

- Ohne Kuchenprotokoll spielen und dafür jede Spielrunde auf dem Rechenstrich protokollieren (siehe Abb. 1 und Abb. 4). Das Zeichnen des Rechenstrichs hat in der Erprobung den Lernenden des 4. Schuljahrs keinerlei Schwierigkeiten bereitet.
- Mit 12teln anstatt mit 8teln spielen. Die Lernenden adaptieren in diesem Fall die Spielregeln selbst. Wenn mit den Brüchen $\frac{1}{12}$, $\frac{2}{12}$, …, $\frac{12}{12}$ gespielt wird, hat sich die Zielzahl 4 als günstig erwiesen.

> **i**
>
> Mit den für erhöhte Ansprüche vorgeschlagenen 12teln ($\frac{1}{12}$, $\frac{2}{12}$, $\frac{3}{12}$, …, $\frac{12}{12}$) und der Zielzahl 4 lauten die Gewinnzahlen entsprechend: $\frac{3}{4}$ + Anteil B … $\frac{11}{6}$ + Anteil B … $\frac{35}{12}$ + Anteil B … 4. Die Differenz zwischen zwei Gewinnzahlen beträgt jeweils $1 + \frac{1}{12} = \frac{13}{12}$.

Auswerten – Reflexion

Die Lernenden haben das Spiel auf verschiedene Arten protokolliert.

Sie spielen zum Abschluss ein Spiel mit 12teln oder 8teln und protokollieren ein und dieselbe Spielrunde auf drei (eventuell auch nur auf zwei) Arten: dem Kuchenprotokoll, dem Rechenstrichprotokoll und dem Rechenprotokoll (rein rechnerische Darstellung).

Außerdem möchten die Lernenden die Gewinnstrategie bei der Spielvariante mit vielen 1er-, 2er-, … 8er-Tischen kennenlernen. In der Erprobung haben einige Lernende Gewinnzahlen bereits selbstständig beim Spielen entdeckt und konnten ihre Gewinnstrategie den anderen Lernenden erklären (siehe Transkript).

Die Diskussion bzw. die Entdeckung der Gewinnstrategie wird vereinfacht, wenn mit ganzen Zahlen (z. B. 1–9) und der Gewinnzahl (z. B. 41) gespielt wird. In diesem Fall sind die Gewinnzahlen 1, 11, 21, 31. Es gewinnt also, wer zuerst „1" nimmt.

> **M**
>
> Erprobung in einer jahrgangsgemischten Lerngruppe (Dresden, 4. bis 6. Schuljahr).
> Im Plenum sprechen Adrian (A) und Immanuel (I) (5. Schuljahr) mit der Lehrperson (L) über Gewinnstrategien.
> L Adrian was hast du rausgefunden?
> A naja (2 sec)
> L Also kannst auch bei den Achteln gern
> A Was?
> L oder bei den Zwölfteln oder Achteln je nach dem.
> A Ich hab's nur bei Zwölfteln rausgefunden.
> L Ja?
> A Ähm (2 sec) man muss entweder zwei vor die zwei und eins vor die drei.
> L Okay?
> A Dann hat man quasi immer gewonnen.
> L [zeichnet Zahlenstrahl an die Tafel und schreibt beim Sprechen die erste Gewinnzahl an]
> Man hat hier nämlich eins zwei drei vier. Ich glaub das hatte auch jemand anderes rausgefunden? Also wenn man jetzt hier immer – ähm das ist jetzt für die Zwölftel –
> er meint man muss jetzt einmal hier bei Zwei elf Zwölfteln ankommen, dann was kann der andere dann nur noch machen? Ja?
> A Entweder halt ein setzen oder halt zwölf Zwölftel, aber ob du dann ein aber er kann halt (nur das)
> L Er kann nicht ganz bis zum Schluss kommen und egal was er sonst macht, kannst du dann deine letzten dazu addieren.
> Immanuel merkt an, dass dann ja nur der gewinnen kann, der beginnt. Das ist dann korrekt, wenn beide die Gewinnstrategie kennen und beachten. Immanuel sagt, dass es ja dann nur eine Gewinnstrategie ist, bei der man zu 50 % gewinnen kann.
> L Du hattest dann noch gesagt vor die Zwei?
> A Zwei vor die Zwei
> L Zwei davor also hier so dann. [zeichnet die Gewinnzahl am Zahlenstrahl ein]
> A Ähm dann alles was der Gegner setzt kannst du quasi auf die Eins vor der Drei
> L Genau.

2 Addieren und subtrahieren

2.4 Wer baut den besten Würfel?

Kooperative und kompetitive Lernumgebung für Gruppen mit 2 Lernenden

Fokus:	Kombinatorik, Addition, Transitivität
Ziel:	einen Würfel herstellen, der möglichst oft die höhere Zahl zeigt als der Würfel der Spielpartnerin / des Spielpartners
Stufe:	3.–9. Schuljahr
Zeitbedarf:	1 Schulstunde
Material:	• leere Würfel zum Beschriften. Falls keine solchen Würfel zur Verfügung stehen, ordnen die Lernenden einem normalen Spielwürfel ihre Zahlen zu (z. B. 1 → 5; 2 → 10; 3 → 15; 4 → 20; 5 → 23; 6 → 27). • Stifte zum Beschriften der Würfel • Verknüpfungstabelle **(M 2.4)**

Die Aufgabe wurde für Band 2 angepasst und mit zusätzlichen Anforderungen versehen (Lernumgebung 2.2: *Wer baut den besten Würfel?*).

Zum Inhalt

Voraussetzungen:	Addition im 100er-Raum
Automatisierung:	mit Verknüpfungstabellen arbeiten, auf 100 ergänzen, mehrere Summanden addieren

Die Lernenden stellen einen eigenen Würfel her und testen, ob der eigene Würfel gegen einen anderen gewinnt. Zuerst wird mit Strichlisten nach jedem Wurf gezählt, welcher Würfel die höhere Augenzahl hat. Später wird die Gewinnwahrscheinlichkeit theoretisch bestimmt.

Dabei wird sich herausstellen, dass die hergestellten Würfel eine interessante Eigenschaft aufweisen: Sie sind nicht transitiv. So ist es möglich, dass Würfel X besser ist als Würfel Y, Würfel Y wiederum ist besser als Würfel Z. Würfel Z gewinnt jedoch gegen den Würfel X. Solche Sachverhalte sind im Erfahrungsbereich der Kinder eher selten. Wenn A > B und B > C folgt daraus, dass A > C ist. Das ist bei diesem Würfelspiel nicht der Fall.

Unterrichtsverlauf

Die Lernenden erhalten den Auftrag (z. B. als Hausaufgabe), 6 natürliche Zahlen zu bestimmen, deren Summe 100 ergibt. Diese 6 Zahlen notieren sie auf einen Blankowürfel oder auf 6 kleine Zettel. In der nächsten Lektion wird mit diesen Zahlen gearbeitet.

In der Erprobung haben viele Lernende 10er-Zahlen (10, 20, 30 und 40) gewählt. So sind viele ähnliche Würfel entstanden. Falls man möglichst vielfältige Würfel will, kann man die Addition der 6 Zahlen mit der 100er-Tafel stützen (siehe Abb. 1). Man markiert dazu auf der 100er-Tafel 5 Zahlen und erhält damit automatisch 6 Summanden. Der erste Summand wird bestimmt durch die erste Marke (in der Abbildung 25), der letzte Summand durch den Abstand der letzten Marke bis 100 (97 + 3 = 100).

Nachdem alle Lernenden ihren eigenen Würfel gebildet haben, setzen sie sich in 2er-Gruppen zusammen. Nina und Klara würfeln ihre eigenen Würfel einige Male (z. B. 36-mal) gleichzeitig und führen dazu eine Strichliste. Es erhält jeweils 1 Punkt, wer die höhere Zahl würfelt. Gleich große Zahlen werden als unentschieden verbucht.

2.4 Wer baut den besten Würfel?

> Beim Spiel in 3er-Teams würfeln jeweils 2 Spielende gegeneinander, die dritte Person führt Buch – wenn jede gegen jeden spielt, gibt es so 3 Paarungen.

Aus den Strichlisten lassen sich verschiedene Vermutungen ableiten. Es ist sicher, dass Klara und Nina gleiche Zahlen auf ihren Würfeln haben („unentschieden"). Ebenso ist es wahrscheinlich, dass die Würfel etwa gleich gut sind.

Es ist nun an der Zeit, die Verknüpfungstabelle einzuführen.

Die beiden übertragen die Zahlen vom Würfel in die Kopfzeile bzw. -spalte der Tabelle. (Falls die Würfel mehrere gleiche Zahlen enthalten, können diese auf dem Würfel und in der Tabelle mit A, B, C indiziert werden. Obwohl Klara 4-mal die Zahl 20 auf ihrem Würfel stehen hat, war Nina und Klara von Anfang klar, dass es sich um 4 verschiedene 20er handelt.) Die 36 Felder im Inneren der Tabelle bleiben vorerst leer. Sie enthalten die 6 · 6 = 36 möglichen Kombinationen der beiden Würfel.

Klara und Nina würfeln erneut. Im ersten Wurf würfelt Klara 20 (B) und Nina 10 (A), Klara gewinnt. Der Ausgang wird mit einem „K" in der Tabelle (siehe Abb. 3) gekennzeichnet. Es wird ein paar weitere Male gewürfelt und die Tabelle entsprechend ergänzt.

In einem Klassengespräch stellen wir klar, dass die Tabelle alle (36) möglichen Wurfkombinationen enthält. Und da alle Kombinationen gleich wahrscheinlich sind, kann man mithilfe der Tabelle auszählen, welcher Würfel eher gewinnt. Bei Klaras und Ninas Würfel sind 14 von 36 Kombinationen unentschieden, 12-mal gewinnt Klara und 10-mal Nina. Die Strichliste von Nina und Klara hat in diesem Fall die (theoretische) Wahrscheinlichkeit also recht gut wiedergegeben.

Die Lernenden vergleichen nun ihre Strichliste mit der zu erstellenden Verknüpfungstabelle und prüfen, ob sich Spielausgang und Verknüpfungstabelle entsprechen.

Im Anschluss erhalten die Schülerinnen und Schüler den Auftrag, einen „Superwürfel" zu entwickeln, der viele bzw. möglichst alle ande-

Abb. 1: In der Abbildung wurden die 5 Zahlen 25, 48, 53, 67 und 97 markiert. Daraus lassen sich die 6 Summanden bestimmen: 25, 23 (25 + 23 = 48), 5 (48 + 5 = 53), 14, 30 und 3. Werden die 6 Summanden mit dieser Stütze gebildet, ist ihre Summe immer 100.

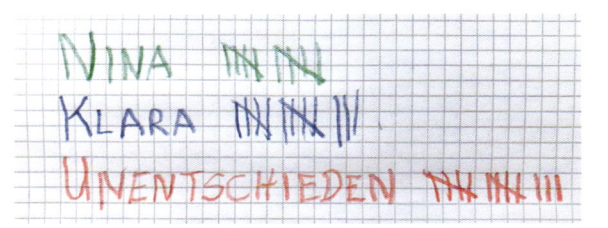

Abb. 2: Strichliste von Nina und Klara. Sie lässt vermuten, dass der Würfel von Klara ein wenig besser ist.

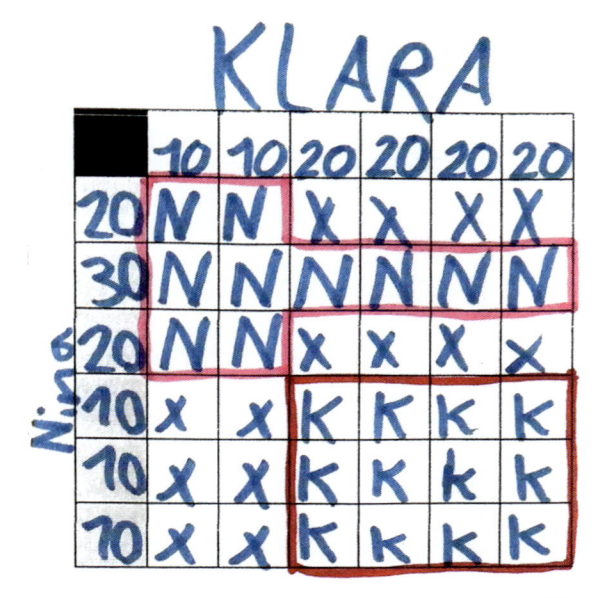

Abb. 3: Die zur Strichliste passende Verknüpfungstabelle von Nina und Klara

2 Addieren und subtrahieren

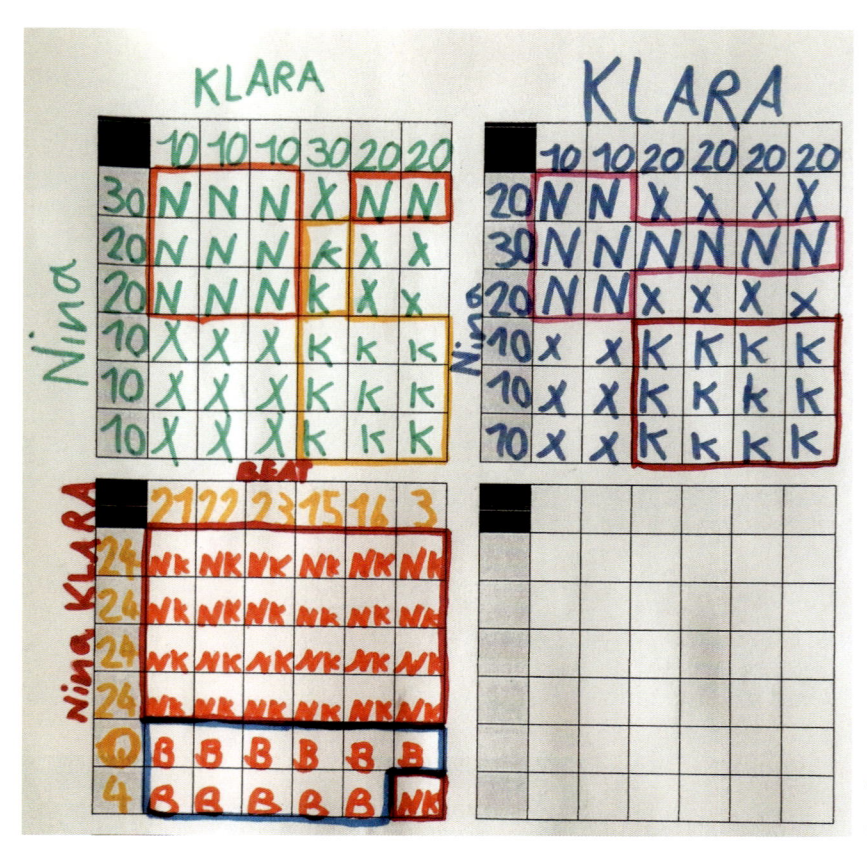

Abb. 4: Verknüpfungstabellen von Nina und Klara (3. Schuljahr, Südtirol, Gsiesertal)

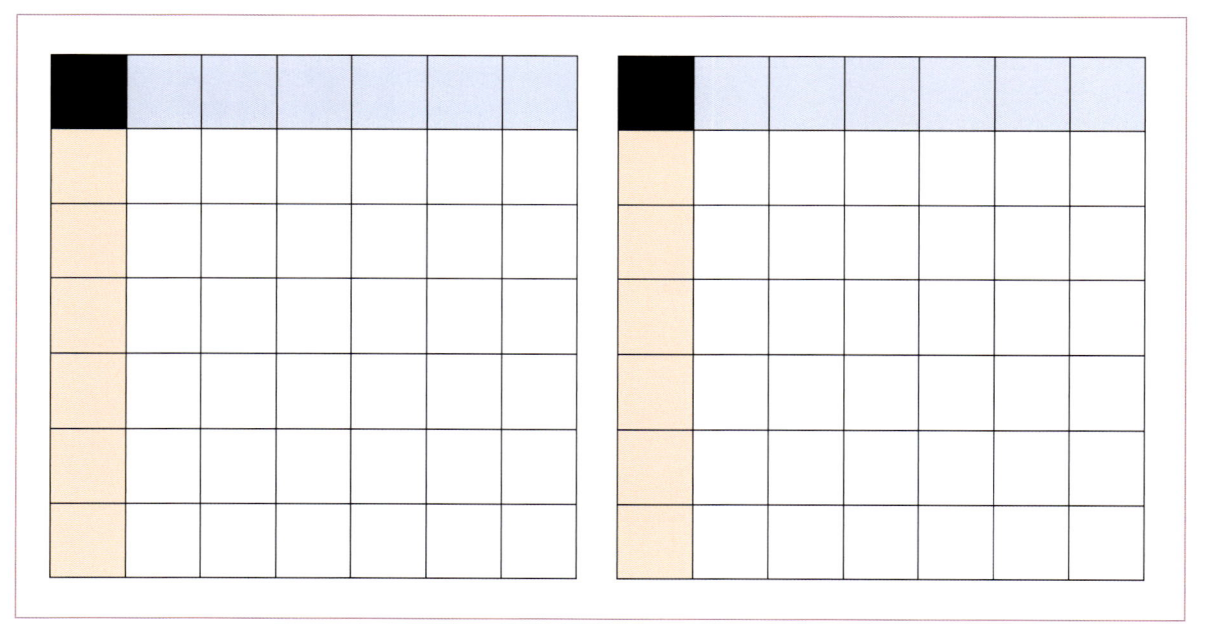

Abb. 5: Kopiervorlage Verknüpfungstabelle **(M 2.4)**

ren Würfel schlägt. In der Erprobung haben Simon und Leon einen „Superwürfel" mit den Zahlen 21, 22, 23, 15, 16, 3 gebildet.

Handelt es sich nun tatsächlich um den „Superwürfel" oder kann man einen besseren Würfel herstellen? Die Lernenden „konstruieren" nun in ihren bisherigen Lerngruppen einen neuen Würfel, der den „Superwürfel" möglichst oft schlägt. Klara und Nina haben dazu die Zahlen 24, 24, 24, 24, 4 und 0 gewählt. Dieser Würfel gewinnt gegen den bisherigen „Superwürfel" in 25 von 36 Kombinationen. Aber auch zu diesem Würfel gibt es einen noch besseren Würfel – etwa mit 25, 25, 25, 25, 0 und 0, der gegen den Würfel von Nina und Klara in 24 von 36 Kombinationen gewinnt. Dieser lässt sich wiederum durch den Würfel 27, 27, 27, 7, 6, 6 toppen, der seinerseits dem Würfel 30, 30, 10, 10, 10, 10 deutlich unterliegt. Letzterer ist dann aber wieder schwächer als der Superwürfel von Simon und Leon.

Anpassen

Zugang erleichtern
Eine Vereinfachung drängt sich nicht auf. In der Erprobung haben alle Lernenden des 3. Schuljahres die Aufgabe mit Spaß und Erfolg bearbeitet. Um Zeit bei der Erstellung des Würfels zu sparen, empfiehlt es sich, die Herstellung des Würfels als Hausaufgabe zu geben.

Ansprüche erhöhen
Die Regeln können im Wiederholungsfall (oder auch schon zu Beginn) verändert bzw. ergänzt werden:
- Die Summe der 6 Zahlen beträgt 1000 (anstelle von 100).
- Die 6 Zahlen auf dem Würfel müssen alle verschieden sein.
- Zahlen größer als 30 (bzw. größer als 300 bei der Summe 1000) sind nicht erlaubt.
- 2 verschiedene Zahlen kleiner als 30 werden von der Spielpartnerin / dem Spielpartner bestimmt.

Auswerten – Reflexion

Im Unterrichtsverlauf wird bereits eine Art Auswertung vorgeschlagen, indem die Lernenden versuchen, den „Superwürfel" zu schlagen. Es wird nochmals diskutiert, weshalb es diesen Superwürfel eben nicht gibt. Wenn (Würfel) A besser ist als B und B besser als C, kann C besser, gleich gut oder schlechter sein als A. Die Körperlänge von Menschen beispielsweise ist eine transitive Eigenschaft (wenn X größer als Y und Y größer als Z ist, folgt, dass X größer als Z ist) – die in dieser Aufgabe hergestellten Würfel sind nicht transitiv.

Abb. 6: Aus der Erprobung in Dresden, 4.–6. Schuljahr. Die Lerngruppe hat gespielt und vergleicht nun die beiden Würfel mithilfe der Verknüpfungstabelle.

2.5 Scopa

Kompetitive oder kooperative Lernumgebung für Gruppen mit 2–4 Lernenden

> **Fokus:** Addition, Subtraktion, Gleichungen, Grundoperationen
> **Ziel:** Additionen und Subtraktionen unter Einbezug einer Handkarte je Spielzug finden
> **Stufe:** 1.–6. Schuljahr
> **Zeitbedarf:** 20 Minuten – 1 Schulstunde
> **Material:** je Lerngruppe:
> - 40 (2 × 20) Spielkarten mit den Zahlwerten 1, 2, 3, … , 20 (z. B. *Elfer raus*) (Eventuell aus 4 Sets Ziffernkarten 2 Sets Zahlenkarten von 1 bis 20 herstellen, indem bei 2 Sets jeder Ziffer eine 1 vorangestellt bzw. aus den beiden 0 die Karten 10 und 20 hergestellt werden.)

Das Spiel ist in Band 2 nicht enthalten.

Zum Inhalt

> **Voraussetzungen:** Addition und Subtraktion im 100er-Raum
> **Automatisierung:** Addieren und Subtrahieren, flexibles Rechnen, Zahlen auf verschiedene Arten kombinieren

Die Lernenden legen in jeder Spielrunde reihum eine Zahlenkarte auf den Tisch. Wenn es gelingt, diese in eine korrekte Gleichung einzubetten, werden alle an der Gleichung beteiligten Karten „gestochen".

Scopa bedeutet „Besen" auf Italienisch. „Scopa" ist auch der Name eines beliebten Kartenspiels, bei dem es u. a. darum geht, den Tisch „blankzuwischen" und dabei alle Karten vom Tisch zu nehmen. Es existiert in regional verschiedenen Versionen. In Deutschland und der Schweiz sind die neapolitanischen Karten („carte napoletane") erhältlich. Scopa besteht aus 4 Spielfarben. Zu jeder Spielfarbe gibt es 10 Karten, insgesamt besteht das Spiel also aus 40 Karten. Es kann zu zweit, zu dritt oder zu viert gespielt werden.

Für unseren Zweck haben wir die Spielregeln stark adaptiert. Wir spielen mit 2 Sets zu 20 Karten mit den Zahlwerten 1, 2, 3, …, 20. Es kann auch mit handelsüblichen Spielkarten, etwa mit dem in Deutschland und der Schweiz erhältlichen *Elfer raus,* gespielt werden.

In diesem Spiel stellt das Gleichheitszeichen keine Aufforderung zum Rechnen dar, sondern eine Relation zwischen äquivalenten Termen (3 + 4 = 2 + 5). Kinder mit Lernschwierigkeiten haben in der Erprobung nur wenige Rechnungen mit mehr als 3 Zahlkarten (z. B. 5 + 16 = 7 + 2 + 12) eigenständig gefunden. Die kooperative Variante bietet hier jedoch eine gute Möglichkeit, gemeinsam solche Rechnungen zu finden und den Blick hierfür zu schulen.

Unterrichtsverlauf

Eine 4er-Gruppe setzt sich um einen Spieltisch, um das Spiel anzuspielen. Die anderen Schülerinnen und Schüler der Klasse schauen zu. Die 40 Karten werden gemischt. Die obersten 4 Karten werden mit der Zahl nach oben in die Tischmitte gelegt. Alle Spielenden erhalten 3 Karten in die Hand, das Spiel beginnt. Um das Bilden verschiedener Gleichungen zu klären, werden hier die Karten der Lernenden offengelegt.

2.5 Scopa

Kompetitive Variante

Andrea beginnt und legt eine ihrer 3 Handkarten (z. B. eine 12) in die Tischmitte. Gelingt es ihr, unter Einbezug dieser Karte eine korrekte Addition oder Subtraktion zu bilden (Abb. 1), darf Andrea alle an der Gleichung beteiligten Karten „stechen" und umgedreht neben sich ablegen. Andernfalls bleibt die von Andrea gelegte Karte in der Tischmitte liegen. Die Zahl der in der Tischmitte liegenden Karten variiert daher, je nachdem wie viele Karten Spielende „stechen" können oder ungenutzt ablegen.

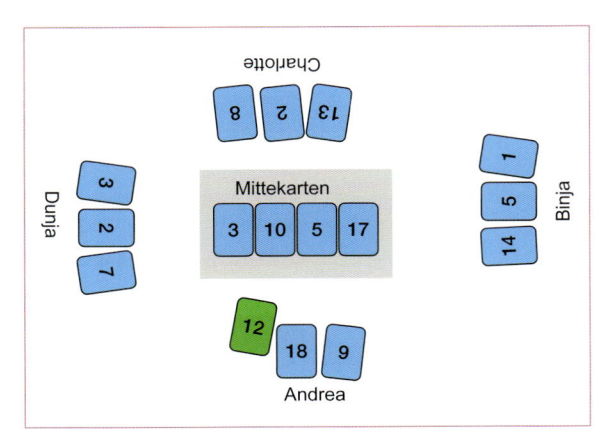

Abb. 1. Andrea legt die 12 in die Mitte. Sie kann zusammen mit den Mittekarten verschiedene Gleichungen bilden:
12 + 5 = 17;
12 + 3 = 10 + 5;
17 + 5 = 10 + 12;
10 + 5 = 12 + 3.

Binja versucht als Zweite nun ebenfalls, mit einer ihrer Handkarten und den in der Tischmitte liegenden Karten eine Gleichung zu bilden. Falls ihr das gelingt, darf auch sie die Karten aus der Gleichung behalten, andernfalls bleibt Binjas Karte liegen. Nun wird reihum gespielt, bis alle Spielenden ihre 3 Karten aufgebraucht haben.

Beim Spiel gilt es Folgendes zu beachten:
- Gleiche Zahlen dürfen nicht gestochen werden, es muss also je Stich eine Rechnung gebildet werden.
- Wenn es einer Spielerin oder einem Spieler gelingt, alle Karten auf dem Tisch in die Rechnung einzubeziehen, wird der Tisch abgeräumt – „SCOPA". In diesem Fall haben die nächsten zwei Spielenden Pech: Sie legen eine Karte auf den Tisch und haben keine Chance, eine Rechnung zu bilden bzw. einen Stich zu machen.
- Wenn nach je 3 Zügen die Spielenden ihre 3 Handkarten gelegt haben, erhalten sie je 3 neue Handkarten – bis alle 40 Karten aufgebraucht sind.
- Bei 4 Spielenden besteht das Spiel aus 3 Spielrunden, bei 3 Spielenden aus 4 und bei 2 Spielenden aus 6 Spielrunden zu jeweils 3 Karten je Spielerin und Spieler.
- Nachdem alle 40 Karten „aufgebraucht" sind, bleiben meistens Karten auf dem Tisch liegen. Diese gehören der Person, die den letzten Stich gemacht hat.

Nachdem alle Karten gespielt wurden, werden die Anzahlen gesammelter Karten gezählt.

Wer am meisten Karten gesammelt hat, erhält 2 Punkte, die Person mit der zweitgrößten Anzahl Karten 1 Punkt. Jedes „Scopa" zählt zusätzlich 1 Punkt.

Kooperative Variante

In der kooperativen Variante wird ohne „Mittekarten" gespielt. Alle Lernenden legen ihre 3 Handkarten offen vor sich hin. Bei nur 3 Spielenden werden vom (gemischten) Stapel 3 weitere Karten aufgedeckt. Nun liegen 12 Karten offen auf dem Tisch (Abb. 2).

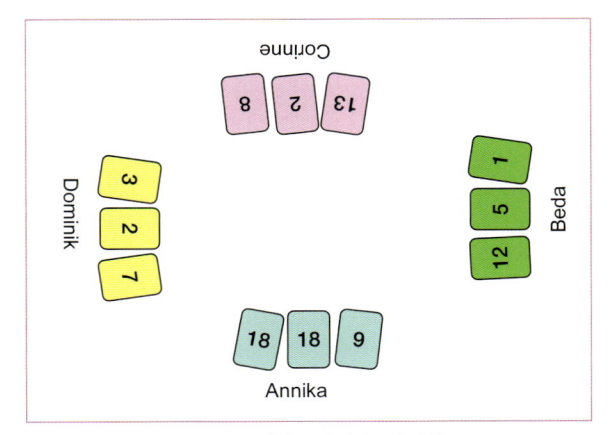

Abb. 2: Kooperative Variante: 4 Spielende haben je 3 Karten gezogen und legen diese offen vor sich hin

2 Addieren und subtrahieren

Die Lernenden versuchen gemeinsam, mit den ausgelegten Karten mindestens 2, höchstens 4 Gleichungen zu legen, wobei auch hier jede Gleichung eine Operation enthalten muss (siehe Abb. 3).

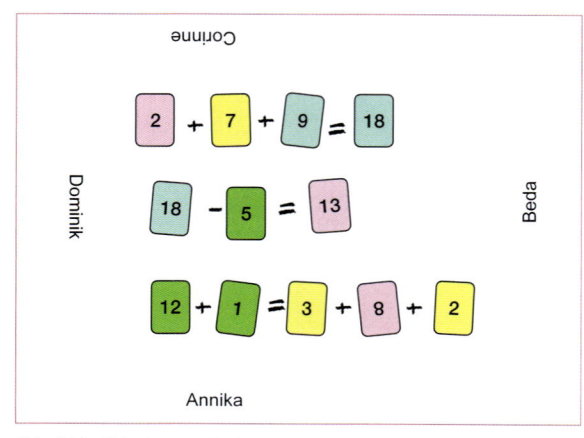

[Abbildung: Spielsituation mit Karten der Spieler Corinne (oben), Dominik (links), Beda (rechts), Annika (unten). Gelegte Gleichungen:
2 + 7 + 9 = 18
18 − 5 = 13
12 + 1 = 3 + 8 + 2]

Abb. 3 Mögliche Lösung der Lerngruppe

Anpassen

Zugang erleichtern

Die Herausforderungen sind hier einmal nicht ausschließlich mathematischer Natur. Zum einen sind die Spielregeln nicht ganz einfach, zum andern werden viele Lernende mögliche Operationen mit ihren Handkarten nicht sehen. Oft werden Lernende daher eine Karte auf den Tisch legen, ohne eine Gleichung zu sehen, die sich mit dieser Karte bilden lässt. Dies macht wiederum die Aufgabe für die anderen Mitspielenden einfacher. Wir sehen hier daher keinen erleichterten Zugang vor.

Ansprüche erhöhen

- Es dürfen alle Grundoperationen verwendet werden, die Regeln bleiben sonst jedoch gleich.
- Die Spielziele werden – ganz im Sinne des Originalspiels – diversifiziert. Es lassen sich für folgende Spielziele Punkte vergeben:
  – 1 Punkt: am meisten Karten
  – 1 Punkt: „Scopa" (es gelingt, alle Karten vom Tisch zu nehmen)
  – 1 Punkt: am meisten 7er und 17er
  – 1 Punkt: die 13er (insgesamt also 2 Punkte)
  – 1 Punkt: Einbezug von Multiplikation oder Division

Auswerten – Reflexion

Eine mögliche Auswertung wird bereits in der kooperativen Spielvariante vorgeschlagen.

Eine zweite Möglichkeit ist, dass die Lerngruppen eine Spielsituation mit 5 Karten mit verschiedenen Werten konstruieren, zu denen keine Rechnung möglich ist. Dies ist gar nicht so einfach.

Nachdem die Lerngruppen die Situation konstruiert haben, wird diese von den anderen Gruppen überprüft.

Mögliche Kartensets, zu denen es keine Gleichung (Addition und Subtraktion) gibt:
- 1, 2, 4, 8 und 16;
- 2, 3, 4, 10 und 20.

2.6 Überschlagen

Kompetitive Lernumgebung für Gruppen mit 3 (eventuell auch 2 oder 4) Lernenden

Fokus:	Addition, Stellenwertsystem, (Ergebnisse) überschlagen
Ziel:	das Ergebnis einer Rechnung schätzen, die nur teilweise bekannt ist; überschlagen, wessen Schätzung einem Ergebnis am nächsten kommt
Stufe:	3.–5. Schuljahr
Zeitbedarf:	1–2 Schulstunden
Material:	je Lerngruppe: • 1 Set mit den Ziffernkarten 1, 2, 3, …, 9 • 1 Blatt zur Ablage der Ziffernkarten (3 × 3 = 9 Positionen)

Ein Spiel mit ähnlichen Spielregeln befindet sich in Band 2 (Lernumgebung 3.6: *Überschlagen*). Dort werden Punkt- und Strichoperationen in einer Rechnung gemischt und die Ergebnisse überschlagen.

Zum Inhalt:

Voraussetzungen:	3-stellige Zahlen addieren und subtrahieren
Automatisierung:	Rechenergebnisse überschlagen

Hier werden Summen mit 3 3-stelligen Zahlen gebildet. Einige an der Summe beteiligte Ziffern können die Lernenden einsehen, andere sind nur den Mitspielerinnen/Mitspielern bekannt. Es gilt, aufgrund der bekannten Informationen eine ungefähre Aussage oder eine Schätzung zur Größenordnung der Summen zu machen. Ein Ergebnis wie 1356 ist eine mögliche Schätzung. Bei diesem Spiel kann das Ergebnis jedoch nur ungefähr abgeschätzt werden. Es reicht also aus, statt auf 1356 auf 1300, 1400 oder 1500 zu tippen. Die tatsächliche Summe wird nach der Schätzrunde mithilfe einer Überschlagsrechnung bestimmt. So wird überprüft, wessen Tipp der tatsächlichen Summe am nächsten kommt.

Im Zug der Digitalisierung hat das Überschlagsrechnen auf Kosten der schriftlichen Normverfahren an Bedeutung gewonnen. Die Daten, mit denen wir konfrontiert werden, sind in der Regel schon berechnet und eine überschlagsmäßige Kontrolle eines Rechenergebnisses wirft oft klärendes Licht auf die Sachlage oder ist bei der Entscheidungsfindung hilfreich. Die Bedeutung der zentralen Tätigkeit des Überschlagens wird in der Grundschulmathematik nicht selten auf das reine Anwenden von Rundungsregeln beschränkt. In diesem Spiel werden wesentliche Aspekte des Überschlagsrechnens implizit aufgenommen.

Unterrichtsverlauf

Eine Gruppe mit 3 Lernenden spielt die Aufgabe an, die anderen Schülerinnen und Schüler schauen zu. Die Lerngruppe wird Schritt für Schritt angeleitet, was zu tun ist. Der Ablauf ist je Spielrunde immer gleich:

- Die 9 Ziffernkarten (alle Ziffern außer der 0) werden gemischt.
- Axel, Bastian und Claudio ziehen je 3 Ziffernkarten und schauen sich diese an.
- Axel wählt eine seiner Ziffernkarten und legt sie verdeckt auf eine der 9 Positionen des Ablageblattes.
- Bastian, Claudio und wieder Axel legen reihum je eine Ziffernkarte auf eine freie Position, bis alle Ziffernkarten gelegt wurden. Es ent-

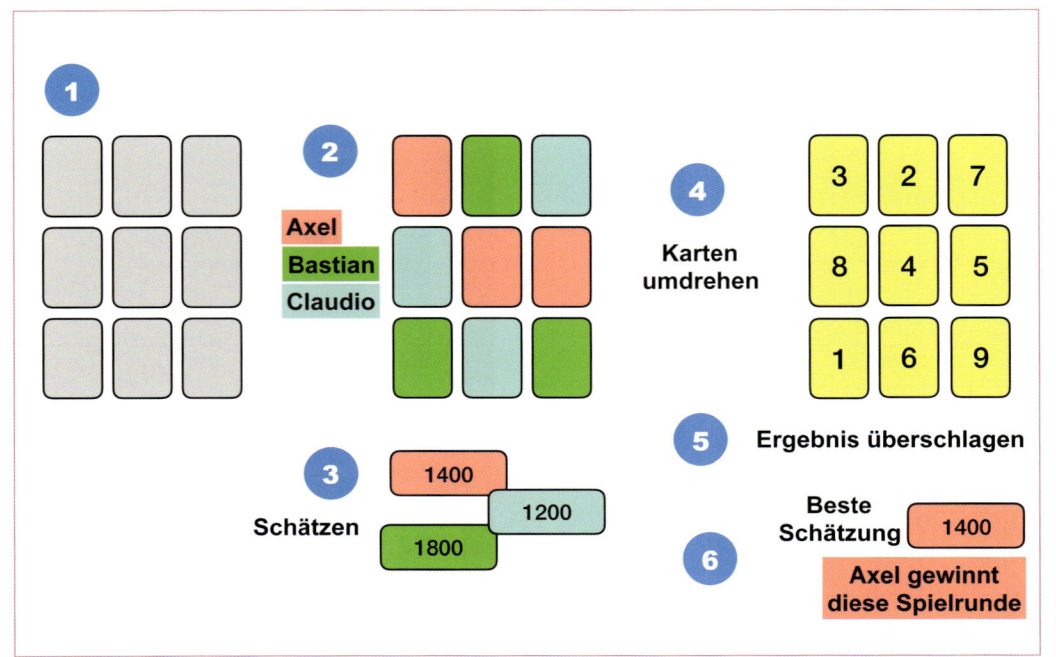

Abb. 1: Prototypischer Ablauf einer Spielrunde

steht eine Addition von 3 3-stelligen Zahlen (siehe Abb. 1).
- Aufgrund der individuell verschieden bekannten Ziffern schätzen die 3 Lernenden die Summe und notieren ihre Schätzung auf einen Zettel, den sie zugleich in die Mitte legen.
- Nun werden die Ziffernkarten umgedreht, die Summe wird überschlagen. In den meisten Fällen reicht dies aus, um zu entscheiden, wer der Summe am nächsten ist.
- In der abgebildeten Spielrunde hat Axel gewonnen und erhält 1 Punkt.
- In der nächsten Runde legt Bastian die erste Ziffernkarte.

> Bei 4 Lernenden wird mit 2 Ziffernsets gespielt. Gleich wie beim Spiel zu dritt erhalten alle Spielenden 3 Ziffernkarten. Es ist möglich, 4 3-stellige Zahlen oder 3 4-stellige Zahlen zu addieren.
> Bei 2 Spielenden ziehen beide Lernenden 5 Ziffern und legen sie abwechslungsweise in die Rechnung. Wer zuerst legen darf, muss zuerst schätzen.

Falls die Aufgabe bewertet wird, übernehmen die Lernenden reihum die Verantwortung für die Auswertung (bzw. die Punkteverteilung). *Genügend* ist, wer in der Lage ist, dies korrekt zu tun. Die Lehrperson beobachtet die Lernenden bereits während der gemeinsamen Spielphase.

Anpassen

Zugang erleichtern
- Die Lernenden ziehen je nur 2 Ziffernkarten. Es werden 3 2-stellige Zahlen addiert.

Ansprüche erhöhen
- Die Spielregeln lassen sich auf vielfältige Art variieren und erweitern. So könnte man nach dem in Abb. 3 gezeigten Muster spielen.
- Zum Überschlagen von Ergebnissen sind in Band 2 weiterführende Ideen beschrieben.

Auswerten – Reflexion – Bewertung

Da sich die Spielregeln leicht abändern lassen, erfinden die Lernenden eine neue Spielform, testen sie und stellen sie vor. Vielleicht gelingt es ei-

2.6 Überschlagen

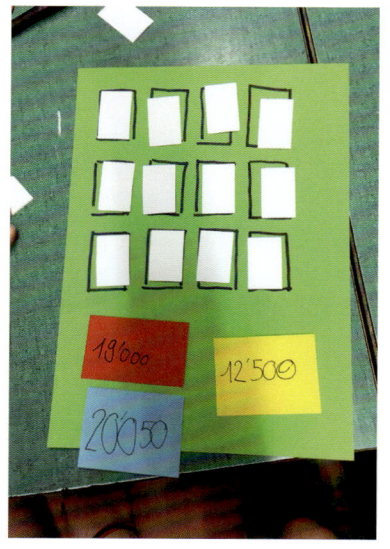

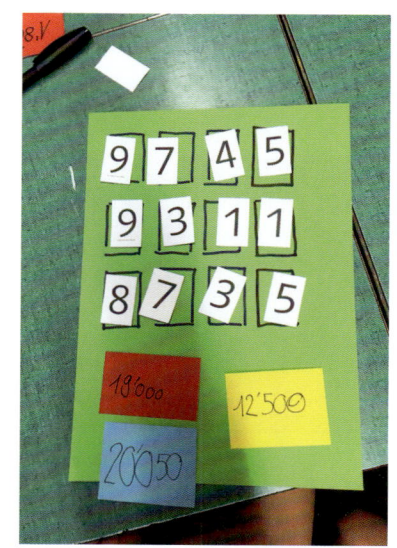

Abb. 2: Bildfolge aus der Erprobung in Kiesen, Kanton Bern. Die Lernenden haben zu dritt mit 2 Ziffernsets gespielt. Alle Lernenden haben jeweils 4 Ziffern gezogen und abwechselnd auf eine der vorbereiteten Stellen gelegt. Der Lernende in der linken Abbildung hat die Ziffern 3, 5, 5 und 7 gezogen. Seine Ziffern stehen nicht in den 1000ern – eine Schätzung gestaltet sich entsprechend schwierig. Er hat auf 12 500 getippt. Die Schülerin mit dem Tipp 20 050 gewinnt 2 Punkte, da die effektive Summe größer als der größte Tipp ist.

ner Gruppe, eine Form zu finden, die man in der nächsten Stunde mit der ganzen Klasse spielen möchte.

Falls die Arbeit an der Aufgabe bewertet wird, kann man sich an folgenden Kriterien orientieren. Die Bewertung der Kriterien *gut* und *sehr gut* stützt sich auf eine dem Spiel nachgeschaltete Phase der Einzelarbeit. Lernende, die das Kriterium *genügend* noch nicht erfüllt haben, spielen das Spiel gemeinsam (oder mit der Lehrperson) und werden von der Lehrperson nochmals beobachtet.

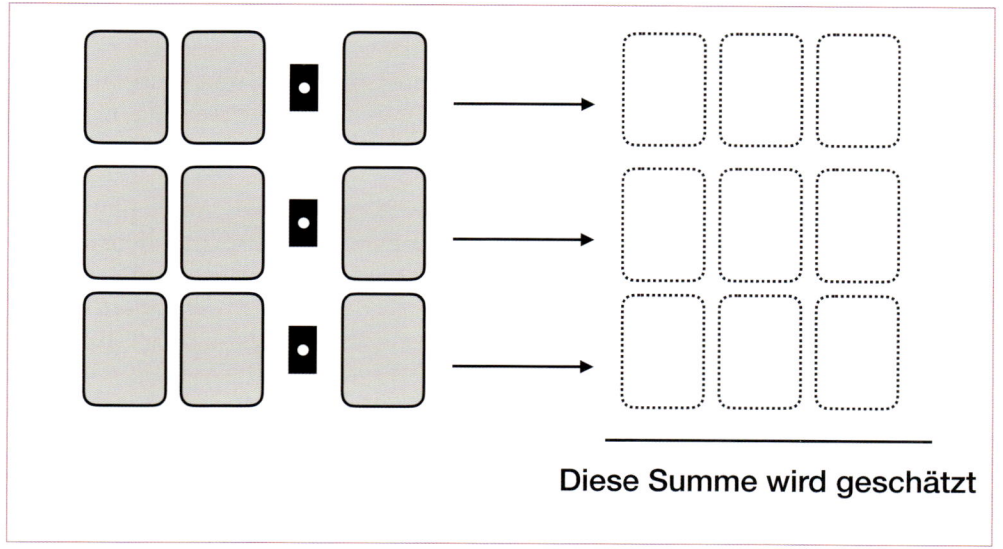

Abb. 3: In einer alternativen Spielrunde wird die Summe von 3 Produkten geschätzt.

2 Addieren und subtrahieren

Bewertung

genügend: das **grüne** Kriterium erfüllen	Du spielst das Spiel in einer Lerngruppe. Du erzielst dabei einige Punkte, weil du gut schätzt. Du wertest Spielrunden aus und schätzt nach einem Spiel korrekt ein, wer gewinnt.
gut: das grüne Kriterium und mindestens eines der beiden **gelben** Kriterien erfüllen	① Bei eurem Spiel habt ihr manchmal sofort gewusst, wer die Punkte erhält, manchmal musstet ihr nachrechnen. Du beschreibst je eine solche Situation.
	② Du beantwortest folgende beiden Fragen: Nach einer Spielrunde mit 3 3-stelligen Zahlen stellt ihr fest, dass das Ergebnis nahe bei 2500 liegt. Was kannst du über die gelegten Ziffern sagen? Nach einer Spielrunde mit 3 3-stelligen Zahlen stellt ihr fest, dass das Ergebnis knapp über 900 liegt. In der 10er-Stelle liegt eine 8, eine 9 und eine weitere Ziffer. Was kannst du über die 3 Ziffern in der 100er-Stelle sagen?
sehr gut: eines der beiden gelben Kriterien und mindestens eines der beiden **blauen** Kriterien erfüllen	① Nach einem Spiel mit 3 3-stelligen Zahlen werden die Ziffern aufgedeckt. Die Summe der 3 Zahlen liegt zwischen 990 und 1010. Welche Ziffern können bei den 100ern liegen?
	② Wir ändern die Spielregeln und spielen mit 6 verschiedenen Ziffern.
	Wir multiplizieren zuerst und addieren dann die beiden 3-stelligen Zahlen. Sind die Summen meistens größer oder kleiner als 1000? Begründe.

Kriterium ② zu *gut*: In der 100er-Stelle liegen 7, 8 und 9

Da die Summe der Zehner und der Einer zusammen größer als 200 sein muss,
ergeben die 3 Ziffern der 100er-Stelle zusammen 7. Das ist nur mit 1, 2 und 4 möglich.
(eventuell im 3. Schuljahr auch 1, 2 und 3 akzeptieren)

Kriterium ① zu *sehr gut*: Die Summe bei den 100ern ergibt ganz sicher 8 (falls die Summe 9 ergeben würde,
müssten bei den Zehner 3 Ziffern gefunden werden, die zusammen weniger als 10 ergeben – das ist nicht möglich).
In den 100ern liegen also die Ziffern 1, 2, 5 oder 1, 3, 4.

Kriterium ② zu *sehr gut*: Die Summe ist meistens kleiner als 1000.

Dazu schauen wir uns die größtmögliche Summe an:
$85 \cdot 9 + 64 \cdot 7 = 765 + 448 = 1213$. Bereits die Summe $98 \cdot 7 + 65 \cdot 4$ ist kleiner als 1000.
Es gibt also nur wenige Beispiele mit einer Summe größer als 1000 (das müssen die Lernenden allerdings nicht herausfinden).

3 Multiplizieren und Dividieren

3 Multiplizieren und Dividieren

Lernumgebung	Schuljahr	mathematischer Fokus	Entsprechung in Band 2
3.1 Hotel Zahlenhochhaus	3.–6.	Multiplikation, Einmaleins, gemeinsame Vielfache, Teiler, Problemlösen *(mit Bewertungskriterien)*	Die Aufgabe ist in 3.1: *Vier gewinnt im Zahlenhochhaus* integriert.
3.2 Umsteigen, bitte!	3.–6.	Multiplikation, Einmaleins, gemeinsame Vielfache, Problemlösen	–
3.3 Vier gewinnt im Zahlenhochhaus	3.–7.	Multiplikation, Einmaleins, gemeinsame Vielfache	3.1: *Vier gewinnt im Zahlenhochhaus* Die Aufgabe wurde für Band 2 leicht erschwert.
3.4 Lifte besetzen	3.–6.	Multiplikation, Einmaleins, gemeinsame Vielfache, Teiler	3.2 *Stockwerke mieten* Die Aufgabe ist auch in 3.3: *Teilerjagd* in Band 2 verwendet – und doch ganz anders.
3.5 Der Dieb im Megastore	3.–7.	Multiplikation, Einmaleins, gemeinsame Vielfache, gemeinsame Teiler	– (für die Klassenstufen 5–7 Band 1 benutzen)
3.6 Zahlen aus der 3er-Reihe	3.–7.	Einmaleins, Rechenterm, Grundoperationen, Multiplikation	–
3.7 Rechtecke im Quadrat	3.–8.	Rechteck, Flächeninhalt, Einmaleins, Multiplikation, Faktorzerlegung (Teiler und Vielfache), Problemlösen, Prozente (Ansprüche erhöhen)	3.5: *Rechtecke im Quadrat* Hier mit einem Quadrat mit 20 × 20 Kästchen. Es werden Prozentzahlen eingetragen.
3.8 Triff die Koordinate	3.–8.	Koordinaten, Einmaleins, Multiplikation, Problemlösen	1.10: *Triff die Quadrate* Bestimmen von gebrochenen Koordinaten im 1 × 1-Koordinatensystem
3.9 Mit 1, 2, 3 und 4	3.–10.	Grundoperationen, Rechenregeln, Rechenterme *(mit Bewertungskriterien)*	3.7: *Mit 4 4ern* weitgehend analoge, aber wesentlich anspruchsvollere Aufgabe

3.0 Zur Arbeit mit dem Zahlenhochhaus (Lernumgebungen 3.1 – 3.5)

Das Zahlenhochhaus ist ein Modell zur Visualisierung des kleinen Einmaleins, das in dieser Form für das Lehrwerk *MATHWELT 2* (Wälti u. a. 2018) entwickelt wurde. Die Reihen des kleinen Einmaleins werden mit Liften dargestellt (Abb. 1).

Für die Grundschule gibt es zwei gängige Modelle zur Darstellung der Multiplikation: Das zeitlich sukzessive, lineare Modell, das sich auf den Zahlenstrahl stützt und das räumlich-simultane (Rechteck-)Modell. Das Zahlenhochhaus stützt sich auf die zeitlich sukzessive Darstellung der Multiplikation.

Die Idee des Zahlenhochhauses geht zurück auf Schnalle und Schwank (2006) von der Universität Köln. Frau Prof. Schwank arbeitet mit Zahlenhochhäusern, die über bestimmte „Verbundstockwerke" erreichbar sind.

Für den vorliegenden 1. Band für das 3. bis 5. Schuljahr wurden 5 kooperative Lernumgebungen ausgearbeitet, die sich auf das Zahlenhochhaus stützen. In Band 2 für das 5. bis 7. Schuljahr werden zwei weitere Lernanlässe zum Zahlenhochhaus angeboten.

In der Erprobung haben sich die Lernenden nach kurzer Einarbeitung eigentätig im Zahlenhochhaus „bewegt". Sie haben dabei nicht nur das Einmaleins automatisiert, sondern auch wichtige multiplikative Vorstellungen aufgebaut.

Das Zahlenhochhaus besteht aus 100 Stockwerken. Im Hochhaus gibt es 10 Lifte bzw. 9 Lifte und ein Treppenhaus. Der 1er-Lift ist zwar auf dem Spielplan eingezeichnet, wir sprechen in den hier vorgestellten Übungen jedoch nicht vom 1er-Lift, sondern vom Treppenhaus. Das Treppenhaus wird gar nicht oder möglichst wenig benutzt. Der 2er-Lift hält auf jedem zweiten, also auf dem 2., 4., 6., …, 100. Stockwerk, der 7er-Lift hält auf dem 7., 14., 21., 28., …, 98. Stockwerk.

Das Zahlenhochhaus enthält alle Reihen des kleinen Einmaleins. Wer im 87. Stock wohnt, könnte im Treppenhaus 87 einzelne Stockwerke hochsteigen. Es geht aber auch viel einfacher: mit dem 9er-Lift 9 Halte (9 · 9 = 81) bis zum 81. Stockwerk fahren und anschließend 2 Halte mit dem 3er-Lift (2 · 3 Stockwerke) hochfahren. Es kann aber auch mit dem 10er-Lift mit 9 Halten in das 90. Stockwerk gefahren werden, dort kann man in den 3er-Lift umsteigen und einen Halt nach unten fahren.

Gestützt auf das Hochhaus können zahlreiche Sachverhalte erschlossen werden (siehe dazu auch die Textaufgaben in Lernumgebung 3.1: *Hotel Zahlenhochhaus*):

- gemeinsame Vielfache bestimmen: Wo treffen sich 2 Personen mit dem 7er- und dem 8er-Lift?

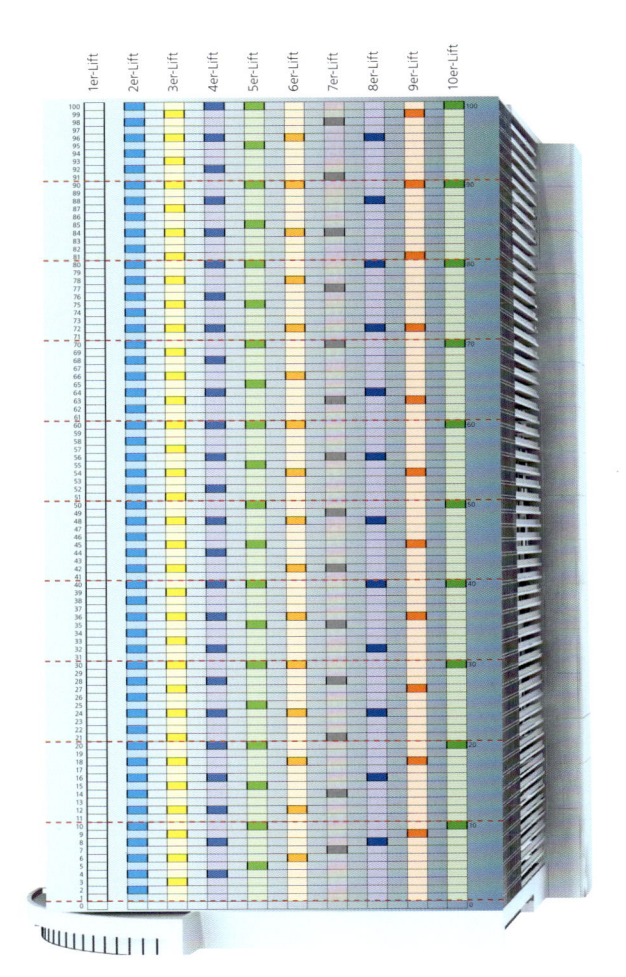

Abb. 1: Das Zahlenhochhaus aus dem Lehrwerk *MATHWELT 2* (Wälti u. a. 2018) (Kopiervorlage **M 3**)

3 Multiplizieren und Dividieren

Abb. 2: Das 2016 gebaute Ping An Finance Center in Shenzen (China) enthält zahlreiche Lifte mit verschiedenen Funktionen.

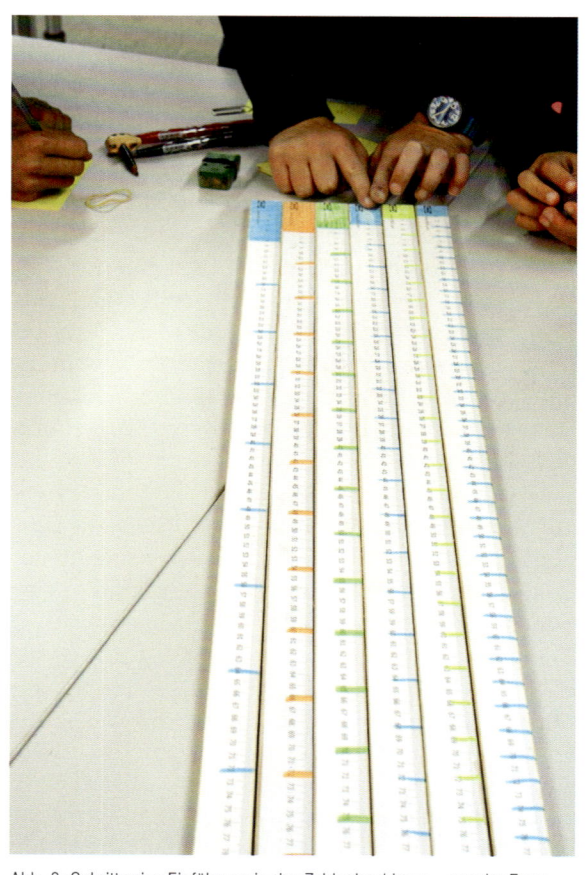

Abb. 3: Schrittweise Einführung in das Zahlenhochhaus – aus der Erprobung im Kanton Bern (Allmendingen bei Bern, 3.–6. Schuljahr)

- Teiler bis 10 bestimmen: Ein bestimmtes Stockwerk (z. B. 24. Stock) kann mit 6 Liften erreicht werden, , die alle Teiler dieses Stockwerks sind (24 → 1, 2, 3, 4, 6, 8 sowie 12 – den 12er-Lift gibt es hier jedoch nicht).
- verschiedene Reihen kombinieren: Welche Möglichkeiten hat jemand, der im 39. Stockwerk wohnt und nur 5-mal halten und 1-mal umsteigen möchte?
- Primzahlen erschließen: Welche Stockwerke sind nur auf dem Treppenhaus erreichbar?

In der Realität werden bei Hochhäusern mit 30 und mehr Stockwerken oft tatsächlich Lifte eingebaut, die nicht auf jedem Stockwerk halten. So sind im Ping An Finance Center in Shenzen (Abb. 2) mit einer Höhe von 555 m und 115 Stockwerken über dem Erdboden 33 Doppelstocklifte eingebaut. Die Lifte halten immer gleichzeitig auf 2 Stockwerken (z. B. dem 65. und 66. Stock). Es wäre hier sicher reizvoll zu diskutieren, wie man mit diesem Lift ein Stockwerk auf über 500 m Höhe erreicht.

Das Zahlenhochhaus kann bei Bedarf in Schritten eingeführt werden. Dazu eignen sich beispielsweise Papiermessbänder, die auf Holzleisten geklebt werden. Abb. 3 zeigt 6 „Lifte" (2er-, 3er-, 4er-, 5er-, 6er- und 8er-Lift). Die Halte bzw. die jeweiligen Vielfachen wurden mit Farbe markiert. Die Arbeit mit Messbändern hat den Vorteil, dass einzelne Reihen gezielt betrachtet, nebeneinandergelegt oder auch miteinander in Bezug gebracht werden können. Die Arbeit mit dem Zahlenhochhaus wird dadurch sicher erleichtert.

3.1 Hotel Zahlenhochhaus

Kooperative Lernumgebung für mehrere Lernende oder eine ganze Schulklasse

> **Fokus:** Multiplikation, Einmaleins, gemeinsame Vielfache, Teiler, Problemlösen
> **Ziel:** Geschichten zum Zahlenhochhaus bearbeiten und schreiben
> **Stufe:** 3.–6. Schuljahr
> **Zeitbedarf:** 2–6 Schulstunden
> **Material:** je Lerngruppe:
> - Zahlenhochhaus DIN A2 oder DIN A3 **(M 3)**
> - eventuell Spielfiguren zum Nachspielen der Rätsel
> - ein Set Rätselgeschichten zum Zahlenhochhaus **(M 3.1)**

Die Aufgabe wurde in Band 2 nicht aufgenommen.

Zum Inhalt

> **Voraussetzungen:** erste Kenntnisse der Reihen des kleinen Einmaleins
> **Automatisierung:** Beziehungen im kleinen Einmaleins gestützt erkennen und nutzen

Die Lernenden bearbeiten und erfinden Geschichten zum Zahlenhochhaus. Dabei entstehen eigene Rätselgeschichten zum Zahlenhochhaus, die von anderen Lernenden bearbeitet werden.

Weitere Informationen zum Zahlenhochhaus entnehmen Sie bitte der Einführung ins Zahlenhochhaus zu Beginn dieses Kapitels (→ Kap. 3.0).

Unterrichtsverlauf

Das Zahlenhochhaus wird den Lernenden als Hotel mit 100 Stockwerken präsentiert. Auf jedem Stockwerk hat es genügend Zimmer für die ganze Klasse. Zu Beginn suchen sich jeweils 2 Lernende ein Stockwerk aus, auf dem ihr Zimmer liegen soll. Sie finden 2 Möglichkeiten, mit welchen Liften sie dorthin gelangen. Eine Lerngruppe präsentiert auf dem großen Modell des Hochhauses die Möglichkeiten, zu den Stockwerken zu gelangen. In 4er-Gruppen zeigen sich dann die Lernenden gegenseitig, wie sie jeweils zu ihren Stockwerken gelangen können.

Nun arbeiten die Lernenden mit den „Rätselgeschichten" auf der Kopiervorlage. Sie wurden vorgängig in einfache (*), mittelschwere (**) und anspruchsvolle (***) Rätselgeschichten eingeteilt. Die Lernenden bearbeiten diese Rätsel entsprechend ihrem Lernniveau alleine oder in 2er-Gruppen gestützt auf das Zahlenhochhaus. Bei Bedarf lassen sich die Rätsel mit verschiedenfarbigen Spielfiguren auch nachstellen. Ausgewählte Geschichten werden nach etwa 25 Minuten gemeinsam diskutiert, wobei wiederum Spielfiguren oder Magnete zur Illustration verwendet werden.

Am Ende der Stunde erhalten die Lernenden die Hausaufgabe, 2 eigene Rätselgeschichten zu erfinden und zu lösen. Auf der Geschichte soll der Name der Autorin/des Autors stehen, die Lösungen werden auf einem kleinen Zettel notiert. Zu jeder Geschichte entscheiden sich die Lernenden jeweils für eines der drei Anspruchsniveaus (auf der Kopiervorlage *, ** oder ***).

In der nächsten Unterrichtsstunde sind die Lernenden Expertinnen/Experten ihrer eigenen Geschichten. Sie heften diese an die Wandtafel entsprechend dem Anspruchsniveau der jeweiligen

Geschichte (*, ** bzw. ***). Alle Lernenden suchen sich dann eine Geschichte aus, lösen sie mithilfe des Zahlenhochhauses am Platz und diskutieren die Lösung mit der Expertin / dem Experten. Zu vielen Geschichten wird es mehrere mögliche Lösungen geben – abweichende Lösungen werden daher in Kleingruppen ausdiskutiert.

Anpassen

Zugang erleichtern

- In der Erprobung in Südtirol waren alle Lernenden des 3. Schuljahres in der Lage, sich nach einer kurzen Einführung auf das ganze Zahlenhochhaus einzulassen.
- Das Zahlenhochhaus kann jedoch bei Bedarf auf 40 Stockwerke beschränkt werden.

Ansprüche erhöhen

- Es könnten Rahmenkriterien für die Geschichten vorgegeben geben, die die Lernenden beim Erfinden beachten sollen (z. B.: eine Geschichte erfinden, zu der es genau eine, mehr als eine oder keine Lösung gibt; eine Geschichte für ein Hotel mit 200 Stockwerken erfinden; siehe *Bewertung*).

Auswertung – Reflexion – Bewertung

Eine Auswertung der Lernsituation ist oben bereits beschrieben (siehe *Unterrichtsverlauf*).

Falls die Aufgabe bewertet wird, wird eine zusätzliche Unterrichtsstunde angehängt, in der die Lernenden weitgehend alleine arbeiten. Die Kriterien werden mit den Lernenden zu Beginn der 2. Lektion besprochen. Sie haben eigene Geschichten in den Unterricht mitgebracht, diese werden – wie in *Unterrichtsverlauf* beschrieben – allen Lernenden zur Verfügung gestellt. Wir schlagen für Lernende des 3. Schuljahres die angegebenen Bewertungskriterien vor. Für Lernende des 4. Schuljahres können die Kriterien leicht erschwert werden.

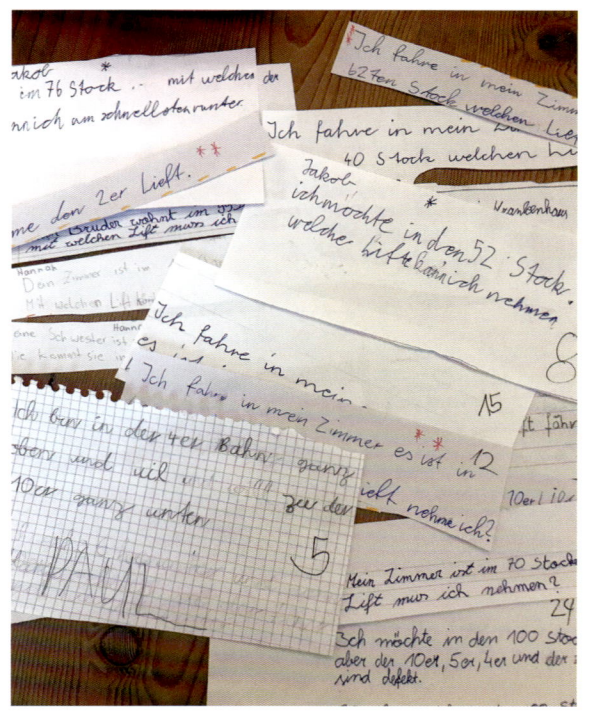

Abb. 1: Rätselgeschichten von Lernenden des 3. Schuljahres aus der Erprobung im Gsiesertal: Die Lernenden bearbeiten Rätsel, darunter ein sehr anspruchsvolles Rätsel (Mitte)

3.1 Hotel Zahlenhochhaus

Dein Zimmer ist im 18. Stockwerk. Mit welchem Lift fährst du hoch? **1***	Um zu deinem Zimmer zu gelangen, nimmst du den 4er-Lift. Nach 6 Halten steigst du aus. In welchem Stockwerk ist dein Zimmer? **2***	Du fährst mit dem 4er-Lift ins 36.Stockwerk. Deine Kollegin will dir möglichst rasch folgen. In welchen Lift soll sie steigen? **3***	Dein Zimmer ist im 15. Stockwerk. Mit welchen Liften kannst du hochfahren? **4***
Dein Zimmer ist liegt etwas höher als das 50. Stockwerk. Du möchtest mit dem 3er-Lift hochfahren. Leider ist dieser blockiert. Du merkst, dass du dein Zimmer auch mit dem 6er und dem 9er-Lift erreichen kannst. In welchem Stockwerk ist dein Zimmer? **5***	Deine vier Kolleginnen und du haben das Zimmer auf dem gleichen Stockwerk. Der Zehner des Stockwerks ist eine 3. Jede fährt in einem anderen Lift hoch. Mit welchen Liften könnt ihr hochfahren? In welchem Stockwerk sind die Zimmer? **6****	Du hast Glück. Dein Zimmer erreichst du mit jedem Lift - außer dem 5er-, dem 7er- und dem 10er-Lift. In welchem Stockwerk ist dein Zimmer? **7****	Um dein Zimmer zu erreichen, fährst du mit einem Lift 4 Halte, mit einem andern Lift 3 Halte. Du kommst im 40. Stockwerk an. Welche Lifte hast du benutzt? **8****
Dein Zimmer ist im 84. Stockwerk. Mit welchen Liften kannst du hochfahren? Wie oft halten die Lifte? **9****	Felix fährt mit dem einem Lift drei Halte und steigt dann im Treppenhaus 3 Stockwerke hinunter. Nun stellt er fest, dass auf diesem Stockwerk der 7er-Lift hält. Auf welchem Stockwerk ist er? **10*****	Um ins 40. Stockwerk zu gelangen, fährst du in 5 verschiedenen Liften immer weiter nach oben. Welche Lifte nimmst du? **11*****	Du möchtest noch etwas für deine Fitness tun. Mit dem ersten Lift fährst du zwei Halte, steigst in einen andern Lift um, fährst zwei weitere Halte und steigst im Treppenhaus 2 Stockwerke hoch. Du landest im 32. Stockwerk. Welche Lifte hast du benutzt? **12*****
Du fährst in das 60. Stockwerk. Der 10er-Lift ist defekt. Du steigst einmal um und hältst insgesamt 8 mal. Welche Lifte benutzt du? **13*****	Die Kamera zeigt einen Dieb, der einen Laptop geklaut hat, im 60. Stockwerk. Er steigt in den 6er-Lift. Dieser ist nun besetzt. Du bist im 66. Stockwerk. Wie schnappst du den Dieb im Erdgeschoß? **14*****	Weshalb kann das nicht gehen? Du fährst in das 50. Stockwerk. Du fährst mit 3 verschiedenen Liften und hältst insgesamt 6 Mal. **15*****	Weshalb kann das nicht gehen? Du steigst während einer Fahrt nach oben vom 9er- auf den 8er- und dann auf den 7er-Lift um. Wo steigst du um? **16*****

Abb. 2: Kopiervorlage Rätselgeschichten zum Zahlenhochhaus **(M 3.1)**

Wenn ich schnell sein will, mit dem 9er-Lift. Es geht aber auch mit dem 2er-, dem 3er- und dem 6er-Lift **1***	Im 24. Stockwerk **2***	Mit dem 5er- oder dem 3er-Lift **3***	Mit dem 5er- oder dem 3er-Lift **4***
Wahrscheinlich im 54. Stockwerk, das 72. Stockwerk wäre auch möglich, liegt aber deutlich über dem 54. Stockwerk. **5***	Man benötigt 5 verschiedene Lifte. Es handelt sich um das 36. Stockwerk und folgende Lifte: 2er-, 3er-, 4er-, 6er- und 9er-Luft **6****	Im 72. Stockwerk, es ist das erste Stockwerk, auf dem der 8er- und der 9er-Lift gemeinsam halten. **7****	Es gibt zwei Möglichkeiten: $4 \cdot 4 + 3 \cdot 8$ $4 \cdot 7 + 3 \cdot 4$ **8****
$84 = 42 \cdot 2$ $84 = 28 \cdot 3$ $84 = 21 \cdot 4$ $84 = 12 \cdot 7$ **9****	$8 \cdot 3 - 3 = 21$ Auf dem 21. Stockwerk hält der 7er-Lift. **10*****	Es gibt verschiedene Möglichkeiten: $1 \cdot 10 = 10 \quad 2 \cdot 3 = 6$ $5 \cdot 2 \rightarrow 10 + 10 \quad 1 \cdot 6 \rightarrow 6 + 6$ $2 \cdot 4 \rightarrow 20 + 8 \quad 2 \cdot 4 \rightarrow 12 + 8$ $1 \cdot 7 \rightarrow 28 + 7 \quad 1 \cdot 10 \rightarrow 20 + 10$ $1 \cdot 5 \rightarrow 35 + 5 \quad 2 \cdot 5 \rightarrow 30 + 10$ **11*****	Es gibt verschiedene Möglichkeiten: $2 \cdot 10 = 20 \quad 2 \cdot 9 = 18$ $2 \cdot 5 \rightarrow 20 + 10 \quad 2 \cdot 6 \rightarrow 18 + 12$ $2 \cdot 1 \rightarrow 30 + 2 \quad 2 \cdot 1 \rightarrow 30 + 2$ **12*****
Es gibt nur eine Möglichkeit: $5 \cdot 9 = 45$ $3 \cdot 5 \rightarrow 45 + 15$ **13*****	Der Dieb hält 10-Mal. Mit dem 3er-Lift in das 63. Stockwerk, dann mit dem 9er-Lift ins Parterre, das sind insgesamt 8 Halte. Oder: Mit dem 3er-Lift ins 60 Stockwerk, dann mit dem 10er-Lift ins Parterre, das sind auch 8 Halte. **14*****	**Begründung der Unlösbarkeit:** Eine Lösung mit 7 Halten ist möglich: $5 \cdot 7 + 1 \cdot 5 + 1 \cdot 10$, wenn mit dem 10er-Lift gefahren wird, wären 5 Halte notwendig, sobald der 5er Lift einbezogen wird, gibt es mindestens einen 6. Halt, mit einem weiteren Lift wird min. ein 7. Halt notwendig. **15*****	**Begründung der Unlösbarkeit:** Es kann keine Lösung geben, da der Umstieg vom 9er- auf den 8er-Lift im 72. Stockwerk erfolgen muss. Vom 8er-Lift in den 7er-Lift umsteigen kann man aber nur im 56. Stockwerk **16*****

Abb. 3: Beispiellösungen zu den Rätselgeschichten zum Zahlenhochhaus

3 Multiplizieren und Dividieren

Bewertung

genügend: das **grüne** Kriterium erfüllen	Du löst einige der Rätselgeschichten auf der Kopiervorlage korrekt. Benutze dabei das Zahlenhochhaus. Du schreibst selbst mindestens ein eigenes Rätsel und notierst dazu die korrekte Lösung.
gut: das grüne Kriterium und mindestens eines der beiden **gelben** Kriterien erfüllen	① Du löst mehrere Rätsel von Mitschülerinnen und Mitschülern, auch solche mit **. Du findest ein Rätsel einer Mitschülerin oder eines Mitschülers, zu dem es mehr als eine Lösung gibt.
	② Du erfindest eine Rätselgeschichte, zu der es mehr als eine Lösung gibt und bestimmst alle Lösungen.
sehr gut: eines der beiden gelben Kriterien und mindestens eines der beiden **blauen** Kriterien erfüllen	① Einige Stockwerke kann man nur mit dem Treppenhaus erreichen. Finde sechs solche Stockwerke zwischen dem 30. und 80. Stock. Bestimme drei weitere solche Stockwerke in einem Hochhaus mit 120 Stockwerken zwischen dem 100. und 120. Stockwerk.
	② Du begründest bei zwei der drei folgenden Rätsel, weshalb es keine Lösung geben kann. 1. Du fährst in das 50. Stockwerk. Du fährst mit 3 verschiedenen Liften und hältst insgesamt 5 Mal (siehe 15. KV) 2. Du steigst während einer Fahrt nach oben vom 9er- auf den 8er- und dann auf den 7er-Lift um. Wo steigst du um? (siehe 16. KV) 3. Du fährst bis zum 10. Stockwerk und benutzt dazu drei verschiedene Lifte. Du erfindest ein eigenes Rätsel, zu dem es keine Lösung gibt. Man sieht dies dem Rätsel jedoch nicht sofort an (z. B. sieht man sofort, dass man mit 4 Halten nicht in das 50. Stockwerk fahren kann, oder dass man im 37. Stock aus keinem Lift aussteigen kann).

Lösungen zu Kriterium ① *sehr gut:*

Es handelt sich um Primzahlen. Zwischen dem 30. und 80. Stockwerk sind dies
31, 37, 41, 43, 47, 53, 59, 61, 67, 71, 73, 79
Zwischen dem 100. und 120. Stockwerk sind dies:
101, 103, 107, 109, 113

Lösungen zu den Rätseln zu Kriterium ② *sehr gut:*

1. Wenn nur 5-mal gehalten wird, lege ich mit einem Halt 10 Stockwerke zurück. Das ist nur mit dem 10er-Lift möglich.
2. Es kann keine Lösung geben, da der Umstieg vom 9er- auf den 8er- Lift im 72. Stockwerk erfolgen muss. Vom 8er-Lift in den 7er-Lift umsteigen kann man aber nur im 56. Stockwerk.
3. Es kann keine Lösung geben, weil man nur im 4., 6., 8. und 9. Stockwerk umsteigen kann. Das Umsteigen kann aber nicht kombiniert werden.

3.2 Umsteigen, bitte!

Kooperative Lernumgebung für Gruppen mit 2–4 Lernenden

Fokus:	Multiplikation, Einmaleins, gemeinsame Vielfache, Problemlösen
Ziel:	gemeinsam das 100. Stockwerk im Zahlenhochhaus erreichen und dabei alle Lifte außer dem 1er-Lift (bzw. außer dem Treppenhaus) benutzen
Stufe:	3.–6. Schuljahr
Zeitbedarf:	½ Schulstunde
Material:	je Lerngruppe: • Zahlenhochhaus DIN A2 oder DIN A3 **(M 3)** • 9 Wendeplättchen oder Spielfiguren

Die vorliegende Lernumgebung ist für die Schuljahre 3 und 4 relativ anspruchsvoll. Sie kann auch als Problemlöseaufgabe bearbeitet werden. Sie wurde für Band 2 nicht adaptiert.

Zum Inhalt

Voraussetzungen:	kleines Einmaleins
Automatisierung:	Produkte bilden und addieren, gemeinsame Vielfache erkennen

Die Lernenden bearbeiten kooperativ eine komplexe Problemaufgabe, zu der es mehrere Lösungen gibt. Sie benutzen dabei möglichst alle Lifte im Zahlenhochhaus (→ Kap. 3.0) außer dem 1er-Lift (bzw. dem Treppenhaus) einmal und erreichen am Ende gemeinsam das 100. Stockwerk.

Unterrichtsverlauf

Die Aufgabe schließt nahtlos an die Rätselgeschichten zu Lernumgebung 3.1 *Hotel Zahlenhochhaus* an und dient als „krönender" Abschluss zur Arbeit mit Rätselaufgaben. Dazu wird mit den Lernenden ein Lösungsansatz der Aufgabe gemeinsam entwickelt (siehe Abb. 1): A steigt in einen Lift ein, fährt einen oder mehrere Halte und legt ein Wendeplättchen: Diese Marke bedeutet, dass jetzt umgestiegen wird. Nun steigt A in einen anderen Lift um, fährt einen oder mehrere Halte hoch und legt ein Wendeplättchen. So geht es reihum weiter, wobei mit jedem benutzten Lift mindestens ein Halt gefahren wird. Wurde ein Lift einmal benutzt, darf er nicht noch einmal benutzt werden. Ebenso soll kein Lift über mehr als 25 Stockwerke benutzt werden. Ziel ist es, möglichst alle Lifte zu benutzen und das 100. Stockwerk zu erreichen.

Da 9 Lifte verwendet werden sollen, erhalten die Lerngruppen 9 Spielfiguren bzw. 9 Wendeplättchen.

So steigt Antje unten in einen Lift ein und fährt einen oder mehrere Halte. Sie entscheidet sich für $3 \cdot 6 = 18$ Stockwerke und stellt ihre erste Figur auf das 18. Stockwerk im 6er-Lift. Das Stockwerk ist gut gewählt, kann doch nun Bodo auf den 2er-, 3er- oder 9er-Lift umsteigen. Bodo entscheidet sich für den 3er-Lift und fährt einen Halt. Wichtig ist, dass die Lernenden ihre Aktionen auch mündlich kommentieren: *„Ich steige auf den 3er-Lift um und fahre einen Halt. Ich erreiche das 21. Stockwerk. Das ist $7 \cdot 3$."* Er stellt eine Spielfigur auf das 21. Stockwerk, 3er-Lift. Nun ist Conny an der Reihe: *„Ich steige auf den 7er-Lift um und fahre einen Halt. Ich erreiche das 28. Stockwerk. Das ist $4 \cdot 7$."* Antje kann nun in ihrem zweiten Zug auf den 2er- oder den 4er-Lift umsteigen. Antje entscheidet sich für den 4er-Lift und fährt

3 Multiplizieren und Dividieren

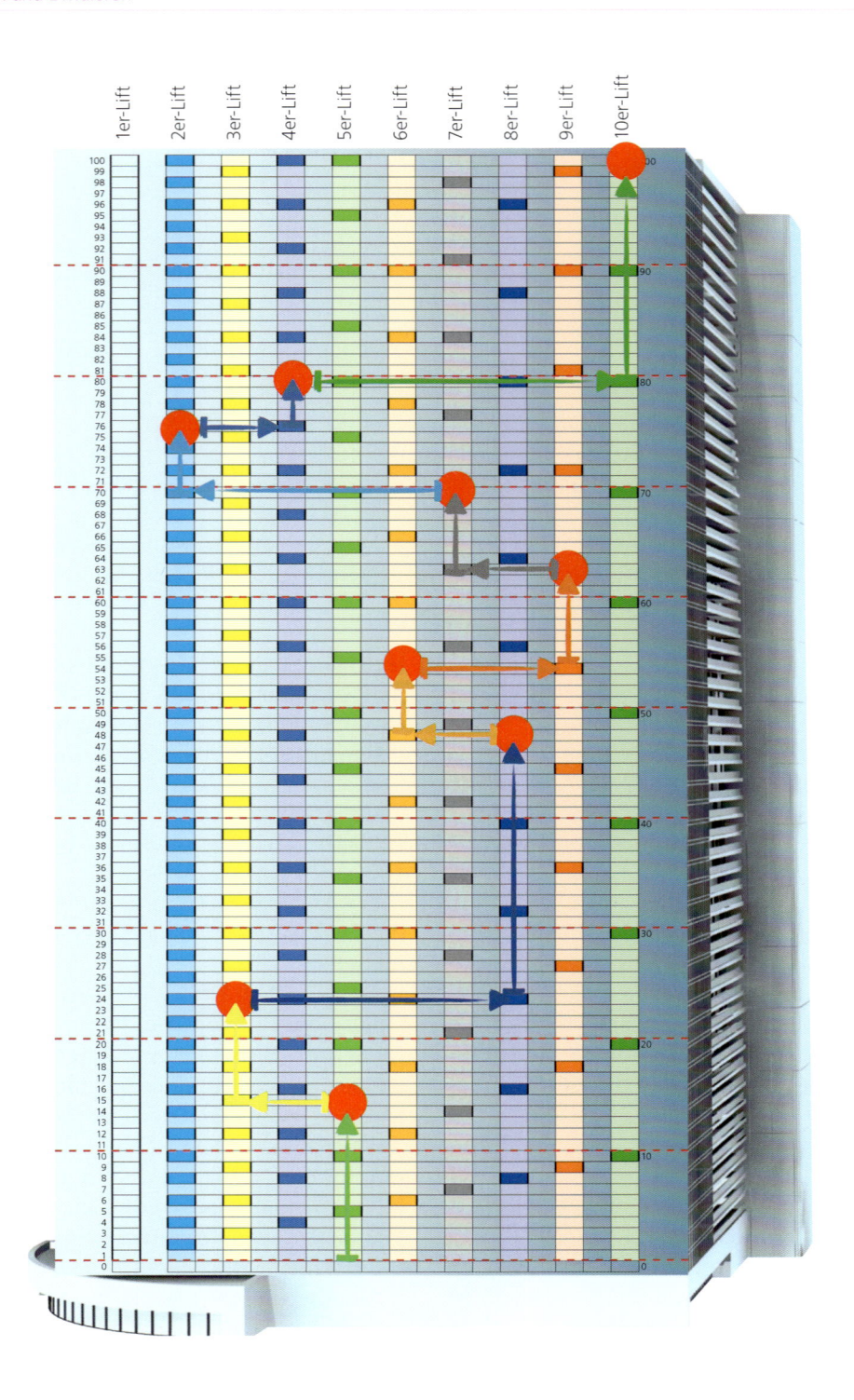

Abb. 1: Bei diesem Beispiel wurde das 100. Stockwerk erreicht. Es gibt dafür viele gleichwertige Lösungen. Aus der Darstellung kann direkt eine Addition abgeleitet werden:

$(3 \cdot 5) + (3 \cdot 3) + (3 \cdot 8) + (1 \cdot 6) + (1 \cdot 9) + (1 \cdot 7) + (3 \cdot 2) + (1 \cdot 4) + (2 \cdot 10) = 100$

2 Stockwerke (28 + 2 · 4 = 36) hoch, damit Benno auf den 9er-Lift umsteigen kann.

Die Lerngruppen versuchen so – unter Umständen auch mehrmals –, das 100. Stockwerk zu erreichen und alle 9 Lifte zu verwenden. Die Spielfiguren dienen als Spielprotokoll.

> **Gespräch mit Konrad**
>
> Auszug aus einem (in Schriftsprache übertragenen) Interview mit Konrad (4. Schuljahr, Südtirol) zur Frage, wie die Aufgabe zu bewältigen sei. Die Gruppe hat folgende Lösung gefunden:
>
> | | | |
> |---|---|---|
> | 0 + | 2 · **2** | = 4 |
> | 4 + | 1 · **4** | = 8 |
> | 8 + | 2 · **8** | = 24 |
> | 24 + | 2 · **3** | = 30 |
> | 30 + | 1 · **6** | = 36 |
> | 36 + | 3 · **9** | = 63 |
> | 63 + | 1 · **7** | = 70 |
> | 70 + | 2 · **5** | = 80 |
> | 80 + | 2 · **10** | = 100 |
>
> Interviewer (I), Konrad (K):
>
> I: Du hast vor dir eine Lösung zur Frage, wie man das 100. Stockwerk erreichen kann und dabei alle Lifte benutzt. Was meinst du, wie viele Lösungen gibt es?
> K: Es gibt sicher viele Lösungen, wir haben eine andere Lösung gefunden.
> I: Wie seid ihr denn vorgegangen?
> K: Wir haben zuerst den 2er-, 4er- und 8er-Lift benutzt. Dann sind wir auf den 3er-Lift umgestiegen. Wir haben dann den 3er-, 6er- und 9er-Lift benutzt.
> I: Und wie würdest du eine neue Lösung finden?
> K: Ich würde einfach die Reihenfolge umdrehen und zuerst den 10er- und 5er-Lift, dann auf den 7er-Lift. Und danach die Lifte, mit denen wir angefangen haben.
> I: Was ist denn eure Strategie?
> K: Wir haben die Reihen zusammengenommen, die miteinander etwas zu tun haben. Nur die 7er-Reihe hat mit keiner andern etwas zu tun. Die ist etwas schwieriger.

Anpassen

Zugang erleichtern

- Nach jedem Zug diskutieren, ob es günstigere Umsteigmöglichkeiten gibt, je nachdem, ob man einen Halt weiter oder einen Halt weniger weit fährt. So kann man sich bei schlechter Wahl schon nach einem Zug blockieren – etwa wenn man mit dem 5er-Lift auf dem 25. Stockwerk hält, da man auf dem 25. Stockwerk auf keinen anderen Lift umsteigen kann.

Ansprüche erhöhen

- Besonders interessierte Lernende kann man auch mit einer weiterführenden Aufgabe ansprechen: Du fährst mit 8 verschiedenen Liften jeweils 2 Halte und kommst im 100. Stockwerk an. Den 1er-Lift (das Treppenhaus) benutzt du nicht.

> Mögliche Lösung:
> Wir brauchen alle Lifte außer den 4er-Lift, da
> 2 + 3 + 5 + 6 + 7 + 8 + 9 + 10 = 50 und
> 2 · 50 = 100.
>
> | | | |
> |---|---|---|
> | 0 + | 2 · **3** | = 6 |
> | 6 + | 2 · **2** | = 10 |
> | 10 + | 2 · **10** | = 30 |
> | 30 + | 2 · **6** | = 42 |
> | 42 + | 2 · **7** | = 56 |
> | 56 + | 2 · **8** | = 72 |
> | 72 + | 2 · **9** | = 90 |
> | 90 + | 2 · **5** | = 100 |

Auswerten – Reflexion

Eine Gruppe protokolliert ihre Lösung nicht in der Reihenfolge der benutzten Lifte, sondern lediglich nach den Stockwerken, auf denen umgestiegen wurde. Dabei spielt es keine Rolle, ob alle Lifte benutzt wurden. Das Protokoll zum abgebildeten Beispiel sieht dann wie folgt aus: 15, 24, 48, 54, 63, 70, 76, 80, 100.

Diese Protokolle werden ausgetauscht und anschließend der Spielverlauf von einer anderen Gruppe „geknackt".

3 Multiplizieren und Dividieren

3.3 Vier gewinnt im Zahlenhochhaus

Kompetitive Lernumgebung für Gruppen mit 2–4 Lernenden

Fokus:	Multiplikation, Einmaleins, gemeinsame Vielfache
Ziel:	4 Steine der eigenen Farbe in eine Reihe bringen
Stufe:	3.–7. Schuljahr
Zeitbedarf:	1 Schulstunde
Material:	je Lerngruppe: • Zahlenhochhaus DIN A2 oder DIN A3 **(M 3)** • Wendeplättchen oder Spielsteine in verschiedenen Farben • 10er-Würfel

Die Aufgabe befindet sich ohne große Änderungen auch in Band 2 (Lernumgebung 3.1: *Vier gewinnt im Zahlenhochhaus*).

Zum Inhalt

Voraussetzungen:	erste Kenntnisse der Reihen des kleinen Einmaleins
Automatisierung:	das kleine Einmaleins

Mit einem 10er-Würfel werden jeweils die Reihen bestimmt, in denen es sich zu bewegen gilt. Anschließend werden Vielfache der gewürfelten Zahl ausgewählt und der Halt auf dem entsprechenden Stockwerk des Zahlenhochhauses (→ Kap. 3.0) markiert.

Unterrichtsverlauf

Die Lehrperson erklärt den Schülerinnen und Schülern das Spielziel, indem sie mit 4 Spielsteinen eine horizontale (z. B. Stockwerk 48, Halte des 2er-, 3er-, 4er- und 8er-Lifts) und eine vertikale Gewinnstellung (z. B. auf dem 6er-Lift die Halte 18, 24, 36 und 48) legt. Die Stellungen gewinnen genau dann, wenn bei Spielende keine gegnerischen Steine zwischen den eigenen Spielsteinen liegen. „Im Gegensatz zum klassischen Spiel sind Lücken zwischen den Gewinnsteinen erlaubt.

Die Lernenden werden im Anschluss durch Würfeln und geschicktes Setzen der Plättchen selbst versuchen, eine Gewinnstellung mit 4 Steinen zu erspielen.

Die Schülerinnen und Schüler spielen zu zweit. Sie würfeln abwechselnd mit dem 10er-Würfel. Wird eine 1 gewürfelt, wird der Wurf wiederholt, enthält der Würfel die Zahl 0, wird diese jeweils durch 10 ersetzt. Danach wird ein Plättchen auf ein noch nicht besetztes Vielfaches der gewürfelten Zahl gelegt. Die/der Spielende nennt dabei die zugehörige Rechnung aus dem Einmaleins. Ziel ist es, 4 Plättchen in einer horizontalen oder vertikalen Reihe zu platzieren und dabei das Risiko zu minimieren, dass andere Spielende ihre Plättchen zwischen die eigenen Plättchen legen.

So würfelt Jakob eine 7 und kann eines der Felder auf dem 7er-Lift (7, 14, 21, 28, …, 98) mit einem seiner Spielsteine besetzen. Er entscheidet sich für die 42, weil auf dem 42. Stockwerk auch der 2er-, 3er- und 6er-Lift hält und er auf diesem Stockwerk deshalb leichter eine Gewinnstellung erreichen kann. Weil er auch die entsprechende Rechnung (42 = 6 · 7) nennt, darf er sein Plättchen liegen lassen. Als Nächstes würfelt Nina eine 9 und besetzt auf dem 9er-Lift das 36. Stockwerk. Auch sie nennt die entsprechende Rech-

3.3 Vier gewinnt im Zahlenhochhaus

nung (36 = 4 · 9). Dann ist wieder Jakob an der Reihe usw.

Die Lernenden besetzen so abwechselnd Halte verschiedener Lifte, bis jemand eine „Vier-gewinnt-Stellung" erreicht und gewinnt.

Das Spiel kann beschleunigt werden, indem einer oder mehrere der unter *Ansprüche erhöhen* erwähnten Aspekte in die Regeln eingebaut werden (Ausnahme: der letzte Vorschlag zu 4 aufeinanderfolgenden Stockwerken).

Anpassen

Zugang erleichtern

- Das Spiel wird auf die ersten 60 Stockwerke des Zahlenhochhauses beschränkt. Dadurch werden Rechnungen vermieden, die für viele Lernende schwierig sind (z. B. 98 = 14 · 7 oder 69 = 23 · 3).
- Mit den Lernenden klären, wie sie die beiden Faktoren im Zahlenhochhaus auch einfach durch Zählen bestimmen können.

Ansprüche erhöhen

- Nach einem ersten Spiel reichern wir die Regeln an, indem auch „umgestiegen" werden darf. So will beispielsweise Nina mit der gewürfelten 9 einen Halt auf dem 36. Stockwerk besetzen. Sie muss jedoch nicht den Halt auf dem 9er-Lift nehmen, sondern ihr stehen durch „Umsteigen" alle Halte auf dem 36. Stockwerk (36 = 4 · 9 = 6 · 6 = 12 · 3 = 18 · 2) zur Verfügung.
- Gewinnsteine können auch auf einer Diagonalen liegen (zum Beispiel 3 · 4 = 12; 3 · 5 = 15; 3 · 6 = 18 und 3 · 7 = 21). Im Beispiel in Abb. 2 liegt die Diagonale auf benachbarten Liften. Es gilt jeweils: Diagonal liegende Gewinnsteine liegen auf einer Linie (mit dem Lineal kontrollieren), ohne dass ein gegnerischer Stein dazwischen liegt.
- Eine Gewinnstellung muss aus 4 aufeinanderfolgenden Halten bestehen. So hat Nina auf dem 6er-Lift die Stockwerke 12, 18, 24 und 42 besetzt. Um zu gewinnen, muss sie allerdings noch entweder das 6. oder 30. Stockwerk besetzen.

Abb. 1: Die ganze Klasse spielt „Vier gewinnt". In der Abbildung sind 5 Spielfelder zu sehen (altersgemischtes 3.–5. Schuljahr, Gsiesertal, Südtirol)

Auswerten

Der 15. Halt mit dem Viererlift („15 · 4") ist sowohl Teil einer vertikalen wie auch einer diagonalen Gewinnstellung. Dies wird den Lernenden jedoch nicht bekannt gegeben. Was die Lernenden erfahren: Ein bestimmter Halt gehört zu zwei Gewinnstellungen. Zu einer der beiden Gewinnstellungen gehören Halte auf dem 30., 45. und 75. Stockwerk, zur andern gehören Halte auf dem 40., 48. und 64. Stockwerk. Für beide Gewinnstellungen fehlt ein Halt – es ist der gleiche. Welcher ist es wohl?

Die Kinder suchen die beiden Gewinnstellungen durch Nachbauen auf dem Zahlenhochhaus. Im Anschluss können die Kinder aufgefordert werden, selbst solche „doppelten Gewinnstellungen" zu bauen und dazu ein analoges Rätsel zu stellen.

Eine andere Möglichkeit, die Aufgabe auszuwerten, besteht in der Konstruktion von Gewinnstellungen. So hat jemand 2, 5, 6, 7 und nochmals 7 gewürfelt. Welche Gewinnstellungen können damit gebildet werden?

3 Multiplizieren und Dividieren

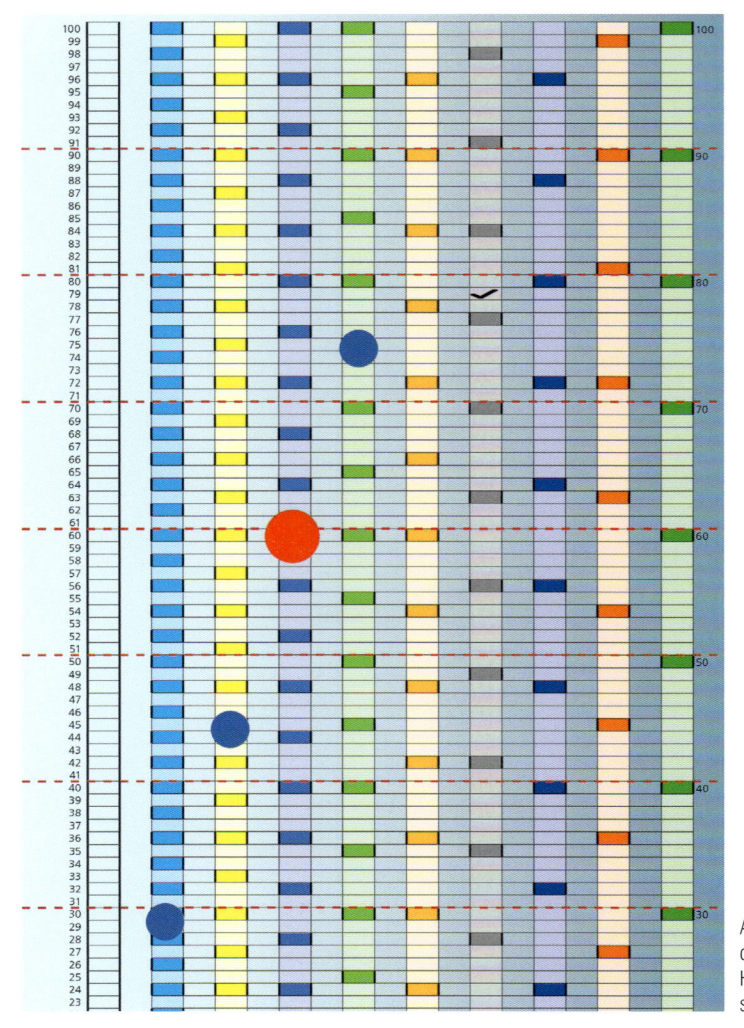

Abb. 2: Eine der beiden Gewinnstellungen aus dem Abschnitt *Auswerten* passt zum gleichen Halt (60 = 15 · 4). Die Lernenden können selbst solche Rätsel konstruieren und austauschen.

Mögliche Lösung: Da 2-mal 7 gewürfelt wurde, drängt sich eine Gewinnstellung auf dem 7er-Lift auf. 7 · 7 = 49, 6 · 7 = 42, 5 · 7 = 35 und 2 · 7 = 14. (Diese Gewinnstellung könnte durch gegnerische Steine auf 3 · 7 = 21 oder 4 · 7 = 28 ungültig gemacht werden.) Aber auch eine diagonale Gewinnstellung ist möglich: 7 · 2 = 14, 7 · 5 = 35, 7 · 6 = 42 und 7 · 7 = 49.

Beobachtungen aus Interviews

Nach ca. 8 Unterrichtsstunden Arbeit mit dem Zahlenhochhaus wurden in Interviews 7 Kinder des 3., 4. und 5. Schuljahres befragt, auf welchen Stockwerken viele, wenige oder gar keine Lifte halten würden. Die Antworten waren insgesamt erstaunlich und werden hier zusammengefasst.

- Alle Lernenden konnten spontan mehrere Stockwerke nennen, auf denen kein Lift hält. Erstaunlicherweise haben dabei alle Kinder Primzahlen größer als 20 genannt und die Stockwerke 11, 13, 17 und 19 gleich ausgelassen (in den Aufzeichnungen wurden u. a. folgende Stockwerke genannt: 29, 37, 41, 57 = 3 · 19, 61 und 67). Den Lernenden war anscheinend klar, dass es sich bei diesen Zahlen um Primzahlen handelt, auch wenn sie den Begriff als solchen nicht verwendeten.

3.3 Vier gewinnt im Zahlenhochhaus

Abb. 3: Joel und Silvan (3. Schuljahr, Gsiesertal, Südtirol) spielen „Vier gewinnt". Jakob bereitet sich bereits auf das Würfeln vor und kontrolliert, ob Simon richtig legt.

- Es wurde nicht bemerkt, dass Vielfache von 12 besonders viele Teiler haben bzw. dass dort besonders viele Lifte halten. Auf der anderen Seite haben 3 von 8 Kindern spontan Zahlen aus der 12er-Reihe (24, 36, 60 bzw. 72) als Beispiele für Zahlen mit besonders vielen Teilern genannt.
- Das erste Stockwerk, auf dem sechs verschiedene Lifte halten, hat kein Kind gefunden. Erst nach dem Hinweis des Interviewers, wie viele Lifte denn auf dem 60. Stockwerk halten würden, ist den meisten Kindern aufgefallen, dass dort viele Lifte halten. Die Reaktion von Jule (4. Schuljahr) war hier bemerkenswert: „Ja, das sind ja die ersten 5 Lifte und der 10er-Lift. Das ist nur auf einer 10er-Zahl und einer 3er-Zahl möglich."
- 2 Kinder haben unabhängig voneinander bemerkt, dass auf dem Erdgeschoss alle Lifte halten würden.
- Alle Kinder haben im Interview nach anfänglichem Zögern herausgefunden, dass es im ganzen Zahlenhochhaus kein Stockwerk gibt, auf dem alle Lifte halten.
- Ob es in einem sehr hohen Zahlenhochhaus überhaupt ein Stockwerk geben würde, auf dem alle Lifte halten würden, konnte von keinem Kind beantwortet werden. Auf dem 2520. Stockwerk ($2520 = 9 \cdot 8 \cdot 7 \cdot 5$) ist dies erstmals der Fall. Dieser Sachverhalt wurde in der Regel erstaunt zur Kenntnis genommen.

Die Antworten einiger Kinder sind jedoch wesentlich differenzierter, sobald man sich mit ihnen in Spielsituationen begibt.

> Stellvertretend dafür sei hier folgender (in Schriftsprache übersetzter) Interviewausschnitt zu „Vier gewinnt im Zahlenhochhaus" mit Joel (3. Schuljahr, Südtirol) wiedergegeben:
>
> J: (würfelt eine 3 und legt sein Wendeplättchen spontan auf den 60. Stock, 3er-Lift)
> I: Weshalb legst du dein Plättchen dorthin?
> J: Von oben nach unten kann ich das Plättchen ja irgendwo legen. Aber von links nach rechts nicht.
> I: Weshalb meinst du, dass das so ist?
> J: Weil hier (tippt auf den 60. Stock) am meisten Lifte halten.
> I: Was meinst du damit?
> J: Hier hält der 2er-, der 4er- und der 5er-Lift.

3.4 Lifte besetzen

Kompetitive Lernumgebung für Gruppen mit 2–4 Lernenden

> **Fokus:** Multiplikation, Einmaleins, gemeinsame Vielfache, Teiler
> **Ziel:** zu Zufallszahlen Halte im Zahlenhochhaus finden; in einem Spiel 8 verschiedene Lifte (einschließlich des Treppenhauses) benutzen
> **Stufe:** 3.–6. Schuljahr
> **Zeitbedarf:** 1 Schulstunde
> **Material:** je Lerngruppe:
> - Zahlenhochhaus DIN A2 oder DIN A3 **(M 3)**
> - mind. 8 Spielfiguren je Spielfarbe
> - 2 Sets mit 10 Ziffernkarten oder 2 10er-Würfel

Die Idee wird in einer ungestützten, erweiterten Version in Band 2 angeboten (Lernumgebung 3.3: *Teilerjagd*). Siehe ebenso Lernumgebung 3.2: *Stockwerke mieten* in Band 2.

Zum Inhalt

> **Voraussetzungen:** Reihen des kleinen Einmaleins kennen
> **Automatisierung:** das kleine Einmaleins

Die Schülerinnen und Schüler suchen zu Zufallszahlen zwischen 1 und 100 Teiler, indem sie im Zahlenhochhaus (→ Kap. 3.0) Lifte benutzen, die im entsprechenden Stockwerk halten. Pro Spiel darf jede Spielerin/jeder Spieler einen Lift nur einmal benutzen. Hier ist daher schnelles Reagieren nicht immer zielführend, da es schwieriger ist, die „schnellen" Lifte (z. B. 8er- oder 9er-Lift) zu besetzen als die „langsamen" Lifte mit vielen Halten. Hier lohnt es sich daher, eher die „schnellen" Lifte zu besetzen.

Unterrichtsverlauf

Gleich zu Beginn werden mit den Lernenden einige Spielsituationen gestellt. Je Spielrunde wird eine Zufallszahl ermittelt. Dazu werden aus 2 × 10 Ziffernkarten 2 Ziffern gezogen oder mit dem 10er-Würfel 2-mal gewürfelt (zuerst die Zehnerziffer ermitteln, dann die Einerziffer – die Würfel-*10* entspricht 0).

In der 1. Runde wird beispielsweise die Zahl 45 gezogen bzw. erwürfelt. Auf dem 45. Stockwerk halten der 3er-, der 5er- und der 9er-Lift. Die Lernenden besetzen nun reihum jeweils einen Lift, der auf diesem Stockwerk hält: Angela (A) ist zuerst an der Reihe und benutzt den 5er-Lift. Sie legt ein Plättchen im Erdgeschoss auf den 5er-Lift. Dieser darf in der gleichen Spielrunde von den anderen Spielenden nicht mehr benutzt werden. Binja (B) legt ein Plättchen auf den 9er-Lift und Carmela (C) wählt den 3er-Lift. Alle Mitspielenden nennen nun die entsprechende Rechnung, damit das Plättchen liegen bleiben kann: $45 = 9 \cdot 5 = 5 \cdot 9 = 15 \cdot 3$.

In der nächsten Runde wird die Zahl 78 gezogen. Nun beginnt Binja und legt ein Plättchen auf den 6er-Lift. Carmela möchte ein Plättchen auf den 3er-Lift legen, hat diesen aber schon benutzt. Daher fährt sie in dieser Runde mit dem 2er-Lift. Nun kann Angela ein Plättchen auf den 3er-Lift legen. Alle drei nennen wiederum die entsprechende Rechnung, bei Bedarf kann abgezählt werden: $78 = 13 \cdot 6 = 39 \cdot 2 = 26 \cdot 3$.

In der nächsten Runde wird die Zahl 33 gezogen. Nun darf Carmela zuerst einen Lift wählen:

3.4 Lifte besetzen

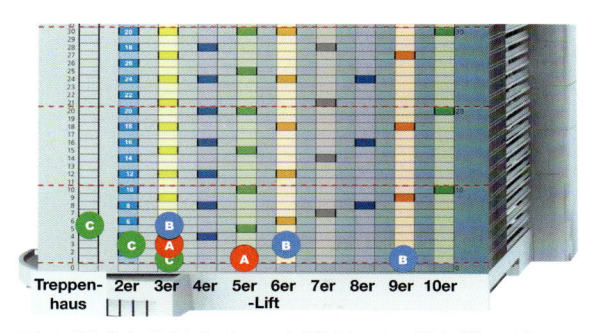

Abb. 1: Mögliche Spielsituation nach 3 Spielrunden: Binja (B) und Carmela (C) haben beide 3 Lifte besetzt. Die bessere Ausgangslage hat jedoch Binja. Die „schnellen" Lifte wie der 9er und der 6er sind schwieriger zu besetzen als die „langsamen" Lifte. Diese kann Binja noch benutzen.

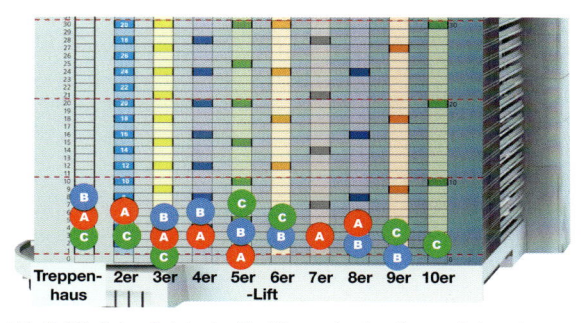

Abb. 2: Mögliches Spielende: Die Lifte werden jeweils vom Erdgeschoss aus besetzt. Der Spielstand ist dadurch auf einen Blick ersichtlich.

Den 3er-Lift hat sie schon belegt und darf mit diesem nicht mehr fahren. So bleibt ihr nur das Treppenhaus. Nun ist Angela an der Reihe, auch sie hat den 3er-Lift schon besetzt und muss passen. Binja kann den 3er-Lift noch mit ihrer Farbe belegen.

Nach diesen 3 Spielrunden sieht das Spielfeld wie in Abb. 1 aus.

In den weiteren (fiktiven) Spielrunden wurden die Stockwerke 37, 48, 80, 55, 74, 16, 91, 9 und 17 bestimmt. Wie Angela, Binja und Carmela dabei ihre Plättchen gelegt haben, ist in Abb. 2 zu sehen. In einigen Spielsituationen können keine weiteren Lifte mehr belegt werden – in diesem Fall wird einfach weitergewürfelt. Bei Spielende könnte das Spielbrett wie in der Abbildung gezeigt aussehen.

Es gewinnt, wer nach 10 (oder 12) Runden am meisten verschiedene Lifte benutzen konnte. In unserem Beispiel mit 12 Spielrunden haben die 3 Spielerinnen jeweils 7 Lifte besetzt. Entweder lässt man dies als unentschieden gelten oder man bestimmt die Summe der Ziffern der besetzten Lifte. Unser Beispiel zeigt, dass aber auch hier ein unentschiedener Spielausgang möglich ist – Binja und Carmela kommen so je auf 36 Punkte.

Anpassen

Zugang erleichtern

- Die Zehnerziffer mit einem 6er-Würfel bestimmen (Zahlenraum 10 bis 69)

Ansprüche erhöhen

- Es dürfen höchstens 2 Spielende den gleichen Lift „besetzen". Wird in einer Spielrunde eine dritte Spielmarke auf einen bestimmten Lift gesetzt, wird die zuerst liegende Spielmarke entfernt.

Auswerten

Die Lernenden bereiten nach dem Spiel alleine oder in der Lerngruppe eine Aufgabenstellung vor, bei der sie einen möglichen fiktiven Spielablauf rekonstruieren. Dazu schlagen wir zwei verschiedene Aufgabenstellungen vor.

> **A**
>
> 1. Ihr spielt zu dritt. Es wurden 9 verschiedene Zahlen gewürfelt. Alle 3 Mitspielenden haben die 9 Lifte besetzen können. Wie kann das gehen?
> 2. Andrej und Bojan sind beide sehr gute Rechner und geübt in diesem Spiel. Der Zufall will es, dass nach 9 Spielrunden Andrej den 1er-, 2er-, 3er-, 4er-, 5er-, 6er-, 7er- und 9er-Lift besetzt hat, während Boris nur auf den 1er-, 2er- und 3er-Lift setzen konnte. Mit welchen Zahlen ist ein solcher Spielverlauf möglich?

3 Multiplizieren und Dividieren

Abb. 3: In der Erprobung im Südtirol wurde eine Mischform aus der hier vorgestellten Lernumgebung *Lifte besetzen* und *Teilerjagd* für das 5. und 6. Schuljahr gespielt. In der Abbildung sieht man Lernende des 3. und 5. Schuljahres.

Runde und Zufallszahl	Anna	Bianca	Chiara
1: 63	**9**	7	3
2: 56	7	**8**	4
3: 72	8	6	**9**
4: 36	**4**	9	6
5: 60	6	**5**	10
6: 70	5	10	**7**
7: 80	**10**	4	2
8: 24	3	**2**	8
9: 30	2	3	**5**

Abb. 4: Auswertung, Aufgabe 1: möglicher Spielverlauf. Es ist jeweils fett gedruckt, wer zuerst setzen durfte.

Runde und Zufallszahl	Es setzt zuerst …	Andrej setzt auf …	Bojan setzt auf…
1: 25	Andrej	**5er-Lift**	Treppenhaus
2: 37	Bojan	Treppenhaus	**muss passen**
3: 52	Andrej	**4er-Lift**	2er-Lift
4: 38	Bojan	muss passen	**muss passen**
5: 54	Andrej	9er-Lift	3er-Lift
6: 06	Bojan	**2er-Lift**	muss passen
7: 66	Andrej	6er-Lift	**muss passen**
8: 51	Bojan	**3er-Lift**	muss passen
9: 98	Andrej	7er-Lift	**muss passen**

Abb. 5: Auswertung, Aufgabe 2: möglicher Spielverlauf

3.5 Der Dieb im Megastore

Kompetitive oder kooperative Lernumgebung für Gruppen mit 3 Lernenden (1 Dieb spielt gegen 2 Detektive) oder 4 Lernenden (der Dieb wird von 2 Lernenden gemeinsam gespielt, sie spielen gegen 2 Detektive)

Fokus:	Multiplikation, Einmaleins, gemeinsame Vielfache, gemeinsame Teiler
Ziel:	Detektive: den Dieb im Megastore fangen
Stufe:	3.–7. Schuljahr
Zeitbedarf:	2 Schulstunden
Material:	je Lerngruppe:
	• Zahlenhochhaus DIN A2 oder DIN A3 **(M 3)**
	• Spielfiguren
	• 6er-Spielwürfel
	• Spielprotokoll **(M 3.5)**

Die Idee wurde für Band 2 nicht angepasst, eignet sich aber auch für den Einsatz ab dem 5. Schuljahr.

Zum Inhalt

Voraussetzungen:	Die Reihen des kleinen Einmaleins sind bekannt. Mit dem Zahlenhochhaus wurde bereits gearbeitet.
Automatisierung:	Produkte Addieren und Subtrahieren

Die Lernenden nehmen 3 Rollen ein: 2 Detektive und 1 Dieb. (Bei 4 Mitspielenden wird die Rolle des Diebes von 2 Spielenden gemeinsam ausgeführt.) Ziel der Detektive ist es, dem Dieb den Weg abzuschneiden, bevor er das Hochhaus verlässt. Der Dieb hingegen versucht, zum Erdgeschoss zu gelangen, bevor die Detektive ihn schnappen.

Im Wesentlichen geht es bei dieser Aufgabe um die Vertiefung und Automatisierung multiplikativer Zusammenhänge. Die Lernenden vertiefen ihre Kenntnisse zum kleinen Einmaleins, indem sie mit bestimmten Liften des Zahlenhochhauses (→ Kap. 3.0) hoch- oder hinunterfahren. Umsteigen können sie auf den gemeinsamen Vielfachen zweier Zahlen. Dabei wird zum einen das kleine Einmaleins automatisiert, zum anderen werden Strukturen im Zahlenraum bis 100 sichtbar.

Wichtig ist, dass das Protokollieren der Spielzüge sorgfältig eingeführt wird und die Protokolle der Lerngruppen eingefordert werden.

Unterrichtsverlauf

Es wird mit den Lernenden gestützt auf den Spielplan geklärt, was unter einer Bewegung zu verstehen ist. So kommt man vom 36. Stock mit 3 Bewegungen in den 50. Stock: nächster Halt mit dem 9er-Lift nach oben (1. Bewegung → 45. Stockwerk), umsteigen auf den 5er-Lift (2. Bewegung), nächster Halt aufwärts (3. Bewegung → 50. Stockwerk).

Die Lernenden diskutieren dabei Fragen wie:
- Welche Lifte halten im 12. Stockwerk?
- In welchen Stockwerken halten 4 Lifte? Gibt es ein Stockwerk, in dem 5 Lifte halten?
- Mit wie vielen Bewegungen kann jemand vom 12. Stockwerk (6er-Lift) in das 81. Stockwerk (9er-Lift) gelangen?
- Wo steigt man vom 4er- auf den 6er-Lift um?

3 Multiplizieren und Dividieren

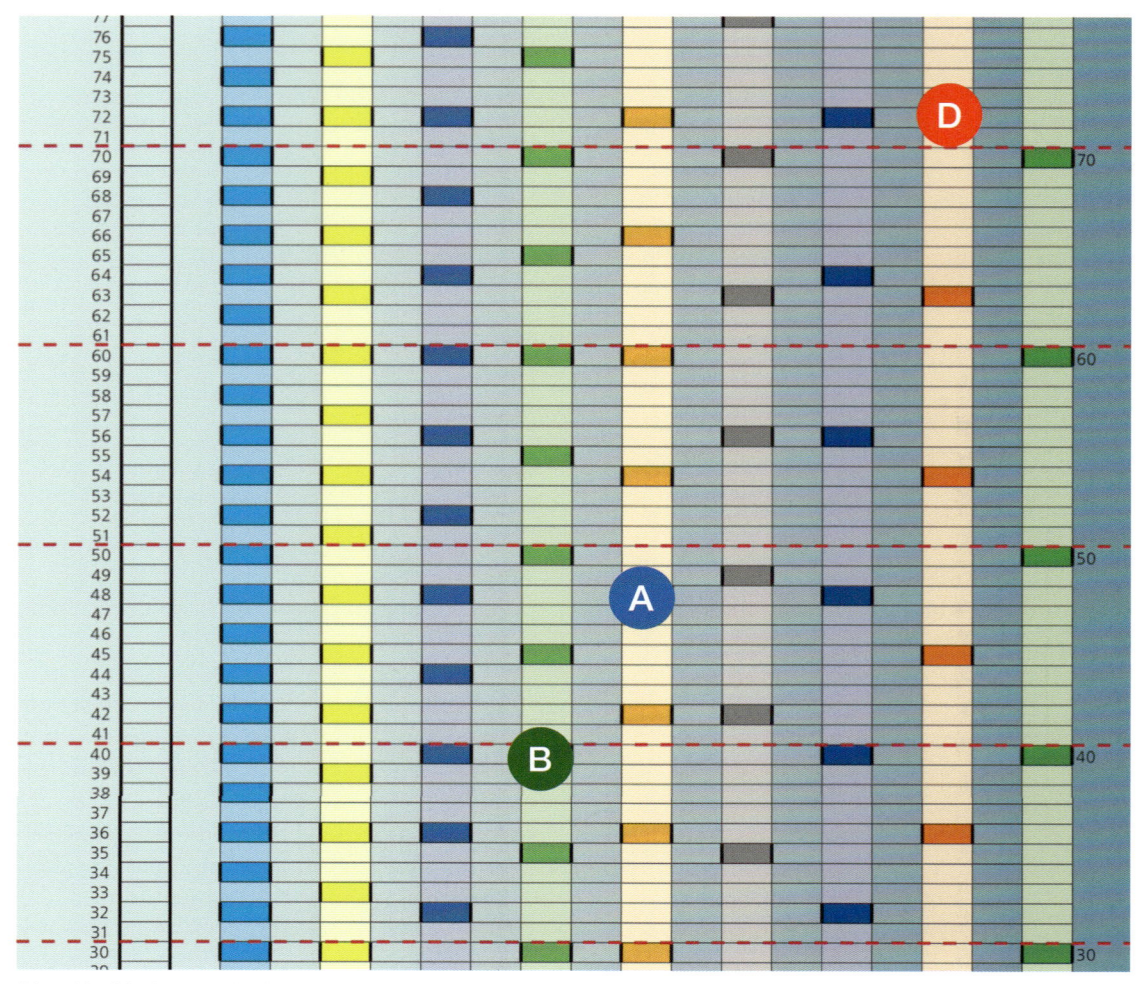

Abb. 1: Mögliche Ausgangssituation der Detektive A und B und des Diebes D

- Wie kommt man schnell vom 49. Stockwerk (7er-Lift) zum 27. Stockwerk (3er-Lift)?
- Kann man mit nur 1-mal Umsteigen vom 64. Stockwerk (8er-Lift) zum 35. Stockwerk gelangen?
- Kann man 5 verschiedene Lifte benutzen und im 24. Stockwerk ankommen, ohne einmal nach unten gefahren zu sein?

Beim eigentlichen Spiel setzen die beiden Detektive A und B ihre Spielfiguren auf einen Lift (Spalte) und ein Stockwerk (Zeile) als Ausgangspunkt. Ihnen stehen alle Halte aller Lifte *bis zum* 50. Stockwerk zur Verfügung (in Abb. 1: Detektiv A auf 48 = 8 · 6, Detektiv B auf 40 = 8 · 5).

Nun löst der Dieb D den Alarm aus: Dazu wählt er einen Halt *oberhalb* des 60. Stockwerks und setzt seine Spielfigur. Selbstverständlich wählt er ein Stockwerk aus, das aus seiner Sicht schwer von den Detektiven zu erreichen ist (in Abb. 1: D auf 72 = 8 · 9). Nach dem Setzen der Spielfiguren beginnen die Detektive mit der Verfolgung des Diebes.

Die Detektive können den Dieb im Megastore fangen, wenn ein Detektiv mit dem Dieb auf dem gleichen Stockwerk *und* dem gleichen Lift zu-

3.5 Der Dieb im Megastore

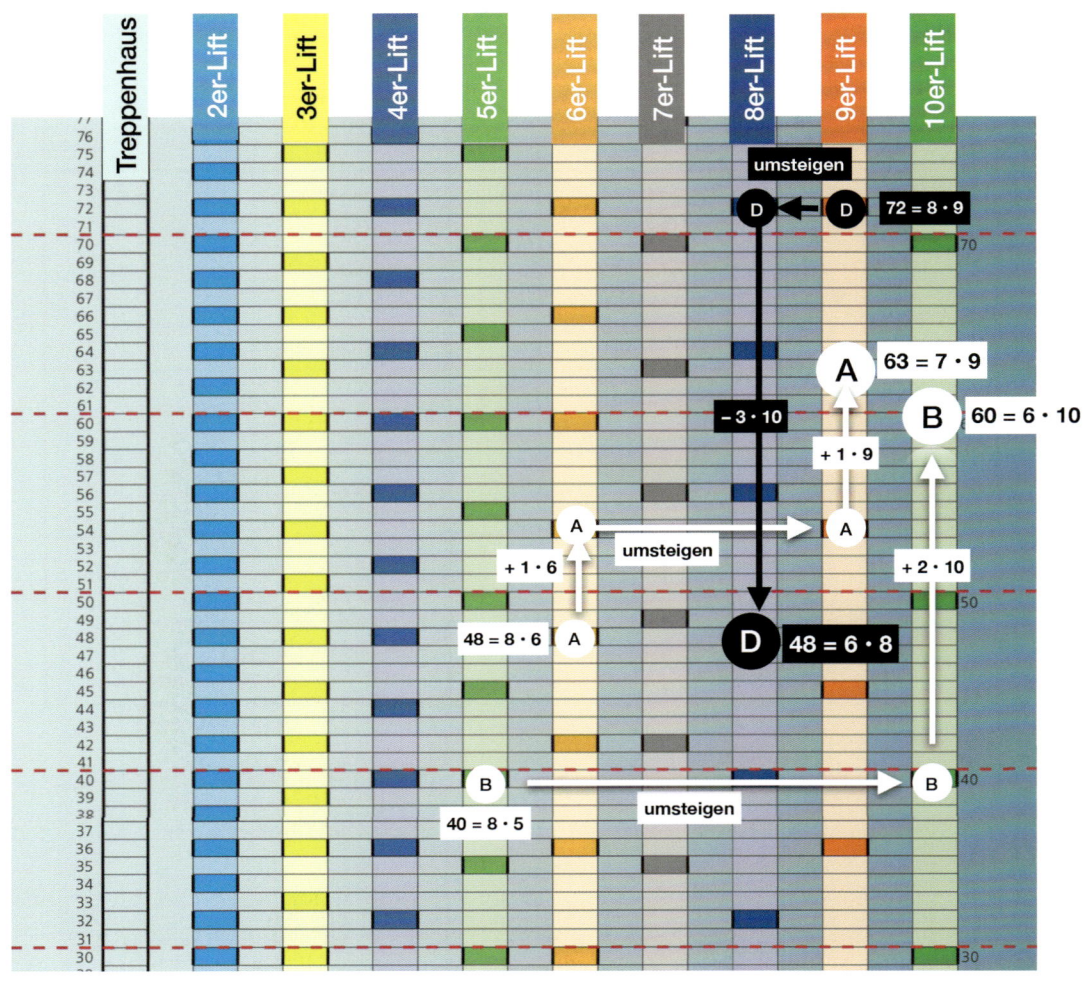

Abb. 2: Ein beispielhaftes Spielszenario, auf dem Zahlenhochhaus dargestellt. Im entsprechenden Protokoll (Abb. 3) ist der Spielverlauf ersichtlich. Dabei bedeutet 7 · 9, dass der 9-er Lift das 7. Mal hält. Die Sprechweise „7 · 9 Stockwerke" impliziert, dass sich die Person im 9er-Lift befindet.

sammentrifft. Den Detektiven stehen je Spielrunde immer je 3 Bewegungen zur Verfügung, der Dieb würfelt jeweils die Anzahl erlaubter Bewegungen, wobei bei der Augenzahl 1 und 2 der Wurf wiederholt werden darf. Jedes Umsteigen von Lift zu Lift gilt als eine Bewegung, ebenso jeder Halt mit einem Lift.

Das Spiel wirkt für viele Lernende anfänglich komplex. Folgende Punkte sollten daher beachtet werden.

- In einer vorgängigen Lektion bearbeiten die Lernenden Fragen zum Zahlenhochhaus (z. B. Lernumgebung 3.1: *Hotel Zahlenhochhaus*).

- Um zu verstehen, wie man sich auf dem Spielplan bewegt, wann 3 oder 4 Bewegungen „aufgebraucht" sind und wo man umsteigen kann, wird das Spiel vorerst ohne Protokollieren angespielt. Ebenso wird in dieser Klärungsphase diskutiert, wie einzelne Stellungen protokolliert werden (z. B. bedeutet 72 = 8 · 9, dass man auf dem 72. Stockwerk mit dem 9er-Lift auf dem 8. Halt steht.

- Das Protokollieren der einzelnen Runden kann eingeführt werden, indem die Lerngruppen ein bereits bestehendes Protokoll nachspielen. Vor jeder nachgespielten Runde geben die Ler-

3 Multiplizieren und Dividieren

	Detektiv A immer 3 Bewegungen			→ ⬆ ⬇	Detektiv B immer 3 Bewegungen			→ ⬆ ⬇	Dieb/Diebin D Anzahl Bewegungen würfeln			→ ⬆ ⬇	Würfel
	Stockwerk	**Halte**	**Lift**		**Stockwerk**	**Halte**	**Lift**		**Stockwerk**	**Halte**	**Lift**		
Start	48	8	6		40	8	5		72	8	9		
1.Runde	54	9	6	⬆+1	40	4	10	→	72	9	8	→	
	54	6	9	→ 6er	60	6	10	⬆+2	48	6	8	⬇-3	
	63	7	9	⬆+1									:: ::
2.Runde	36	4	9	⬇-3	40	4	10	⬇-2					
					40	5	8	→					
3.Runde													

Abb. 3: Protokoll des Spielszenarios aus Abb. 2

nenden Tipps ab, ob der Dieb wohl entwischen wird oder nicht.

Ein mögliches Spielszenario

Ein Beispiel ist in Abb. 2 zu sehen: Detektivin A (Start auf dem 48. Stockwerk) nutzt die von ihr gewürfelten 3 Bewegungen wie folgt: Sie fährt mit dem 6er-Lift einen Halt in das 54. Stockwerk (+ 1 · 6), steigt dann in den 9er-Lift um und fährt damit einen Halt in das 63. Stockwerk. Detektiv B (Start 40. Stockwerk) steigt seinerseits auf den 10er-Lift um und fährt 2 Halte nach oben. Damit ist der Dieb gezwungen, den Lift zu wechseln, da er ja sonst im 63. Stockwerk auf Detektivin A treffen würde.

Jetzt ist der Dieb D an der Reihe. Er versucht, nach unten zu gelangen, ohne den Detektiven zu begegnen. Er würfelt 4 und darf daher 4 Bewegungen ausführen. Er steigt auf den 8er-Lift um und fährt 3 Halte nach unten.

Die Detektive und der Dieb protokollieren jeweils selbstständig, jedoch auf das gleiche Blatt.

In Abb. 3 ist das Protokoll der ersten Spielrunden abgebildet.

In der 2. Runde versuchen A und B, den Dieb auf seinem neuen Standort (48. Stockwerk im 8er-Lift) zu fangen. A fährt vom 63. Stockwerk aus 3 Halte nach unten und kommt auf dem 36. Stockwerk zu stehen. Von dort kann sie im nächsten Zug auf einige andere Lifte umsteigen. B steht besser: Er kann in seinem nächsten Zug 2 Halte nach unten fahren und auf den 8er-Lift umsteigen. Somit wird dem Dieb der Fluchtweg mit dem 8er-Lift versperrt. Dann ist wieder der Dieb an der Reihe.

Es wird gespielt, bis der Dieb auf dem Erdgeschoss (0. Stockwerk) angekommen ist und somit durch die Eingangstür entkommen kann oder bis A oder B ihn auf einem Stockwerk im Lift stellen, in dem er sich gerade aufhält.

Im nächsten Spiel werden dann die Rollen getauscht. Dieb wird nun, wer den Dieb im vorigen Spiel gefangen hat oder ihm bei Spielschluss am nächsten war.

3.5 Der Dieb im Megastore

	Detektiv A immer 3 Bewegungen			→ ⬆ ⬇	Detektiv B immer 3 Bewegungen			→ ⬆ ⬇	Dieb/Diebin D Anzahl Bewegungen würfeln			→ ⬇ ⬆	Würfel
	Stockwerk	Halte	Lift		Stockwerk	Halte	Lift		Stockwerk	Halte	Lift		
Start													
1.Runde													
2.Runde													
3.Runde													

Abb. 4: Kopiervorlage Spielprotokoll **(M 3.5)**

Anpassen

Zugang erleichtern

- Es ist im Prinzip möglich, das Spiel weitgehend ohne eigenes Rechnen zu spielen, also lediglich aufgrund der Anzahl erlaubter Bewegungen auf den Liften hoch- und hinunterzufahren und umzusteigen. Für viele Lernende wäre das Spiel so sicher einfacher. Es verliert damit jedoch viel mathematische Substanz. Es ist allerdings sinnvoll, zuerst einige Situationen zu stellen und einige Spielrunden zu spielen und das Protokollieren erst danach einzuführen.
- Falls Lernende mit der Anzahl Lifte und den vielen Stockwerken überfordert sind, lässt sich das Hochhaus (z.B. durch Abdecken) einschränken, sodass etwa nur die ersten 6 Lifte oder die ersten 50 Stockwerke im Spiel verwendet werden. Das Spiel verliert dadurch jedoch viel von seinem Reiz.

Auswerten – Reflexion

- Die Lernenden suchen zu 2 Standorten der Detektive (z.B. 36 = 4 · 9 und 20 = 5 · 4) Stockwerke, die für die Detektive schwer erreichbar sind. Sie beschreiben, mit welcher Strategie der Dieb es schaffen kann, das Erdgeschoss zu erreichen.
- Die Lernenden diskutieren ein Protokoll. Dazu spielen sie zuerst die Spielzüge nach. In der Diskussion suchen sie dann insbesondere nach Verbesserungsmöglichkeiten von Spielzügen des Diebes und/oder der Detektive. Sie begründen die Verbesserungsmöglichkeiten. In der Erprobung hat sich das Nachspielen eines Protokolls als ebenso hohe Hürde herausgestellt wie das eigenständige Führen eines Protokolls.

3.6 Zahlen aus der 3er-Reihe

Kooperative oder kompetitive Lernumgebung für Gruppen mit 3–4 Lernenden

Fokus:	kleines Einmaleins, Rechenterm, Grundoperationen, Multiplikation
Ziel:	Zahlenterme zu Ergebnissen der 3er-Reihe bilden
Stufe:	3.–7. Schuljahr
Zeitbedarf:	1–3 Minuten
Material:	je Lerngruppe:
	• Spielplan *Zahlen aus der 3er-Reihe* (**M 3.6**)
	• 2–4 gleichfarbige Spielfiguren je Spielerin/Spieler
	• 1 Set Ziffernkarten je Lerngruppe
	• kleine Zettel oder Post-Its, um die Rechenterme zu notieren

Die Reihen des kleinen Einmaleins werden vor allem im 3.–4. Schuljahr geübt. Für Band 2 wurde keine entsprechende Aufgabe entwickelt.

Zum Inhalt

Voraussetzungen:	Addition, Subtraktion und Einmaleins. Einfache Zahlenterme aufschreiben und Ergebnisse berechnen. Es ist günstig, wenn die Lernenden dividieren können, dies ist jedoch nicht zwingend.
Automatisierung:	Grundoperationen, kleines Einmaleins

Die Lernenden bilden mit 3 Ziffern Zahlenterme und versuchen so, eines oder mehrere der vorgegebenen Ergebnisse aus der 3er-Reihe {3, 6, 9, 12, …, 60} zu erreichen. Dabei automatisieren bzw. wiederholen sie das kleine Einmaleins sowie die Grundrechenarten. Beispiel: $3 = 6 - 5 + 2$; $9 = 6 - 2 + 5$; $15 = 5 \cdot 6 : 2$; $21 = 26 - 5$; $30 = (5 - 2) \cdot 6$.

Es wird ein Spielfeld *Zahlen aus der 3er-Reihe* als Kopiervorlage bereitgestellt, das zu jeder 3er-Zahl 2 Felder für mögliche Rechnungen zur Verfügung stellt. Man kann bei Bedarf auf 3 oder 4 Ergebnisfelder je Zahl ergänzen.

Unterrichtsverlauf

Um den Spielcharakter zu verstehen, zieht eine Schülerin/ein Schüler 3 Ziffernkarten. Alle Lernenden der Klasse bilden mit den gezogenen Zahlen mindestens 5 verschiedene Rechnungen und berechnen die Ergebnisse. Die Ergebnisse werden bei Bedarf mit dem Taschenrechner (Punkt vor Strich!) kontrolliert. Die Lernenden können nach 5–10 Minuten ihre Rechnungen zur Kontrolle austauschen. Das Bilden möglichst vieler verschiedener Rechnungen zu 3 gegebenen Ziffern wird anschließend in einem Klassengespräch anhand eines zweiten gemeinsamen Beispiels diskutiert.

> ℹ️
> Nicht allen Lernenden sind die Punkt-vor-Strich- und die Klammerregeln bekannt. Die Thematik kann angesprochen werden, mit den Resultaten wird aber großzügig umgegangen: Wird ein Ergebnis von der Gruppe akzeptiert, gilt es als korrekt. Zum Beispiel: $(7 - 4) \cdot 2 = 6$, aber $7 - 4 \cdot 2 \neq 6$; siehe auch *Auswerten – Reflexion*.

Nun werden Lerngruppen zu 3–4 Lernenden gebildet. Die Lernenden sind ausgerüstet mit kleinen Post-Its und 2 Spielsteinen der gleichen Farbe.

3.6 Zahlen aus der 3er-Reihe

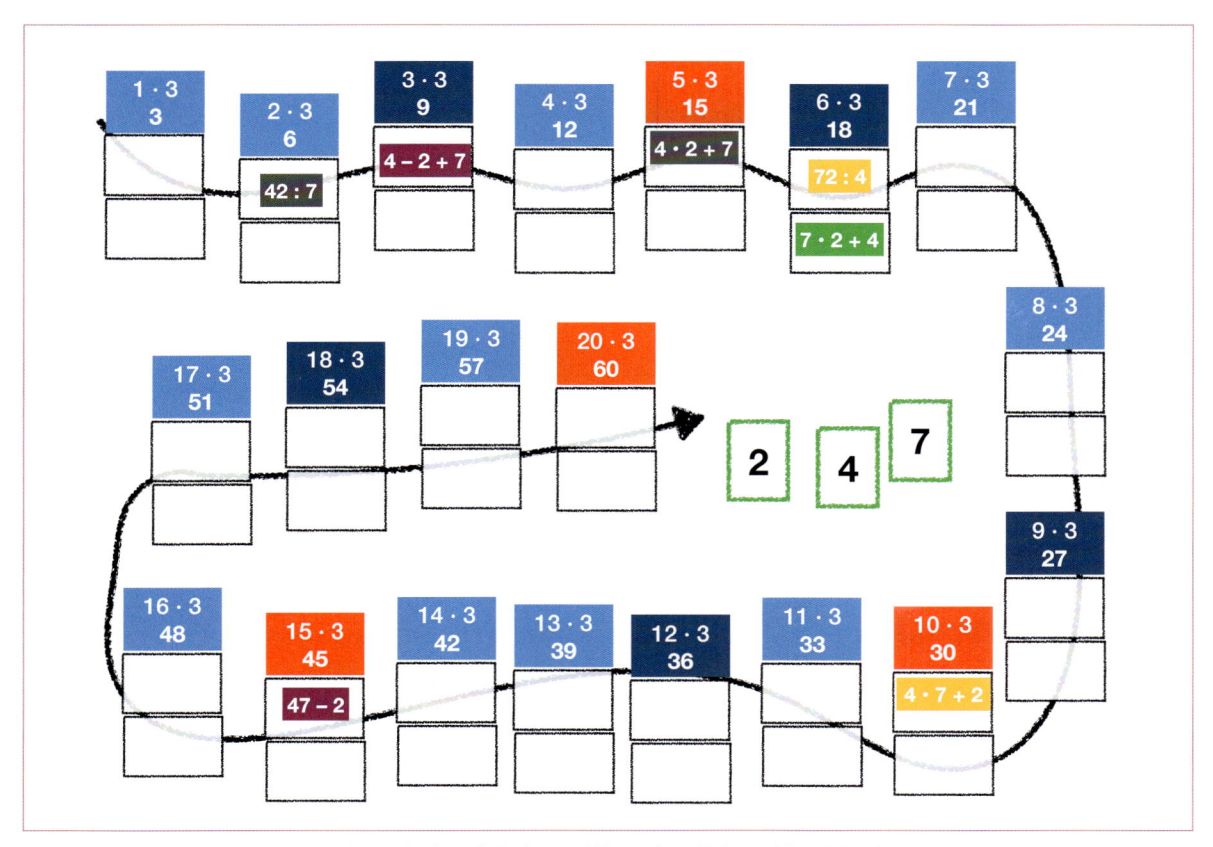

Abb. 1: Im abgebildeten Beispiel spielen 4 Lernende: Grün, Gelb, Grau und Violett. Grau, Violett und Gelb haben je zwei Ergebnisse zu den Ziffernkarten 2, 4 und 7 gefunden, Grün hat ein Ergebnis gefunden. Ins Feld „6 · 3 = 18" wurden zwei Rechnungen eingetragen. Weitere Rechnungen mit Ergebnis 18 sind nun nicht mehr zugelassen.

Je Spielrunde werden dann die Ziffernkarten 1, 2, 3, …, 9 gemischt, danach werden die obersten 3 Ziffernkarten abgehoben. Mit diesen 3 Ziffern bilden die Lernenden der Lerngruppe nun Rechenterme. Gesucht sind Ergebnisse aus der 3er-Reihe, die in den Feldern des Spielfeldes vorgegeben sind (Abb. 1).

> Die Ergebnisse können auch aus einer anderen Zahlenreihe gewählt werden – die Aufgabe wird dadurch jedoch schwieriger.

Wenn jemand eine passende Rechnung gefunden hat, wird sie für die anderen nicht sichtbar notiert. Die Finderin/der Finder stellt nun eine ihrer/seiner Spielfiguren auf das noch freie Schreibfeld. Sind alle Schreibfelder zu einer Zahl (in Abb. 1 zu „18") schon besetzt, müssen andere Ergebnisse gesucht werden. Wenn 2 Lernende ihre beiden Spielfiguren gesetzt haben, ist die Spielrunde fertig, spätestens jedoch nach 3–4 Minuten. Nun ersetzen die Lernenden ihre Spielfiguren in den Schreibfeldern durch die Zahlenterme. Die anderen Lernenden der Gruppe kontrollieren die Ergebnisse.

Kooperative Variante

In der Lerngruppe werden gemeinsam in 6 Spielrunden möglichst viele (idealerweise alle) Schreibfelder beschriftet. In dieser Spielvariante sind die Spielrunden zeitlich unbegrenzt und die Rechnungen werden nicht geheim gehalten.

3 Multiplizieren und Dividieren

Abb. 2: Die Lehrperson aus der Erprobung im Kanton Bern (Allmendingen) hat ein interessantes Setting gewählt. Die Lernenden haben zu den gezogenen Ziffern (hier: 1, 3 und 6) Ergebnisse gesucht, diese auf Zettel notiert und beim Zollstock an die entsprechende Stelle geheftet. Damit zu einem Ergebnis höchstens zwei Rechnungen bestimmt werden, markieren die Lernenden ihre Rechnungen mit durchsichtigen Plättchen auf dem Spielplan. Der Gruppe ist es bereits gelungen, zu 8 verschiedenen Ergebnissen Rechnungen zu finden, meist in doppelter Ausführung.

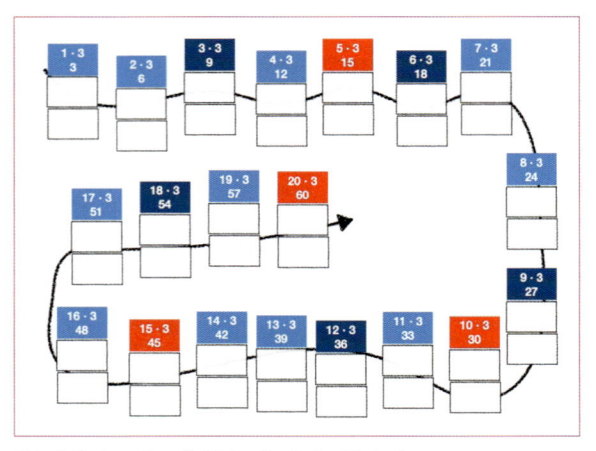

Abb. 3: Kopiervorlage Spielplan *3er-Reihe* **(M 3.6)**

B

Beispiel mit den Ziffern 2, 3 und 4:

$4 - 3 + 2$	$= 3$		$2 \cdot 4 \cdot 3$	$= 24$
$3 \cdot 4 : 2$	$= 6$		$24 + 3$	$= 27$
$2 + 3 + 4$	$= 9$		geht nicht	30
geht nicht	12		geht nicht	33
geht nicht	15		$32 + 4$	$= 36$
$(2 + 4) \cdot 3$	$= 18$		$42 - 3$	$= 39$
$24 - 3$	$= 21$		geht nicht	42
			$42 + 3$	$= 45$

Kompetitive Variante

Es gewinnt, wer in 6 Spielrunden am meisten Ergebnisse mit korrekten Rechnungen erreicht.

Anpassen

Zugang erleichtern
- Alle Ergebnisse von 1 bis 60 zulassen.

Ansprüche erhöhen
- Alle Mitspielenden erhalten 3 oder 4 Spielfiguren einer Farbe und suchen daher je Spielrunde bis zu 3 bzw. 4 Zahlenterme mit 3 Ziffernkarten.
- Mit einer anderen Reihe des kleinen Einmaleins spielen.
- Je Spielrunde 4 Ziffern ziehen – damit sind jedoch viel mehr Ergebnisse möglich. In diesem Fall lohnt es sich, das Spiel mit einer anderen Reihe – etwa der 6er-, 7er- oder 8er-Reihe – zu spielen.

Auswerten – Reflexion

Eine Ziffernkombination suchen, mit der 8 oder mehr verschiedene Ergebnisse der 3er-Reihe erzielt werden können.

Bei der Bildung der Rechenterme können die Punkt-vor-Strich-Regel sowie die Klammerregeln thematisiert werden.

3.7 Rechtecke im Quadrat

Kooperative oder kompetitive Lernumgebung für Gruppen mit 2–4 Lernenden

Fokus:	Rechteck, Flächeninhalt, Multiplikation, Einmaleins, Faktorzerlegung, Problemlösen, Prozente (Ansprüche erhöhen)
Ziel:	Rechtecke mit gegebenem Flächeninhalt in ein großes Quadrat einzeichnen
Stufe:	3.–8. Schuljahr
Zeitbedarf:	1–2 Schulstunden
Material:	je Lerngruppe: • Quadrat mit 25 × 25 Kästchen **(M 3.7)**, die Liste mit den zur Verfügung stehenden Flächeninhalten ist auf der Kopiervorlage enthalten • Farbstifte

Die Aufgabe wurde für Band 2 (Lernumgebung 3.5: *Rechtecke im Quadrat*) adaptiert. Dort wird mit Prozenten gerechnet.

Zum Inhalt

Voraussetzungen:	Auszählen bzw. Bestimmen der Flächeninhalte von Rechtecken; kleines Einmaleins
Automatisierung:	Zahlen in Faktoren zerlegen

Die Lernenden zerlegen Zahlen in 2 Faktoren und zeichnen Rechtecke mit entsprechenden Seitenlängen und Flächeninhalten in die Kopiervorlage – ein Quadrat von 25 × 25 Kästchen. Alle eingezeichneten Rechtecke sind mindestens 2 Kästchen hoch und breit. Wer versucht, die Rechtecke möglichst geschickt anzuordnen, wird sich nicht mit der erstbesten Zerlegung zufriedengeben, sondern gezielt nach Seitenlängen suchen, die ein Rechteck mit dem gewünschten Flächeninhalt ergeben.

Unterrichtsverlauf

Zur Vorbereitung wird an der Wandtafel ein Quadrat mit 25 Kästchen Seitenlänge eingezeichnet – es kann jedoch auch eine kleinere rechteckige Fläche sein. Ebenso werden die zur Verfügung stehenden Flächeninhalte (12, 16, 18, …, 72) der Rechtecke vorbereitend an der Wandtafel notiert. Gruppen zu 3 oder 4 Lernenden markieren gemeinsam einen Flächeninhalt aus der Liste. Die entsprechenden 4–8 Rechtecke werden nun im Klassenverband in die vorbereitete Fläche eingefügt. Das erste Rechteck wird in eine Ecke gezeichnet, das zweite an einer der beiden Seiten anschließend. Günstig ist es, wenn aneinandergrenzende Rechtecke einen gemeinsamen Teiler haben, damit „Streifen" gebildet werden können (siehe Abb. 1, rechts). Bereits beim dritten und vierten Rechteck stellt sich die Frage, wie das neue Rechteck möglichst platzsparend bzw. „nahtlos" eingefügt werden kann. Dazu werden verschiedene Zerlegungen und Positionen diskutiert.

Kooperative Variante

Es geht nun darum, viele verschiedene Rechtecke ins große Quadrat einzuzeichnen und dabei möglichst alle Zahlen der Liste zu berücksichtigen (Kopiervorlage: Abb. 5). Wenn zu jedem Flächeninhalt ein Rechteck gefunden wird, bleiben 14 Kästchen leer.

Die Kopiervorlage enthält ein Blankoquadrat, das die Lernenden in 2er-Gruppen bearbei-

3 Multiplizieren und Dividieren

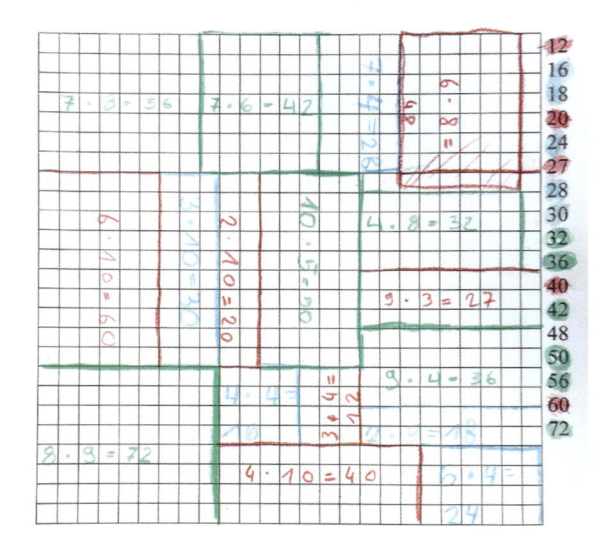

Abb. 1: Dokumente aus der Erprobung aus dem Gsiesertal, Südtirol (4. Schuljahr, Partnerarbeit). Es ist zwei Lerngruppen gelungen, alle Produkte ins große Quadrat einzupassen. Die letzten verbleibenden Produkte wurden dabei verschiedentlich verschoben und neu angeordnet. Im Beispiel rechts wurden die ersten 3 Zahlen oben links (56, 42 und 28) so gewählt, dass ein langer 7er-Streifen gezeichnet werden konnte.

ten. Die beiden Lernenden versuchen gemeinsam, möglichst viele Rechtecke in das Quadrat einzuzeichnen. Bei der kooperativen wie bei der kompetitiven Variante werden die Bilder übersichtlich, wenn für die einzelnen Rechtecke verschiedene Farben verwendet werden.

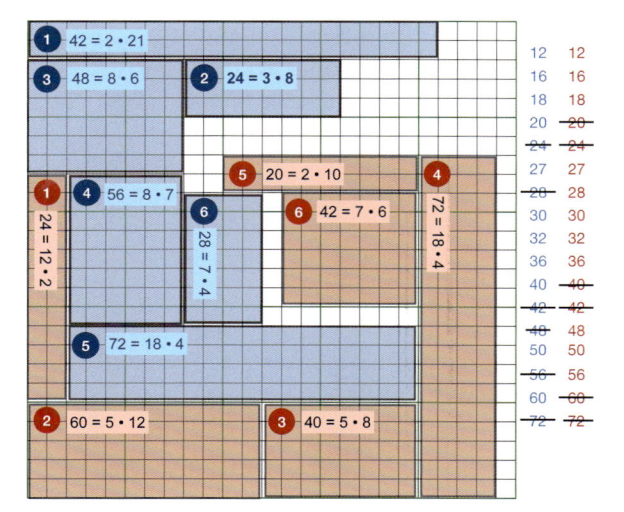

Abb. 2: Möglicher Endstand bei einem kompetitiven Spielverlauf: Rot hat gegen Blau gespielt, Rot gewinnt.

Kompetitive Variante

Blau und Rot (und bei Bedarf auch Grün und Gelb) zeichnen abwechselnd Rechtecke in das Spielfeld von 25 × 25 Kästchen. Sie wählen dazu jeweils eine der vorgegebenen Zahlen des kleinen Einmaleins und markieren mit ihrer Farbe ein Rechteck der entsprechenden Größe auf dem Spielfeld. Dafür gibt es natürlich verschiedene Möglichkeiten. So kann etwa ein Rechteck mit 24 Kästchen auf 6 verschiedene Arten (2 · 12; 3 · 8; 4 · 6; 6 · 4; 8 · 3 oder 12 · 2) eingezeichnet werden.

Das erste Rechteck mit einem aus der Liste frei wählbaren Flächeninhalt zeichnen sowohl Blau als auch Rot an einen beliebigen Ort. Jedes neue Rechteck schließt dann aber direkt an das zuletzt gezeichnete Rechteck der eigenen Farbe an. In Abb. 2 gelingt dies Blau nach dem 6. Zug nicht mehr, da Blau nur noch ein 4·2-Rechteck nach oben zeichnen könnte. Rechtecke mit Flächeninhalt 8 stehen jedoch nicht zur Verfügung. Blau verliert das Spiel.

Die Aufgabe besteht also darin, eine zusammenhängende Figur mit Rechtecken zu zeichnen, ohne bereits bestehende Rechtecke zu kreuzen. Wer das letzte Rechteck zeichnet, gewinnt.

3.7 Rechtecke im Quadrat

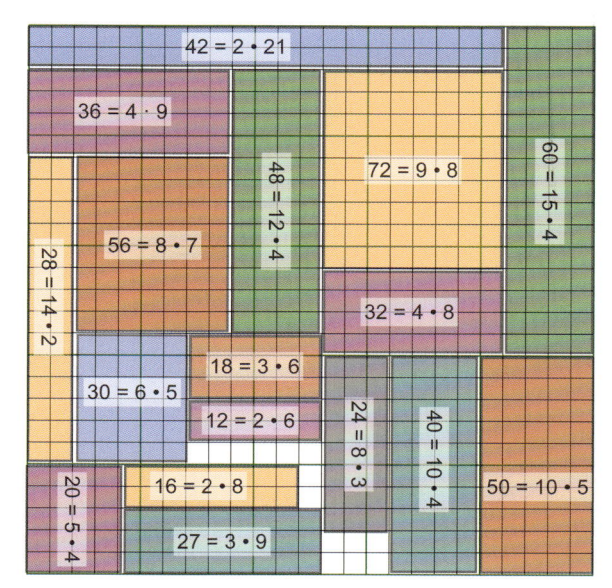

Abb. 3: eine Möglichkeit, sämtliche Produkte ins Raster von 25 × 25 Kästchen einzufügen

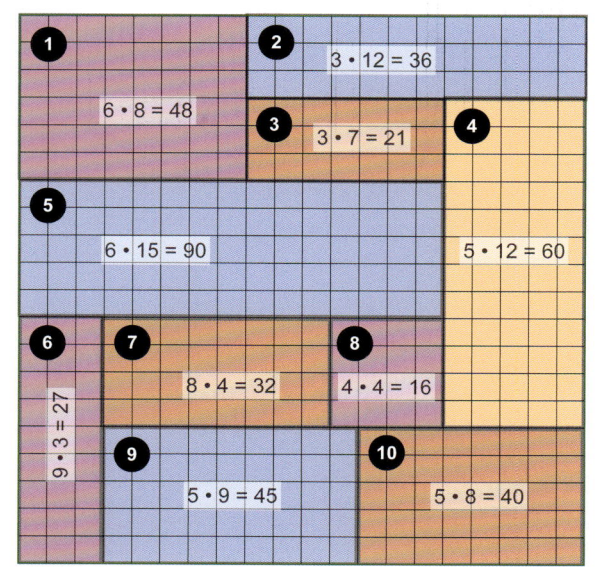

Abb. 4: eine Möglichkeit, 10 verschiedene (frei zu wählende) Produkte in ein Feld von 20 × 20 Kästchen einzufügen

Anpassen

Zugang erleichtern
- Weniger und eventuell auch einfachere Zahlen für die Rechtecksflächen vorgeben.
- Mit kleinerem Spielfeld spielen (z. B. 20 × 20 Kästchen).

Ansprüche erhöhen
- Siehe die adaptierte Fassung der Lernumgebung 3.5 in Band 2.
- Für die kompetitive Variante: Blau bestimmt vor jedem Spielzug die Größe des einzufügenden Rechtecks für Rot und umgekehrt. Das Spiel wird dadurch bei geschicktem Spiel von Blau und Rot erschwert und in der Regel abgekürzt.

Auswerten – Reflexion

Die Summe der zur Verfügung stehenden Zahlen bzw. der Flächeninhalte beträgt 611, das Spielfeld ist 625 Kästchen groß. Gelingt es, zu jeder Zahl ein Rechteck ins Kästchen zu zeichnen (Abb. 3 sowie auch Abb. 1, wo die nicht gefärbten Kästchen jedoch weniger gut sichtbar sind)?

Die Lernenden adaptieren die Aufgabe. So kann beispielsweise von 20 × 20 Kästchen ausgegangen werden. Aufgabe ist es, 10 verschiedene Produkte so einzuzeichnen, dass möglichst viele Kästchen gefüllt sind (Abb. 4). Die Zahlen können selbst gewählt werden, sollten jedoch nicht prim sein.

Die Aufgabe kann im Kunstunterricht aufgenommen werden – in diesem Fall wird der rechnerische Aspekt mit Fragen zur Ästhetik erweitert.

3 Multiplizieren und Dividieren

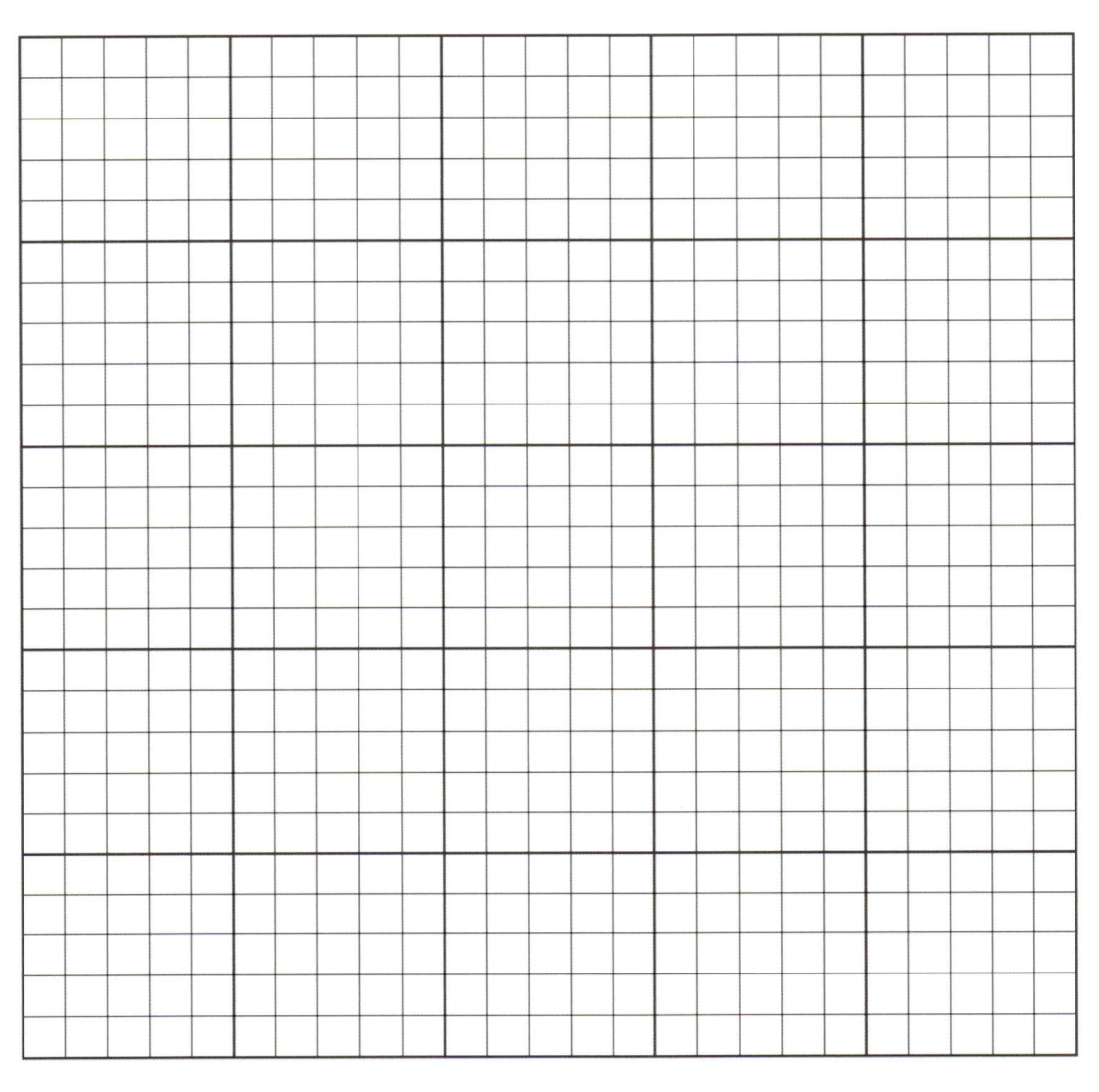

	12
	16
	18
	20
	24
	27
	28
	30
	32
	36
	40
	42
	48
	50
	56
	60
	72

Abb. 5: Kopiervorlage Quadrat mit 25 × 25 Kästchen **(M 3.7)**

126

3.8 Triff die Koordinate

Kooperative oder kompetitive Lernumgebung für Gruppen mit 2 Lernenden

Fokus:	Koordinaten, Einmaleins, Multiplikation, Problemlösen
Ziel:	in allen 16 Quadraten einen Koordinatenpunkt einzeichnen
Stufe:	3.–8. Schuljahr
Zeitbedarf:	1–2 Schulstunden
Material:	je Lerngruppe: • 12er-Würfel oder Zahlenkarten • 1 Spielplan mit 16 Feldern **(M 3.8)**

Im entsprechenden Spiel in Band 2 (Lernumgebung 1.10: *Triff die Quadrate*) werden gebrochene Koordinatenpunkte im 1 × 1-Koordinatensystem bestimmt.

Zum Inhalt

Voraussetzungen:	Die Zahlenfolgen des kleinen Einmaleins wurden eingeführt.
Automatisierung:	kleines Einmaleins, Koordinatenpunkte einzeichnen

Die vorliegende Lernumgebung dient zur Übung und Festigung des kleinen Einmaleins. In dieser Lernumgebung zeichnen die Schülerinnen und Schüler außerdem Koordinaten in ein Koordinatensystem ein und verfolgen dabei ein Spielziel.

Das Koordinatensystem „beginnt" links unten mit dem Punkt (20/20), der Punkt rechts oben hat die Koordinate (80/80). Dies wurde so festgelegt, weil die Koordinaten in dieser Lernumgebung in Produkte zerlegt werden sollen. Produkte im Zahlenraum von 0 bis 20 sind für die Lernenden jedoch wenig anspruchsvoll. Außerdem sind bei Produkten zwischen 20 und 80 mit Faktoren ≤ 12 beide Faktoren stets größer als 1. So arbeiten die Lernenden hier einmal mit einem Koordinatensystem ohne den Punkt (0/0). Während der Arbeit geht es im Wesentlichen darum, Punkte möglichst gleichmäßig auf dem „Spielfeld" zu verteilen.

Unterrichtsverlauf

Das Eintragen von Punkten in ein Koordinatensystem wird zu Beginn der Aufgabe in der Klasse eingeführt oder wiederholt. Dann werden 2–3 Spielrunden mit der Klasse gemeinsam durchgeführt. Hierzu bestimmen die Lernenden je Spielrunde 5 Zahlen von 2 bis 12. Am günstigsten geht das mit einem 12er-Würfel, wobei man bei 1 nochmals würfelt. Anstatt zu würfeln, kann auch mit Zahlenkarten (2, 3, 4, …, 12) gespielt werden.

Die Lernenden bilden mit den 5 Zahlen 2 Produkte. Eines der Produkte besteht aus 2 Faktoren, das andere aus 2 oder 3 Faktoren. Falls 2 Produkte mit je 2 Faktoren gebildet werden, bleibt eine der 5 Zahlen ungenutzt.

Die Faktoren werden so gewählt, dass die Produkte jeweils größer als 20 und kleiner als 80 sind. In einer Spielrunde wurden beispielsweise die Zahlen 2, 4, 5, 6 und 9 gewürfelt. Daraus haben Alf und Boris die Produkte 2 · 4 · 6 = 48 und 9 · 5 = 45 gebildet. Der Punkt (48/45) wird als P10 in das 10. Quadrat des Koordinatensystems eingetragen. Falls ein Punkt auf einer Begrenzungslinie liegt, wird jeweils selbst entschieden, zu welchem der angrenzenden Quadrate er gehören soll. Wichtig ist, dass nicht nur der Punkt am richtigen Ort steht, sondern dass auch die Produkte dazu korrekt notiert werden (siehe Abb. 1).

Nun bestimmen die Lernenden auf diese Art zu 2 oder 3 Zahlfünflingen selbst Produkte zwischen 20 und 80. Wenn das Vorgehen genügend geklärt ist, geht es an die eigentliche Aufgabe.

Kooperative Variante

Das Koordinatensystem ist in 16 Quadrate unterteilt. Im oben erwähnten Beispiel haben wir einen Punkt ins 10. Quadrat gesetzt. Die Lernenden bestimmen nun ein Produktepaar nach dem anderen so, dass die Koordinatenpunkte immer in ein neues Quadrat bzw. in ein Quadrat, in dem noch kein Punkt steht, gesetzt werden können.

Es kann situativ entschieden werden, ob weitergespielt oder aufgehört wird, wenn kein Punkt in ein freies Quadrat gesetzt werden kann. Wir schlagen vor, dass die Aufgabe kooperativ (zu zweit) gelöst wird. Ziel ist es, gemeinsam möglichst alle Quadrate genau einmal zu treffen.

Kompetitive Variante

Das Bestimmen der Produkte und das Eintragen ins Koordinatensystem verlaufen nach den gleichen Regeln wie oben beschrieben. Zwei Spielende oder zwei Spielerpaare bestimmen die Produkte nun jedoch abwechselnd. Es gewinnt, wer

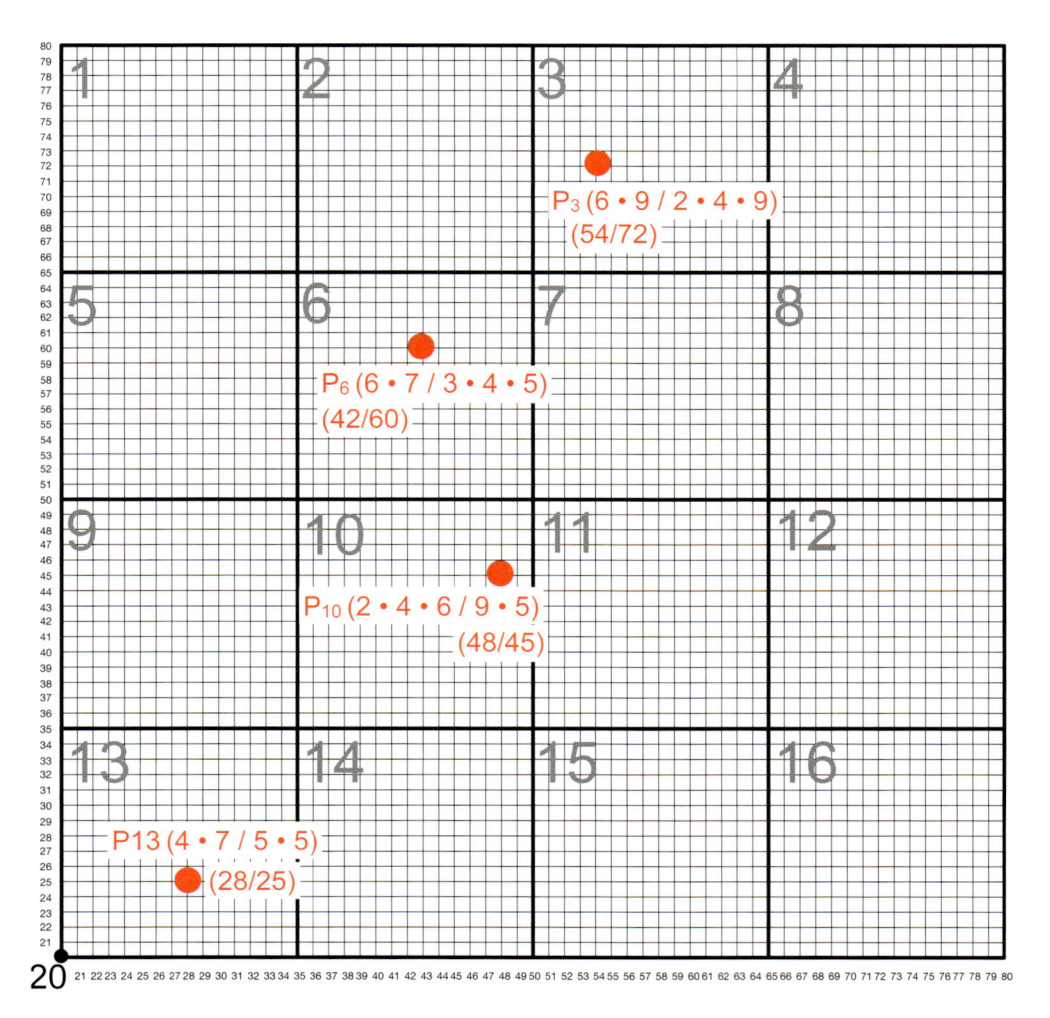

Abb. 1: In den ersten 4 Spielrunden wurden die Quadrate 3, 6, 10 und 13 belegt.
Es sollen nun weitere Quadrate belegt werden, ohne dass 2 Punkte im gleichen Quadrat stehen.

zuletzt in ein noch nicht besetztes Quadrat einen Koordinatenpunkt eintragen kann.

Die kooperative Variante ist sicher niederschwelliger. Wir empfehlen, mit dieser zu beginnen.

Anpassen

Zugang erleichtern

- Mit 4 anstatt 5 Zahlen spielen. Die Produkte liegen zwischen 0 und 60 statt zwischen 20 und 80. In diesem Fall muss das Koordinatensystem entsprechend angepasst werden.

Ansprüche erhöhen

- Mit größeren Zahlen spielen: Zu den gewürfelten oder gezogenen Zahlen wird jeweils 6 dazuaddiert. So entstehen aus den 6 Zahlen 0, 3, 4, 4 und 8 die Zahlen 6, 9, 13, 13 und 14. Das Koordinatensystem wird dazu auf Koordinatenpunkte zwischen (100/100) und (200/200) angepasst – das Spielfeld besteht dann aus 25 Teilquadraten.

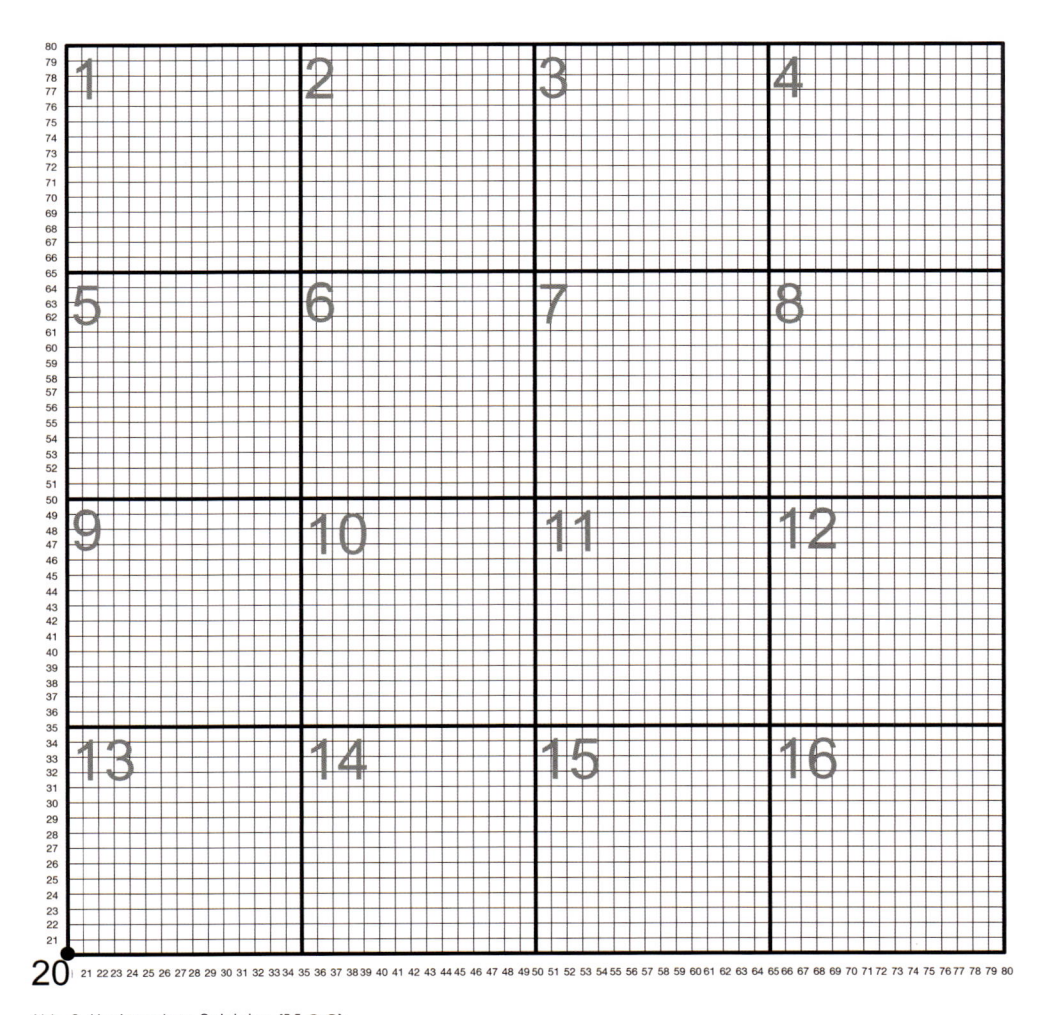

Abb. 2: Kopiervorlage Spielplan **(M 3.8)**

Auswerten – Reflexion

Es werden mindestens 10 verschiedene Punkte gesucht, die – bei entsprechendem Zahlenglück – in ein einziges Quadrat eingetragen werden können. Wir schlagen dazu Quadrat 2 oder 3 vor. Für das Quadrat 2 beträgt die x-Koordinate eines Punktes 35, 36, 40, 42, 45, 48, 49 oder 50. Die y-Koordinate ist wesentlich schwieriger zu erreichen: Sie beträgt 70, 72, 75 ($3 \cdot 5 \cdot 5$) oder 80. Die Lösung von Till ist in Abb. 3 zu sehen.

Aus der Erprobung

In einer jahrgangsgemischten Lerngruppe (4.–6. Schuljahr, Dresden) wurde kooperativ gespielt. Nachfolgend sind einige Spielpläne exemplarisch mit Beschreibungen beigefügt (Abb. 4–6). Bei einigen Lernenden hat es zu Schwierigkeiten geführt, wenn Punkte auf einer Begrenzungslinie eines Quadrates lagen. Oft wurden die Punkte dann knapp in eines der angrenzenden Quadrate verschoben.

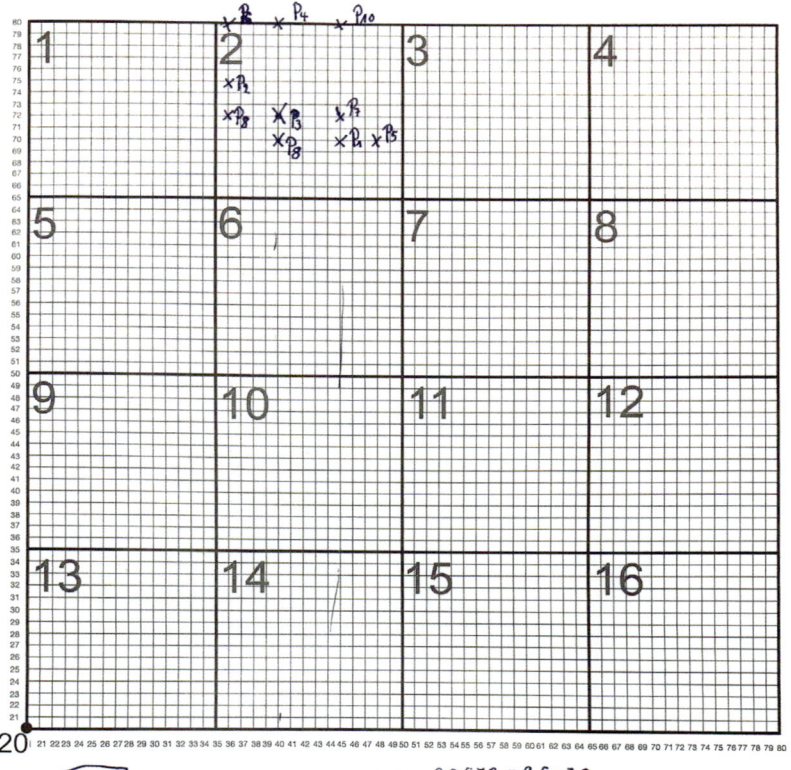

$P_1 (45|70) = 9950\,70 = 9 \cdot 5\,u.\,7 \cdot 0$
$P_2 (36|75) = \text{...}\quad 9 \cdot 4\,v\,055\,3 = 9 \cdot 4\,u.\,5 \cdot 5 \cdot 3$
$P_3 (40|72) = 9840\,1 = 9 \cdot 8\,u.\,4 \cdot 0$
$P_4 (40|80) = 40\,2\,85 = 4 \cdot 0 \cdot 2\,u.\,8 \cdot 5$
$P_5 (48|70) = 4627\,0 = 4 \cdot 6 \cdot 2\,u.\,7 \cdot 0$
$P_6 (36|80) = 9\,2\,802 = 9 \cdot 2 \cdot 2\,u.\,8 \cdot 0$
$P_7 (45|72) = 98\,\text{...} = 9 \cdot 8\,u.\, \text{...}\,9 \cdot 5$
$P_8 (40|70) = 7040\,\dagger = 7 \cdot 0\,u.\,4 \cdot 0$
$P_9 (36|72) = 98941 = 9 \cdot 8\,u.\,9 \cdot 4$
$P_{10} (45|80) = 80951 = 8 \cdot 0\,u.\,9 \cdot 5$

Abb. 3: Till (5. Schuljahr, Dresden) findet 10 mögliche Punkte im 2. Quadrat. Da vorher die kooperative Aufgabe mit Würfeln gespielt wurde, bei der die 0 als 10 gewertet wurde, schrieb der Schüler hier immer wieder „· 0" anstatt „· 10". Dies sollte explizit mit den Lernenden thematisiert werden oder aber die 0 wird überklebt und mit 10 beschriftet, damit es nicht zu Fehlvorstellungen zur Multiplikation mit 0 kommt.

3.8 Triff die Koordinate

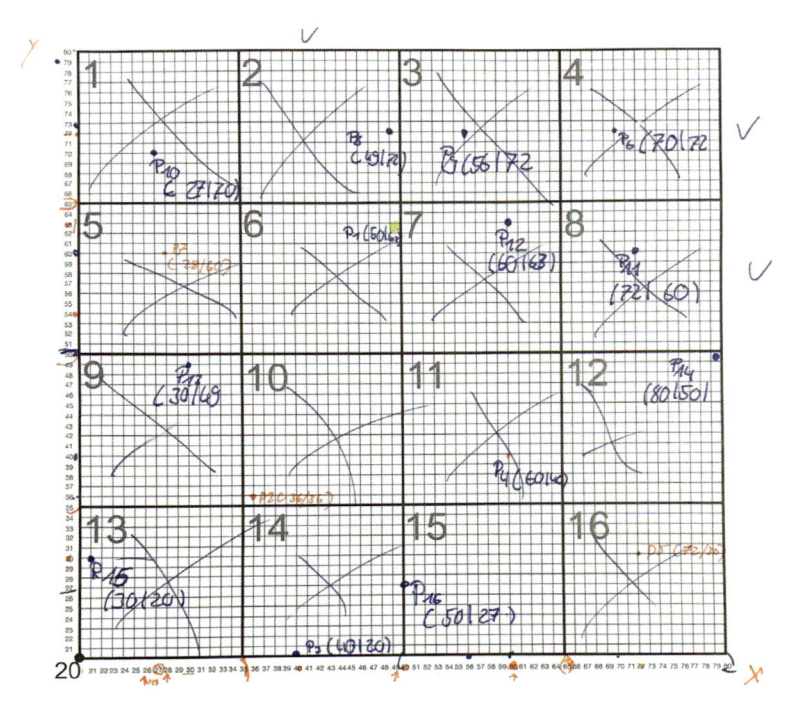

Abb. 4: Daniel und Cedric (4. Schuljahr)

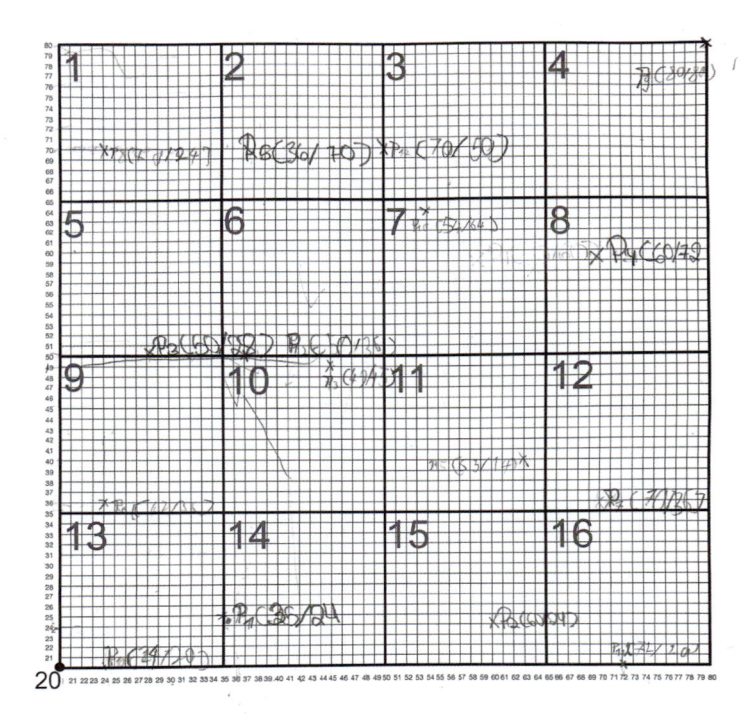

Abb. 5: Paula und Theo (4. Schuljahr)

3 Multiplizieren und Dividieren

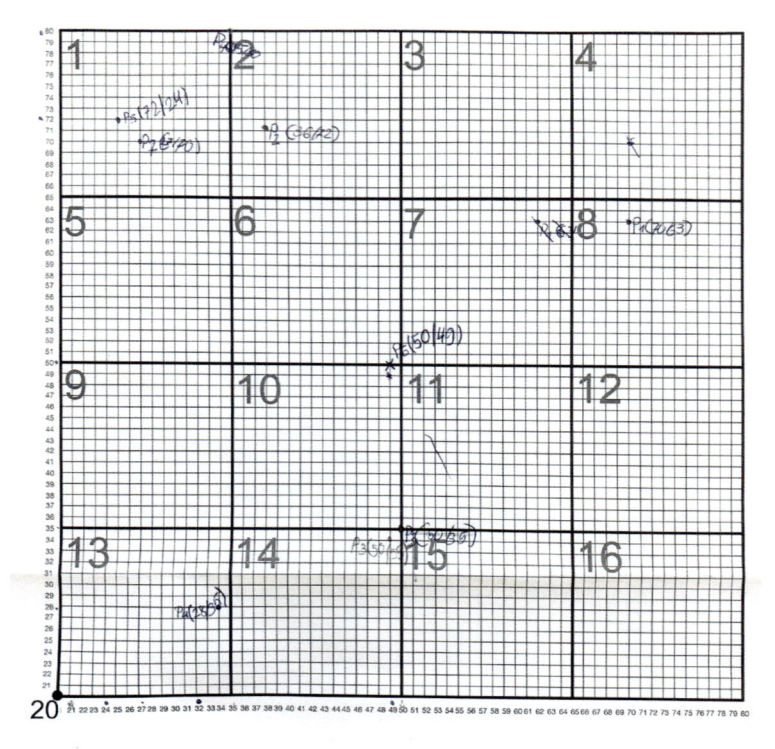

Abb. 6: Diane, Lisa und Daniela (4. Schuljahr)

Daniel und Cedric (beide 4. Schuljahr; Abb. 4) wollten bis zum Ende der Stunde unbedingt alle 16 Quadrate treffen. Dafür mussten sie einige Male neu würfeln, da sie mit den gewürfelten Zahlen kein neues Quadrat treffen konnten. Das gemeinsame Vorgehen ist an den zwei Farben erkennbar. Cedric (blau) hat mehr Punkte im Koordinatensystem eingetragen, Daniel (orange) hat die entsprechenden Produkte notiert. Beide rechneten die ganze Zeit aktiv, um passende Punkte zu finden. Die Arbeit ist fast fehlerfrei – lediglich die Punkte P14 (12. Quadrat) und P15 (13 Quadrat) liegen nicht korrekt auf der Linie.

Paula und Theo (beide 4. Schuljahr; Abb. 5) hatten als erste Gruppe alle 16 Quadrate getroffen. Dazu mussten auch sie einige Male neu würfeln, da sie mit den gewürfelten Zahlen kein neues Quadrat treffen konnten. Bei ihnen schlichen sich ein paar kleine Fehler ein. Sie vertauschten die x- und y-Koordinaten bei P14 (3. Quadrat 3) und P10 (10. Quadrat und vermutlich auch bei P4 (8. Quadrat). P4 ist außerdem ungenau eingezeichnet. Zahlendreher haben zu weiteren Fehlern geführt: P6 (42/36) statt (24/36) im 9. Quadrat und P15 (63/14) statt (63/40) im 11. Quadrat.

Diane, Lisa und Daniela (alle 4. Schuljahr; Abb. 6) verstanden zu Beginn der Gruppenarbeit nicht, wie Koordinaten eingezeichnet werden. Sie berechneten korrekt Produkte aus den gewürfelten Zahlen, jedoch zeichneten sie für jedes Produkt einen Punkt ein, der als x- und y-Koordinate das gewürfelte Produkt hatte, z.B. (70/70) und (49/49). Das Dokument in Abb. 5 kam zustande, nachdem die Lehrperson das Spiel und das Eintragen von Koordinaten nochmals erklärte. Bei einem Punkt wurde die x- und y-Koordinate vertauscht (P4). Auch wenn die drei Mädchen dadurch nicht so viele Koordinatenpunkte einzeichneten, berechneten sie zahlreiche Produkte und lernten das Prinzip des Koordinatensystems kennen.

3.9 Mit 1, 2, 3 und 4

Kooperative Lernumgebung für größere Lerngruppen oder für eine ganze Schulklasse

Fokus:	Grundoperationen, Rechenregeln, Rechenterme
Ziel:	die Zahlen bzw. Ziffern 1, 2, 3 und 4 verknüpfen und so möglichst viele Ergebnisse bilden
Stufe:	3.–10. Schuljahr
Zeitbedarf:	Für den Aufgabenstart: 15 Minuten. In der Folge entsteht eine Art Wandbild. Dieses kann nach 4–5 Sequenzen zu 15 Minuten ausgewertet werden. Die Arbeit an der Aufgabe kann zu einem großen Teil auch freiwillig und zu Hause stattfinden.
Material:	• eventuell Zettel zum Notieren der Terme

In Band 2 (Lernumgebung 3.7: *Mit 4 4ern*) befindet sich eine ähnliche, anspruchsvollere Aufgabe.

Zum Inhalt

Voraussetzungen:	Kenntnis der Grundoperationen
Automatisierung:	Auswerten von Rechentermen

Es geht darum, die 4 Zahlen bzw. Ziffern 1, 2, 3 und 4 durch Operationen zu verknüpfen. Dabei entstehen Rechenterme, auch wenn wir auf dieser Stufe von „Rechnungen" sprechen. Bei jedem Rechenterm wird jede der 4 Ziffern genau einmal verwendet. Falls die Zahlen 1-stellig sind, sind 3 (Grund-)Operationen notwendig, die Ziffern können jedoch auch zu 2- oder sogar 3-stelligen Zahlen verknüpft werden.

Ziel der Aufgabe ist es, mit den vorgegebenen Regeln möglichst viele Ergebnisse zwischen 1 und 50 (1 und 100) zu finden. Tatsächlich gibt es so viele Möglichkeiten, dass es zu den meisten Ergebnissen mehrere Terme gibt. Einzig zu 49 konnte nur ein Term mithilfe von Potenzen gefunden werden.

Die Aufgabe übersteigt im Prinzip den Stoff des 3. und 4. Schuljahres, da die Punkt-vor-Strich- sowie die Klammerregeln noch nicht eingeführt sind. Wir schlagen dennoch vor, die beiden Regeln hier „heimlich" einzuführen.

Unterrichtsverlauf

Die Klasse wird in größere Gruppen von 5–10 Lernenden aufgeteilt. So arbeiten 2–4 Gruppen je Klasse weitgehend unabhängig voneinander. In der Erprobung sind wir die Aufgabe jedoch im Klassenverband angegangen. Die Bearbeitung der Aufgabe benötigt eine große freie Fläche – an einer Wand (Plakate oder viele A4- oder A5-Blätter) oder an der Wandtafel.

Die Lehrperson hat auf Zetteln oder an der Tafel die zu erzielenden Ergebnisse von 1 bis 50 so vorbereitet, dass zu jedem Ergebnis genügend Platz für 3 entsprechende Terme ist. Nun notiert die Lehrperson 3 oder 4 Terme an die Wandtafel und fordert die Lernenden auf, ihren Wert zu bestimmen (Abb. 1).

Nach einiger Zeit werden die Terme ausgewertet, wobei sich die Lernenden bei dem einen oder anderen Term vermutlich nicht auf ein Ergebnis einigen. Die Ergebnisvorschläge werden gesammelt, die Rechenregeln im Anschluss erläutert und die Ergebnisse geklärt. Nun werden die Terme auf ein Blatt Papier notiert und die einzelnen Blätter den vorbereiteten Ergebnissen zugeordnet (Abb. 2). In der Erprobung haben nach dieser Einführung alle Lernenden eine weitere Rechnung notiert und dem entsprechenden Ergebnis zugeordnet. Wer fertig war, hat kontrolliert, dass

3 Multiplizieren und Dividieren

$$21 - (3 \cdot 4) \qquad 4 \cdot (2 + 1) \cdot 3$$

$$(21 : 3) + 4 \qquad 21 \cdot 3 + 4$$

Abb. 1: In jedem Term stehen 1, 2, 3 und 4 genau einmal. Es können 2 Ziffern zu einer 2-stelligen Zahl verbunden werden. Die Klammern geben an, was zuerst gerechnet werden soll. Außer beim Term rechts oben ändern die Klammern das Ergebnis nicht. Dennoch können sie klärend wirken. In der Erprobung haben wir diese Eingangssequenz benutzt, um die Klammerregel zu erläutern. Die Erprobungen haben gezeigt, dass Lernende des 3. Schuljahres Klammern nicht immer korrekt setzen, wohl aber entsprechende Terme korrekt berechnen.

Abb. 2: In der Erprobung im Gsiesertal, Südtirol (3. und 5. Schuljahr) wurde eine ganze Woche an der Aufgabe gearbeitet. Am 1. Tag wurden die Rechnungen auf rosa Zetteln notiert, am 2. Tag auf blauen, dann auf grünen und schließlich auf orangenen. Das Finden weiterer Rechnungen war jeweils Hausaufgabe. Die Lernenden haben sich am 3. und 4. Tag notiert, welche Ergebnisse noch fehlen; im Unterricht wurden täglich jeweils ca. 10 Minuten aufgewendet, um die Zettel anzuheften und zu kontrollieren.

die Rechnungen der anderen Lernenden richtig zugeordnet wurden. In der Folge haben die Lernenden jeden Tag 1 bis 3 weitere Rechnungen gesucht und an die Wand geheftet. Die neuen Rechnungen wurden laufend kontrolliert, einige Terme wurden jeweils gemeinsam diskutiert.

Falls die Arbeit in der Klasse gemeinsam organisiert wird, lohnt es sich, die Aufgabe mehrere Tage hintereinander zu bearbeiten und täglich ca. 10 Minuten zu investieren. Es gilt, zu allen Ergebnissen mindestens einen Term (eine Rechnung) zu finden. Um die Übersicht zu bewahren, werden zu einem Ergebnis höchstens 3 Rechnungen ins Bild integriert. Die Übersicht über die möglichen Terme in Abb. 3 ließe sich um zahlreiche weitere erweitern.

Außerdem wurden jeweils einige Rechnungen diskutiert. Insbesondere war für die Lernenden

1	12 : (4 · 3) = (1 + 4) : (2 + 3)	26	23 + 4 − 1 = (4 · 3 + 1) · 2
2	3 + 2 + 1 − 4 = 4 + 2 − 3 − 1	27	32 − 4 − 1 = (4 · 2 + 1) · 3
3	21 : (4 + 3) = (4 + 2) : 3 + 1	28	24 + 3 + 1 = 21 : 3 · 4
4	14 : 2 − 3 = (2 · 4) : (3 − 1)	29	32 + 1 − 4 = 42 − 13
5	12 − 3 − 4	30	(4 + 1) · 2 · 3 = 13 · 2 + 4
6	(3 · 1) · (4 − 2)	31	34 − 2 − 1 = 43 − 12
7	32 : 4 − 1 = (24 : 3) − 1	32	2 · 4 · (3 + 1) = 12 · 3 − 4
8	32 : (4 : 1) = 14 − 3 · 2	33	31 + 4 − 2 = 132 : 4
9	(32 : 4) + 1 = 3 · (4 + 1 − 2)	34	2 · (14 + 3)
10	3 · 4 − (1 · 2) = 14 : 2 + 3	35	34 + 2 − 1 = 41 − 2 · 3
11	13 − (4 : 2) = 42 − 31	36	4 · 3 · (2 + 1) = 3 · (14 − 2)
12	3 · 4 · (2 − 1) = 24 : (3 − 1)	37	34 + 2 + 1 = 23 + 14
13	3 · 4 + 2 − 1 = 14 − (3 − 2)	38	42 − 3 − 1
14	21 − 3 − 4 = (4 + 3) · 2 · 1	39	31 + 2 · 4 = 42 − 3 · 1
15	42 : 3 + 1 = 14 + 3 − 2	40	41 − 3 + 2 = 12 · 3 + 4
16	34 : 2 − 1 = 4 · (3 + 2 − 1)	41	41 : (3 − 2) = 43 − 2 · 1
17	34 : 2 · 1	42	41 + 3 − 2 = 1 + 43 − 2
18	34 : 2 + 1 = 3 · (4 + 2) · 1	43	43 · (2 − 1)
19	14 + 3 + 2 = (3 + 2) · 4 − 1	44	4 · (13 − 2) = 14 · 3 + 2
20	3 · 2 + 14 = (3 + 2) · 4 · 1	45	4 · 12 − 3 = 3 · (14 + 1)
21	4 · 2 + 13 = (4 + 2 + 1) · 3	46	41 + 2 + 3 = 32 + 14
22	21 + 4 − 3 = 24 − 3 + 1	47	41 + 2 · 3
23	2 · 3 · 4 − 1	48	3 · (12 + 4) = 3 · (14 + 2)
24	1 · 2 · 3 · 4 = 3 · 4 + 12	49	nur mit Potenzen möglich: $(4 \cdot 1 + 3)^2$
25	4 · 3 · 2 + 1 = 31 − 4 − 2	50	4 · 13 − 2

Abb. 3: Die Lösungen sind unter Berücksichtigung der Rechengesetze notiert, wobei auf Klammern weitgehend verzichtet wurde. Zusätzlich könnte man beispielsweise bei 7 = (24 : 3) − 1 die Klammer weglassen. So wie in diesem Beispiel dürfen jedoch Klammern der besseren Lesbarkeit zuliebe durchaus gesetzt werden. Ebenso könnte man anstelle von 14 : 2 + 3 auch (14 : 2) + 3 schreiben, ohne am Ergebnis etwas zu ändern. Anders ist es beim Term (4 + 1) · 2 · 3 – hier sind die Klammern notwendig.

3 Multiplizieren und Dividieren

Abb. 4: Schülerinnen und Schüler des 4. Schuljahres aus der Grundschule Pichl, Gsiesertal, Südtirol, an der Arbeit

des 3. Schuljahres die Punkt-vor-Strich-Regel sowie das Setzen von Klammern neu. Bereits am 3. Tag haben auch die Drittklässler eigene Rechnungen mit Klammern notiert. Außerdem haben sie die Punkt-vor-Strich-Regel – zumindest nach entsprechender Aufforderung – anwenden können. Die Lernenden haben nicht akzeptiert, dass „49" ohne Zettel bleibt. Wir haben dann eine Rechnung gefunden: $(4 + 3)^2 \cdot 1$. Da hier ein Exponent verwendet wird, hat Paul die Rechnung auf Schwarz notiert.

Anpassen

Zugang erleichtern

Keine Vorschläge zur Vereinfachung. Eine Beschränkung auf 3 Ziffern (z. B. 1, 2, 3) ist denkbar, reduziert jedoch die Anzahl möglicher Ergebnisse erheblich. Die Aufgabe verliert dadurch viel von ihrem Charme.

Ansprüche erhöhen

In der Erprobung im Gsiesertal, Südtirol wurden zwei verschiedene Versionen der Aufgabe erprobt. Eine Gruppe (3. und 5. Schuljahr) hat Rechnungen mit den Ziffern 1, 2, 3 und 4, die zweite Gruppe (4. Schuljahr) hat die Ziffern 2, 3, 4 und 5 verwendet.

- Mit den Zahlen (Ziffern) 2, 3, 4 und 5 ist 35 die einzige Zahl zwischen 1 und 50, die sich mit den vier Grundoperationen nicht bilden lässt: Eine mögliche Lösung ($35 = (4 - 2)^5 + 3$) wurde von der Deutschlehrerin des 4. Schuljahres gefunden. Sie hat mit Potenzen gerechnet, was natürlich im 4. Schuljahr noch kein Thema ist. Aber auch hier hat die Erklärung der

3.9 Mit 1, 2, 3 und 4

#	Term	#	Term	#	Term
1	$(5-4) \cdot (3-2)$	35	$(4-2)^5 + 3$	69	$4^2 + 53$
2	$(5-4) + (3-2)$	36	$43 - 5 - 2$	70	$(4+3) \cdot 2 \cdot 5 = (4 \cdot 3 + 2) \cdot 5$
3	$3 \cdot (4 + 2 - 5)$	37	$2 \cdot 4 \cdot 5 - 3 = 35 + 4 : 2$	71	$3 \cdot 25 - 4$
4	$(5-3) \cdot (4-2) = 4 \cdot (5-3) : 2$	38	$2 \cdot (3 \cdot 5 + 4)$	72	$2^3 \cdot (5 + 4)$
5	$3 \cdot 4 - (5 + 2)$	39	$3 \cdot (52 : 4) = 24 + 3 \cdot 5$	73	$2 \cdot 34 + 5$
6	$5 - 4 + 2 + 3$	40	$52 - 4 \cdot 3 = 5 \cdot 24 : 3$	74	$3^4 - 5 - 2 = 2 \cdot 35 + 4$
7	$3 \cdot 5 - 2 \cdot 4$	41	$35 + 4 + 2$	75	$5^{(4-2)} \cdot 3 = 2^5 + 43$
8	$5 + 4 + 2 - 3$	42	$(5 \cdot 2 + 4) \cdot 3$	76	$2 \cdot (43 - 5)$
9	$34 - 25 = 5 \cdot 2 - 4 + 3$	43	$35 + 2 \cdot 4$	77	$53 + 24 = 3 \cdot 24 + 5$
10	$52 : 4 - 3$	44	$34 + 2 \cdot 5$	78	$3^4 - 5 + 2 = 2 \cdot (34 + 5)$
11	$5 \cdot 2 + 4 - 3$	45	$(2+3) \cdot (4+5) = 53 - 4 \cdot 2$	79	$5^2 \cdot 3 + 4$
12	$2 \cdot (5 + 4 - 3)$	46	$45 + 3 - 2$	80	$4! \cdot 2 \cdot 5 : 3$
13	$24 : 3 + 5 = 32 : 4 + 5$	47	$53 - 4 - 2$	81	$2 \cdot 43 - 5$
14	$2 + 3 + 4 + 5 = 5 \cdot 4 - 3 \cdot 2$	48	$(3+5) \cdot (2+4)$	82	$4! \cdot 3 + 5 \cdot 2$
15	$2 \cdot 3 + 4 + 5$	49	$(4+3) \cdot (5+2)$	83	$4^2 \cdot 5 + 3 = 5^3 - 42$
16	$54 : 3 - 2 = 4 \cdot (5 - 3 + 2)$	50	$42 + 5 + 3$	84	$(4+5)^2 + 3 = (45-3) \cdot 2$
17	$2 \cdot 5 + 3 + 4$	51	$52 - 4 + 3 = 45 + 2 \cdot 3$	85	$34 \cdot 5 : 2$
18	$52 - 34$	52	$4 \cdot (2 \cdot 5 + 3) = 32 + 5 \cdot 4$	86	$54 + 32$
19	$2 \cdot 3 \cdot 4 - 5 = 3 \cdot 4 + 5 + 2$	53	$43 + 2 \cdot 5$	87	$2 \cdot 45 - 3 = 3 \cdot (24 + 5)$
20	$5 \cdot 4 \cdot (3-2)$	54	$2 \cdot 3 \cdot (4+5)$	88	$352 : 4 = 3^4 + 5 + 2$
21	$(5-2) \cdot (4+3)$	55	$5 \cdot (2 \cdot 4 + 3) = 53 + 4 \cdot 2$	89	$4^3 + 5^2 = 4^3 + 25$
22	$54 - 32$	56	$3^4 - 5^2$	90	$5 \cdot (4+2) \cdot 3$
23	$23 \cdot (5-4)$	57	$42 + 3 \cdot 5 = 3 \cdot (24 - 5)$	91	$2 \cdot 43 + 5$
24	$4 \cdot (5 + 3 - 2) = 34 - 2 \cdot 5$	58	$3 \cdot 4 \cdot 5 - 2 = 2 \cdot (34 - 5)$	92	$2^5 \cdot 3 - 4$
25	$5 \cdot (4 + 3 - 2)$	59	$34 + 25$	93	$2 \cdot 45 + 3$
26	$5 \cdot 4 + 3 \cdot 2$	60	$54 + 2 \cdot 3$	94	$5! : 2 + 34 = 4 \cdot 23{,}5$
27	$42 - 3 \cdot 5 = 35 - 4 \cdot 2$	61	$53 + 4 \cdot 2$	95	$53 + 42 = 5 \cdot (23 - 4)$
28	$4 \cdot (2 \cdot 5 - 3)$	62	$3 \cdot 4 \cdot 5 + 2$	96	$4^3 + 2^5 = (4-2)^5 \cdot 3$
29	$53 - 24$	63	$2 \cdot 34 - 5 = 3 \cdot (25 - 4)$	97	$5^2 \cdot 4 - 3 = 23 \cdot 4 + 5$
30	$3 \cdot 4 \cdot 5 : 2$	64	$2 \cdot 4 \cdot (5+3)$	98	$2 \cdot (53 - 4)$
31	$54 - 23$	65	$(3^2 + 4) \cdot 5 = (4^2 - 3) \cdot 5$	99	$5! - 24 + 3$
32	$32 \cdot (5-4)$	66	$(2 \cdot 35) - 4$	100	$(2+3) \cdot 5 \cdot 4$
33	$35 - (4:2) = 43 - 2 \cdot 5$	67	$3 \cdot 24 - 5$	101	$5^3 - 24$
34	$2 \cdot (3 \cdot 4 + 5)$	68	$43 + 25$	102	$(54-3) \cdot 2 = 34 \cdot (5-2)$

Abb. 5: Zusammenstellung zu Rechnungen mit den Ziffern 2, 3, 4 und 5. Die ersten 50 Zahlen – mit Ausnahme der 35 – sind durch Grundoperationen errechenbar. In der Erprobung wollten die Lernenden unbedingt wissen, mit welchen Rechenverfahren sich noch mehr Möglichkeiten ergeben. Blaue Zellen: Ergebnis mit Potenzieren. Orangefarbene Zellen: Ergebnis mit Fakultäten. (Eine ausführliche Zusammenstellung finden Sie im Download-Material: **M 3.8**)

Lösung bei den Lernenden keineswegs Erstaunen oder Verwirrung ausgelöst.
- Für Zahlen größer als 50 wird das Finden von Rechnungen unabhängig der Wahl der Ziffern (1, 2, 3, 4 oder 2, 3, 4, 5) schwieriger.
- Selbstverständlich kann die Aufgabe auch mit 4 anderen Ziffern durchgeführt werden. Besonders vielversprechend ist die Arbeit mit den Ziffern 2, 3, 4 und 6.

Auswerten – Reflexion – Bewertung

Je nach Auswertung entstehen individuelle Produkte – so auch mit dem nachfolgend vorgeschlagenen Vorgehen. Die Produkte der Lernenden lassen sich bei Bedarf bewerten. In diesem Fall gibt man den Lernenden die Kriterien bekannt. Es ist wichtig, dass die Lernenden eine analoge Aufgabe vor der Bewertung kooperativ bearbeiten. Wir schlagen hier folgende vertiefende Aufgabenstellung vor:

> **A**
>
> Bilde mit den Ziffern 2, 3, 4 und 5 [oder 2, 4, 6 und 8, falls diese Aufgabe schon bearbeitet wurde] mindestens 10 verschiedene Rechnungen, die zu 10 verschiedenen Ergebnissen kleiner als 60 führen. Ordne die Ergebnisse der Größe nach. Setze Klammern so, dass die Rechnung eindeutig ist.

Falls die Aufgabe bewertet wird, können folgende Bewertungskriterien verwendet werden.

Um die Korrektur bzw. die Bewertung zu vereinfachen, können die Arbeiten am Ende der Sequenz ausgetauscht werden. Alle Lernenden kontrollieren dann die Arbeit einer Mitschülerin oder eines Mitschülers (Kriterium ② gut).

Bewertung

genügend: das **grüne** Kriterium erfüllen	Du bildest mit den Ziffern 2, 3, 4 und 5 mindestens 10 verschiedene Rechnungen und berechnest jeweils das Ergebnis. Mehr als die Hälfte deiner Ergebnisse sind korrekt.
gut: das grüne Kriterium und mindestens eines der beiden **gelben** Kriterien erfüllen	① Du findest mit 2, 3, 4 und 5 10 verschiedene richtige Ergebnisse. Du ordnest deine Ergebnisse der Größe nach.
	② Du kannst Rechnungen deiner Mitschülerinnen und Mitschüler mit 2, 3, 4 und 5 zuverlässig mit dem Taschenrechner kontrollieren. Die Lehrperson zeigt vorher, wie das geht. Damit kannst du der Lehrperson bei der Korrektur helfen.
sehr gut: eines der beiden gelben Kriterien und mindestens eines der beiden **blauen** Kriterien erfüllen	① Du findest 10 aufeinanderfolgende Ergebnisse (z. B. die Ergebnisse zu 5, 6, 7, … ,14). Du machst dabei höchstens 1 Fehler.
	② Du findest zu folgenden Termen je mindestens 1 ganzzahliges Ergebnis zwischen 1 und 100. abc : d ab : (c + d) a · (b + c) : d Anstelle von a, b, c und d schreibst du 2, 3, 4 oder 5.

Lösungen zu Kriterium ② sehr *gut:*
352 : 4 = 88;
24 : (3 + 5) = 3 oder 45 : (2 + 3) = 9
4 · (5 + 3) : 2 = 16; 2 · (5 + 3) : 4 = 4; 4 · (2 + 3) : 5 = 4; 5 · (4 + 2) : 3 = 10; 2 · (4 + 5) : 3 = 6

4 Mit Größen handeln

4 Mit Größen handeln

Lernumgebung	Schuljahr	mathematischer Fokus	Entsprechung in Band 2
4.1 Wir legen den genauen Betrag	3.–7.	Addition, Geldbeträge, Stellenwertsystem, Problemlösen *(mit Bewertungskriterien)*	4.1: *Wer legt den letzten Geldschein?* Spiel auch mit gebrochenen Beträgen
4.2 2 m abmessen	3.–5.	Addition, Längenmaße, Multiplikation, Überschlagen	4.2: *50 m abmessen* leicht anspruchsvollere Aufgabenstellung
4.3 Immer kürzer	3.–7.	Längenmaße, Maßumwandlungen	1.8: *Von 1 bis $\frac{1}{100}$* weitgehend analoges Spiel mit Brüchen
4.4 Triff's auf dem Zollstock	3.–6.	Addition, Subtraktion, Längenmaße, Maßumwandlungen	–
4.5 Füll den Eimer	3.–5.	Hohlmaße, Maßumwandlungen, Addition	4.3: *Füll den Krug* anspruchsvollere und kompetitive Aufgabenstellung
4.6 Steck 1 kg in die Tüte	3.–6.	Gewichtsmaße, Addition, Subtraktion, Maßumwandlungen, Gleichungen	–
4.7 Wer feiert Silvester?	3.–6.	Uhrzeit, Zeitspannen, Kalender, Maßumwandlungen	4.4: *Wer feiert Silvester?* anspruchsvollere Aufgabenstellung mit gebrochenen Zeitdauern
4.8 Stell die richtige Zeit ein	2.–4.	Zeitmaße, Uhrzeit, Addition, Subtraktion	–
4.9 Tauschen und Handeln	3.–8.	Geldbeträge, Multiplikation, Division, Problemlösen, Proportionalität	4.6: *Tauschen und Handeln* Die Aufgabe wurde für Band 2 in verschiedener Weise angereichert.
4.10 Schatzinsel	3.–5.	Himmelsrichtungen, Längenmaße, Schätzen, Problemlösen, Multiplikation	4.7: *Schatzinsel* wesentlich komplexere Spielvariante
4.11 Der ganze Meter muss weg	3.–5.	Längenmaße, Subtraktion	3.6: *Alles muss weg* ungestützte Version mit Dezimalbrüchen

4.1 Wir legen den genauen Betrag

Kooperative Lernumgebung für Gruppen mit 3–4 Lernenden oder kompetitive Lernumgebung für 2 Lernende

Fokus:	Addition, Geldbeträge, Stellenwertsystem, Problemlösen
Ziel:	gemeinsam einen bestimmten Betrag legen – zuerst offen, später auch verdeckt
Stufe:	3.–7. Schuljahr
Zeitbedarf:	1–2 Schulstunden
Material:	je Lerngruppe: • Blankokärtchen in 3 oder 4 verschiedenen Farben zur Beschriftung der Geldscheine. • Spielprotokoll **(M 4.1)** • Ziffernkarten oder 10er-Würfel

Die kompetitive Variante findet sich auch in *MATHWELT 2*, Thema 4, Aufgabe 4 (Themenbuch, 1. Semester, S. 45).
Die entsprechende Aufgabe in Band 2 (Lernumgebung 4.1: *Wer legt den letzten Geldschein?*) ist wesentlich komplexer. In Band 2 werden sowohl eine kooperative wie auch eine kompetitive Variante ausgeführt.

Zum Inhalt

Voraussetzungen:	im 1000er-Raum addieren, erste Erfahrungen mit Geld, Stellenwertsystem
Automatisierung:	Addition im Zahlenraum bis 1000

Die Lernenden addieren reihum Geldbeträge auf und nähern sich dabei einem festgelegten Zielbetrag an. Da die zur Verfügung stehenden Geldscheine (5, 10, 20, 50, 100, 200) Schlüsselzahlen bei der Erschließung des Tausenderraums sind, dient das Spiel auch der Orientierung im Zahlenraum bis 1000.

Unterrichtsverlauf

Alle Lernenden der Lerngruppe aus 3–4 Lernenden stellen für sich je einen Spielgeldschein zu 5 €, 10 €, 20 €, 50 €, 100 € und 200 € her. Um die Scheine später wieder gut nach Lernenden sortieren zu können, werden dazu verschiedenfarbige Zettel benutzt. Beim Beschriften der Zettel wird darauf geachtet, dass der Betrag nicht durchscheinend ist, da in der anspruchsvolleren Variante mit verdeckten Beträgen gespielt wird. Bei 3 Spielenden verwenden die Lernenden insgesamt 8 Geldscheine, also jeweils einen zusätzlichen Geldschein zu 10 € und 20 €. Die Lernenden legen die Geldscheine offen vor sich hin.

Nun wird der Zielbetrag für die Lerngruppe bestimmt, indem aus einem Set Ziffernkarten 3 Ziffern gezogen (oder mit einem 10er-Würfel gewürfelt) werden, wobei die letzte Ziffer auf 5 oder 0 gerundet wird. Wenn beispielsweise die Zahl 737 gezogen wird, beträgt der Zielbetrag 735 €. Die Summe der ersten beiden Ziffern ergibt die Anzahl geforderter Scheine: 7 + 3 = 10. Der Auftrag lautet im Beispiel also: Legt gemeinsam 735 €, erreicht diesen Betrag mit genau 10 Scheinen.

4 Mit Größen handeln

	Ava	Benno	Carola	David	Summe
1	100 €				100 €
2		200 €			300 €
3			200 €		500 €
4				50 €	550 €
5	50 €				600 €
6		50 €			650 €
7			50 €		700 €
8				20 €	720 €
9	10 €				730 €
10		5 €			735 €

Zielbetrag: 735 € – zu legen mit 10 Scheinen
Der Auftrag wurde erfüllt / ~~nicht erfüllt~~.

Abb. 1: Protokoll einer Spielrunde

Es wird reihum Schein um Schein gelegt, Passen ist verboten. Die Lernenden tauschen sich während des Spieles aus, um gemeinsam das Ziel zu erreichen.

Ava führt in dieser Runde Protokoll (Abb. 1) und legt den ersten Schein (100 €). Da Benno und Carola je 200 € legen, ist David bereits mit seinem ersten Zug gefordert: Würde er wie Carola 200 € legen, wäre der Auftrag nicht mehr erfüllbar, da mit 10 Geldscheinen mit Sicherheit mehr als 735 € auf dem Tisch liegen würden. Da David 50 € legt, kann der Auftrag aber noch erfüllt werden.

Die größte Klippe besteht darin, dass die Spielerin/der Spieler mit dem letzten geforderten Geldschein den Zielbetrag genau erreichen muss. Es ist möglich, dass der benötigte Schein schon in einer Runde zuvor gelegt wurde oder dass es gar keine entsprechenden Scheine (z. B. 15 €) gibt.

In der nächsten Spielrunde bestimmen die Lernenden erneut einen Zielbetrag und die Anzahl Geldscheine, mit denen der Zielbetrag erreicht werden soll. Dieses Mal legt in der fiktiven Lerngruppe Benno die erste Note und führt das Protokoll.

Anspruchsvolle kooperative Variante mit verdeckten Scheinen
Nach 2 oder mehr Spielrunden mit der Grundversion lohnt sich ein Versuch mit der anspruchsvolleren Variante. Die Lernenden behalten dazu ihre Geldscheine. Die Zielzahl wird wie bisher durch Ziehen von 3 Ziffernkarten bestimmt. Bei dieser Spielvariante entfallen sowohl das Führen des Protokolls als auch die Bedingung, den Zielbetrag mit einer bestimmten Anzahl von Geldscheinen zu legen. Stark erschwerend kommt nun jedoch hinzu, dass die Scheine reihum verdeckt gelegt werden. Hierfür ist es entscheidend, dass die Lerngruppe eine Strategie vereinbart, wie und in welcher Reihenfolge die Scheine gelegt werden. Falls die Strategie gut ist und von allen Lernenden befolgt wird, wird auch so der Zielbetrag erreicht.

Angenommen, der Zielbetrag beträgt – wie in der Grundversion beschrieben – 735 €. Die Lernenden haben vereinbart, dass zuerst die Einer, dann die Zehner, dann die Hunderter gelegt werden. Carola beginnt und legt den 5 €-Schein verdeckt auf den Tisch. David weiß nun, dass die Zehner an der Reihe sind. Die Lernenden haben vereinbart, jeweils die größte Note zuerst zu legen, falls der Zielbetrag nicht überschritten wird. David legt also 20 €, Ava ergänzt dann mit 10 €. Benno verlässt sich auf die Mitspielenden. Er rechnet mit 35 € auf dem Tisch. Er geht davon aus, dass er, Carola und David je 200 € legen, Ava wird mit 100 € ergänzen. Nach Avas Zug entscheidet Benno, dass nachgezählt werden soll. Die Spielenden drehen die Scheine um und zählen nach. Haben sie das Ziel erreicht?

In der Erprobung haben mehrere altersgemischte Lerngruppen (3. und 5. Schuljahr) eine Strategie entwickelt, mit der sie verschiedene Zielbeträge mit verdecktem Legen erreicht haben.

Kompetitive Variante für 2 Lernende

Für das folgende Spiel stehen Ava und Benno gemeinsam jeweils 3 Geldscheine zu 5 €, 10 €, 20 €, 50 €, 100 € und 200 € zur Verfügung. Die Scheine liegen offen und für beide erreichbar auf einem gemeinsamen Tischbereich.

Ava und Benno legen abwechselnd Geldscheine vom gemeinsamen Tischbereich in die Mitte und addieren diese laufend. Wer mit seinem Zug den Zielbetrag erreicht, gewinnt das Spiel. Ava legt nach eigenem Ermessen einen Zielbetrag kleiner als 1000 € fest. Benno bestimmt dann, wer den ersten Geldschein legt. Wenn Ava etwa 100 € als Zielbetrag nennt, beginnt Benno, legt die 100 € und gewinnt. Wenn sie 30 € als Zielbetrag nennt, lässt er Ava beginnen und gewinnt, da er sowohl 20 € als auch 10 € auf 30 € ergänzen kann.

Nachdem Benno bestimmt hat, wer zuerst legt, legen die beiden Spielenden abwechselnd je einen Geldschein auf einen Stapel ab. Der Geldbetrag auf dem Stapel wird laufend addiert (siehe untenstehendes Protokoll). Wer den Zielbetrag erreicht, gewinnt. Wer den Zielbetrag übertrifft, verliert.

Wer die Spielrunde gewinnt, nennt den nächsten Zielbetrag. Die oder der andere Spielende darf dann dafür jeweils bestimmen, wer den ersten Schein legt.

B

Ein Beispiel: Ava nennt den Zielbetrag 130 €. Benno entscheidet aufgrund des Zielbetrags, dass Ava beginnen soll. Ava wählt als Erstes 50 €. Benno wählt ebenfalls 50 €, worauf Ava 10 € und Benno 20 € dazulegen. Benno gewinnt damit das Spiel.
Das Spielprotokoll sieht wie folgt aus:

Ava:	Benno:
50 €	
	50 € + 50 € = 100 €
100 € + 10 € = 110 €	
	110 € + 20 € = 130 €
	Benno gewinnt

Da Benno gewonnen hat, bestimmt Benno in der nächsten Runde den Zielbetrag und Ava entscheidet, wer den ersten Geldschein legt.

Anpassen

Zugang erleichtern

- Bei der kooperativen Variante kann auf die Regel, mit einer bestimmten Anzahl Geldscheine den Zielbetrag zu erreichen, verzichtet werden. Es ist ausreichend, den Zielbetrag exakt zu treffen. Eventuell könnte man ausmachen, welche Schülerin / welcher Schüler den letzten Betrag legen soll.

Ansprüche erhöhen

- Die kooperative Variante für 4 Lernende mit verdecktem Legen ist anspruchsvoll. Der Einbezug von Münzgeldbeträgen würde das Spiel zusätzlich erschweren (siehe Band 2).

Abb. 2: In der Erprobung im Gsiesertal, Südtirol haben die Lernenden des 3. Schuljahres nach zwei Fehlversuchen das Spielziel mit der geforderten Anzahl Geldscheinen erreicht. Hilfreich war hier das Führen des Spielprotokolls.

4 Mit Größen handeln

Auswerten – Reflexion – Bewertung

Die Lernenden konstruieren zu einem Zielbetrag mindestens 3 verschiedene Protokolle (vgl. Abb. 1). Achtung: Die Geldscheine sind bei 4er-Gruppen nur in 4-facher Ausführung vorhanden (siehe auch die Kriterien zur Bewertung).

Für die Bewertung der Arbeit an der Aufgabe schlagen wir folgende Kriterien (auf 4. Schuljahr ausgerichtet) vor. Die Lernenden können *genügend* sowie *gut* (Kriterium ①) bereits während der gemeinsamen Arbeit erreichen. Die Bewertung der weiteren Kriterien stützt sich auf eine dem Spiel nachgeschaltete Phase der Einzelarbeit. Lernende, die das Kriterium zu *genügend* noch nicht erfüllt haben, spielen das Spiel gemeinsam und werden von der Lehrperson nochmals beobachtet und unterstützt. Die Bewertungskriterien werden vor der Arbeit im Klassenverband geklärt.

Zielbetrag: _____ €		zu legen mit ____ Scheinen			
Der Auftrag wurde erfüllt / nicht erfüllt					
Geldscheine					**Summe**
1	€				€
2		€			€
3			€		€
4					
5					
6					
7					
8					
9					
10					
11					
12					
13					
14					
15					
16					
17					

Abb. 3: Kopiervorlage Spielprotokoll **(M 4.1)**

4.1 Wir legen den genauen Betrag

Bewertung

genügend: das **grüne** Kriterium erfüllen	Du hast in einer Lerngruppe mitgespielt, die das Spielziel mit der geforderten Anzahl Scheine erreicht hat (z. B. 630 € mit 9 Scheinen). Du hast in mindestens 1 Spielrunde korrekt Protokoll geführt.
gut: das grüne Kriterium und mindestens eines der beiden **gelben** Kriterien erfüllen	① Du hast in einer Spielrunde mitgespielt, in der mehr als einmal die Zielsumme mit verdeckten Scheinen erreicht wurde.
	② Du notierst 3 verschiedene Möglichkeiten, wie mit 9 Geldscheinen 360 € erreicht werden können. (Achtung: Wie im Spiel steht jeder Betrag höchstens 4-mal zur Verfügung.) Beispiel zu 180 € mit 6 Geldscheinen: 180 € = 3 · 50 € + 3 · 10 € = 2 · 50 € + 4 · 20 €
sehr gut: eines der beiden gelben Kriterien und mindestens eines der beiden **blauen** Kriterien erfüllen	① Du notierst 5 verschiedene Möglichkeiten, wie mit 9 Geldscheinen 450 € erreicht werden können. (Achtung: Wie im Spiel steht jeder Betrag höchstens 4-mal zur Verfügung.)
	② Du arbeitest dich in das kompetitive Spiel mit 2 Personen ein (die Spielregeln erhältst du von der Lehrperson). Der Zielbetrag ist 120 €. Deine Gegnerin / dein Gegner beginnt mit 10 €, 20 €, 50 € oder 100 €. Du zeigst, wie du in jedem Fall gewinnst.

Lösungen zu **Kriterium ② gut:** 9 Geldscheine, Summe 360. Alle Lösungen:

Lösung 1	Lösung 2	Lösung 3	Lösung 4	Lösung 5	Lösung 6
1 · 200	1 · 200	1 · 200	3 · 100	2 · 100	1 · 100
1 · 100	2 · 50	1 · 50	2 · 20	2 · 50	4 · 50
1 · 20	4 · 10	4 · 20	4 · 5	2 · 20	2 · 20
2 · 10	2 · 5	3 · 10		1 · 10	2 · 10
4 · 5				2 · 5	

Lösungen zu **Kriterium ① sehr gut:** 9 Geldscheine, Summe 450. Alle Lösungen

Lösung 1	Lösung 2	Lösung 3	Lösung 4	Lösung 5	Lösung 6	Lösung 7
2 · 200	1 · 200	1 · 200	4 · 100	3 · 100	3 · 100	2 · 100
3 · 10	2 · 100	4 · 50	1 · 20	2 · 50	2 · 50	4 · 50
4 · 5	4 · 10	1 · 20	2 · 10	1 · 20	2 · 20	2 · 20
	2 · 5	3 · 10	2 · 5	3 · 10	2 · 5	1 · 10

Lösungen zu **Kriterium ② sehr gut:**

1 10 € + 50 €. Dann nochmals 10 € + 50 € oder 2 · (20 € + 10 €)
2 20 € + 100 €. Ich gewinne.
3 50 € + 10 €. Dann wie 1.
4 100 € + 20 €.

4 Mit Größen handeln

4.2 2 m abmessen

Kooperative Lernumgebung für Gruppen mit 3–5 Lernenden

Fokus:	Addition, Längenmaße, Multiplikation, Überschlagen
Ziel:	mit einem von der Gruppe gemeinsam gebildeten Längenmaß möglichst genau 2 m abmessen
Stufe:	3.–5. Schuljahr
Zeitbedarf:	1 Schulstunde
Material:	je Lerngruppe: • 1 Lineal oder Zollstock • einige (persönliche) Gegenstände

Siehe auch *MATHWELT 2*, Thema 15, Aufgabe 3 (Themenbuch, 2. Semester, S. 42).
Eine adaptierte Aufgabe befindet sich in Band 2 (Lernumgebung 4.2: *50 m abmessen*).
Dort geht es darum, längere Strecken abzumessen.

Zum Inhalt

Voraussetzungen:	Längeneinheiten (m, cm) kennen, Addition
Automatisierung:	Längen messen, Längen addieren

Die Lerngruppen versuchen, möglichst genau 2 m abzumessen. Im Vordergrund stehen damit das Messen von Strecken und das Addieren von Streckenlängen. In der Aufgabe werden ebenso das Addieren und Umwandeln der Längeneinheiten Meter und Zentimeter, gegebenenfalls sogar Millimeter geübt. Streckenlängen werden mehrere Male abgetragen (Multiplikation) sowie addiert. Eine Diskussion über das Thema Genauigkeit (Messen, Ergebnisse) kann angeregt werden.

Abb. 1: In der Erprobung in Thörigen (Kanton Bern) hat die Lehrperson einen Materialkorb mit Gegenständen vorbereitet, die die Lernenden zur Bildung des Gruppenlängenmaßes verwenden konnten.

Unterrichtsverlauf

Den Lernenden wird das Ziel („2 m abmessen"), die verfügbaren Mittel (ein 30 cm-Lineal) und das Vorgehen (ein „Gruppenlängenmaß" bilden) erklärt. Dazu sammelt man eine Liste von Gegenständen, die als Maßeinheit dienen könnten, und misst 2 oder 3 dieser Gegenstände aus (siehe Abb. 2).

Nun wird die Klasse in Gruppen zu 3–5 Lernenden eingeteilt. Alle Lernenden wählen einen Gegenstand und notieren den Namen des Gegenstandes sowie die gemessene Länge auf ei-

4.2 2 m abmessen

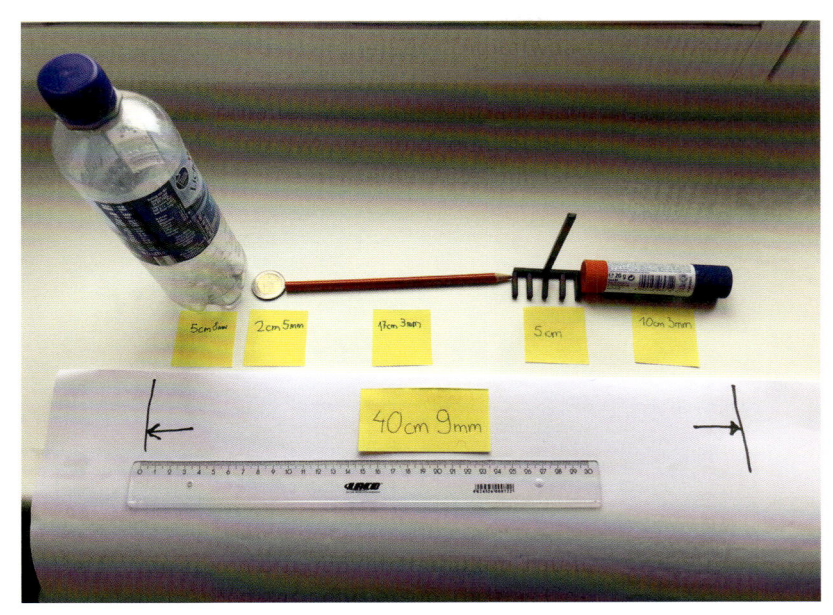

Abb. 2: Das Längenmaß der Lerngruppe beträgt im abgebildeten Beispiel 40 cm 9 mm. Wenn nun die Gegenstände zum Beispiel 5-mal gelegt bzw. auf der Strecke abgetragen werden, wird man (wahrscheinlich) die 2-Meter-Marke knapp übertreffen. Dies wird kompensiert, indem beim 5. Mal beispielsweise die Münze nicht mehr verwendet wird.

nen Zettel. Die Gegenstände werden wie in der Abbildung aneinandergereiht, es entsteht ein „gemeinsames" Längenmaß, dessen Länge berechnet (nicht gemessen) wird. Im Beispiel von Abb. 2 ist das gemeinsame Längenmaß der Gegenstände aller Gruppenmitglieder 40 cm 9 mm lang.

Die Aufgabe der Gruppe ist es nun, mit dem definierten Längenmaß eine Strecke von 2 m möglichst genau auszumessen. Dabei müssen alle ausgemessenen Gegenstände mindestens einmal verwendet werden.

In Abb. 3 wurden 40,9 cm 2-mal abgetragen, und damit werden dann – genaues Messen und Arbeiten vorausgesetzt – 81,8 cm erreicht.

Um die 2 m auszumessen, gibt es verschiedene Möglichkeiten. So trägt eine Gruppe ihr Längenmaß von 40,9 cm 4-mal ab (163,6 cm) und fügt anschließend 2 Bleistiftlängen an. Sie erreichen so theoretisch 198,2 cm. Bei Bedarf wird nun noch der Durchmesser der Münze dazugenommen.

Ebenso kann aber auch das Längenmaß 5-mal abgetragen und dann die Breite des Rechens subtrahiert werden (siehe Abb. 6).

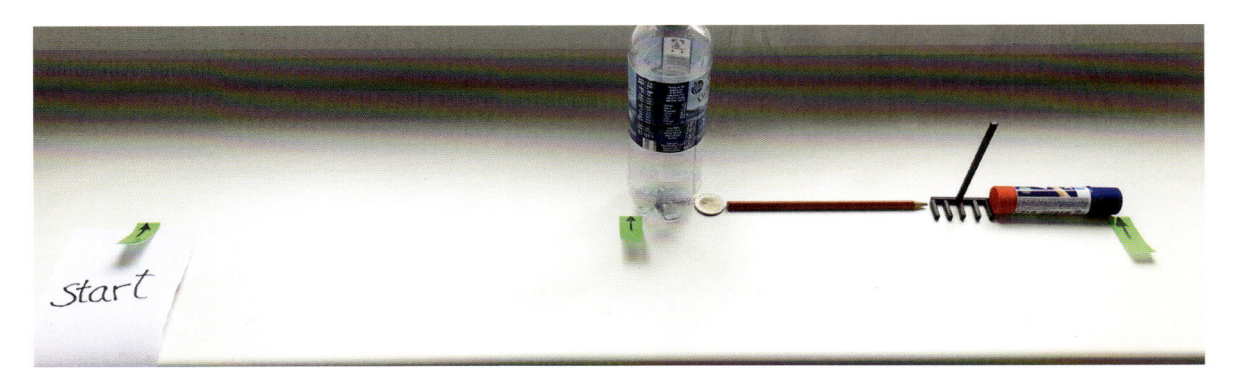

Abb. 3: Das gemeinsame Längenmaß wurde in dieser Abbildung 2-mal abgetragen. Wenn genau gearbeitet wurde, liegt der zweite grüne Pfeil bei etwas über 80 cm (falls ganz genau gemessen und abgetragen wurde, bei 81,8 cm).

4 Mit Größen handeln

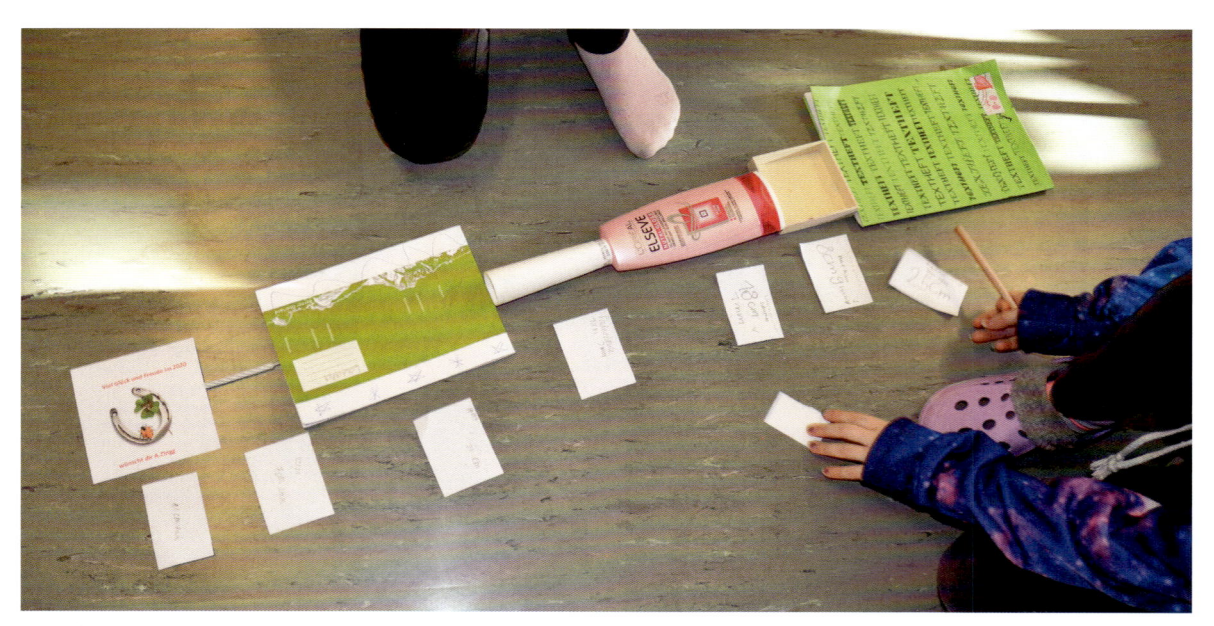

Abb. 4: Die Lerngruppe in Thörigen (Kanton Bern, 3. Schuljahr) hat die 2 m mit diesen 7 Gegenständen relativ genau abgemessen. Dazu haben sie jeden Gegenstand beschriftet und die Längen jeweils addiert. Die Aufgabe diente in dieser Klasse auch dazu, das Maß „mm" einzuführen.

Abb. 5: Diese Lerngruppe aus Thörigen hat die Gegenstände aneinandergereiht und die entsprechenden Längen laufend addiert.

4.2 2 m abmessen

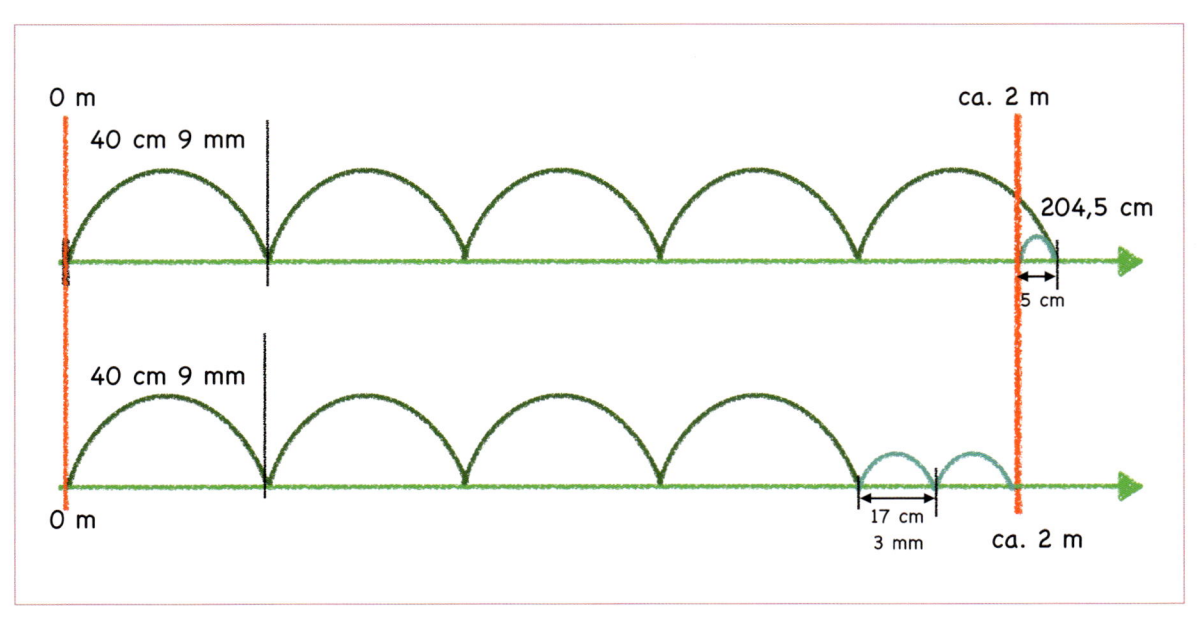

Abb. 6: Es gibt verschiedene Möglichkeiten, 2 m zu erreichen. Die Lerngruppe spricht sich entsprechend ab. Wichtig ist, dass alle Gegenstände zum Einsatz kommen.

Die Lerngruppe kann sich aber auch entscheiden, mit dem Bleistift 10-mal abzumessen und dann die fehlenden 37 cm mit den anderen „Maßen" zu vervollständigen. Bedingung ist, dass die Maße aller Lernenden an den 2 m beteiligt sind.

Am Ende hat so jede Lerngruppe 2 m möglichst genau ausgemessen. Welche Gruppe kommt der Ziellänge 2 m am nächsten? Die Strecken werden mit dem Maßband oder Zollstock nachgemessen und die Differenzen bestimmt.

Anpassen

Zugang erleichtern
- Nur Gegenstände mit ganzzahligen Längen (in cm) verwenden. Diese lassen sich gegebenenfalls auch herstellen: durch Umfalzen, Spitzen, Anbringen von Marken oder Verlängern mit Papierschnipseln.

Anspruch erhöhen
- Es dürfen nur körpereigene Längenmaße der Hand (Fingerbreite, Handspanne, Handbreite, Fingerlänge) verwendet werden.
- Es sind nur Längenmaße bis maximal 12 cm erlaubt.

Auswerten – Reflexion

Die Lernenden schätzen ihre Messung mündlich oder schriftlich ein:
- Wie genau haben wir gemessen?
- Wie hätte die Messgenauigkeit verbessert werden können?

4 Mit Größen handeln

4.3 Immer kürzer

Kooperative Lernumgebung für Gruppen mit 2–4 Lernenden

Fokus:	Längenmaße, Maßumwandlungen
Ziel:	Karten mit Längenangaben der Größe nach ordnen
Stufe:	3.–7. Schuljahr
Zeitbedarf:	mindestens 30 Minuten
Material:	je Lerngruppe: • 1 Set Längenkarten (**M 4.3**; die Längenkarten können auch für Lernumgebung 4.4: *Triff's auf dem Zollstock* verwendet werden) • 1 Zollstock

Eine Aufgabe mit ähnlichen Spielregeln zum Thema Brüche befindet sich in Band 2 (Lernumgebung 1.8: *Von 1 bis $\frac{1}{100}$*).

Zum Inhalt

Voraussetzungen:	Kenntnis von m, dm, cm, mm
Automatisierung:	Längen umwandeln und vergleichen

Die Lernenden vergleichen spielerisch verschiedene Längen. Sie legen dabei reihum Längenkarten ab, deren aufgedruckte Länge (möglichst wenig) kürzer als die zuletzt gelegte Länge ist. Es werden hier einfache Maßumwandlungen (m, dm, cm, mm → cm) gefordert.

Die Einheit dm hat – wie auch die Einheit dl – abnehmende Bedeutung. Der Gebrauch von dm ist stark kulturabhängig und wird durch die auf den Karten aufgedruckte Orientierung außerdem vereinfacht. Da 1 l = 1 dm³ ist, sind Vorstellungen zu dem selten gebrauchten Maß dennoch zentral.

Selbstverständlich lassen sich die Aufdrucke auf den Karten mit einfacheren entsprechenden Maßangaben ergänzen, um die Arbeit etwas zu vereinfachen (z.B. die Karte *1 m 7 dm 6 cm* mit *1 m 76 cm* ergänzen). Die Angaben in mm auf einigen Karten lassen sich jeweils in ganze cm umwandeln (770 mm = 77 cm).

Unterrichtsverlauf

Die Lernenden werden in Gruppen zu 2–4 aufgeteilt. Jede Lerngruppe erhält ein Set Spielkarten (Abb. 2) und einen Zollstock. Der Zollstock wird am Boden oder auf einem Tisch mit Klebeband befestigt. Die Gruppen mischen die Karten und decken 6–8 Spielkarten auf. Sie ordnen diese der Größe nach und legen sie an die entsprechende Position am Zollstock. Das geht am einfachsten, wenn man sich an den Längen in cm orientiert. So wird die Karte mit dem Aufdruck *660 mm* am Zollstock der Länge „66 cm" zugewiesen.

Das eigentliche Spiel wird dann in der Lerngruppe kooperativ gespielt. Die Startkarte (2 m) wird am Zollstock neben die 2-m-Marke gelegt. Die Karten werden gemischt und mit dem Aufdruck nach unten ausgebreitet. Nun ziehen alle Beteiligten 4 Karten und legen sie offen vor sich hin. Da kooperativ gespielt wird, dürfen die Lernenden einander helfen und geeignete Spielzüge diskutieren. Die Spielerin / der Spieler mit der größten Länge beginnt und legt sie an den entsprechenden Ort am Zollstock.

Es gelten folgende Regeln:
- Es wird reihum gespielt (A, B, C, D, A usw.), Aussetzen oder Passen ist nicht erlaubt.

- Jede Spielerin/jeder Spieler legt je Spielzug mindestens 1, eventuell auch 2 oder sogar 3 Karten.
- Jede Karte wird an die entsprechende Stelle am Zollstock gelegt.
- Nach einem Spielzug ergänzt jede Spielerin/jeder Spieler die Handkarten wieder auf 4 Karten, bis der Stapel aufgebraucht ist.
- Eine Karte darf gelegt werden, wenn die aufgedruckte Länge kürzer als die zuletzt gelegte Länge ist.
- Eine Karte mit einer größeren Länge darf spontan gelegt werden, wenn der darauf angegebene Wert um 50 cm oder 1 m größer als die zuletzt gelegte Karte ist. Eine solche Karte darf also auch gelegt werden, wenn man gar nicht an der Reihe ist.

B

Die zuletzt gelegte Karte sei *660 mm* (= 66 cm). Paul hat die Karte *1 m 16 cm* vor sich liegen und darf diese nun legen, da ihr Wert 50 cm länger ist als „66 cm". Nun ist die Reihe an Simon. Er legt nun eine Karte, deren Wert möglichst nahe an 1 m 16 cm ist.

- Das Spiel ist zu Ende, wenn die Spielenden keine weiteren Karten gemäß den Spielregeln legen können.

Gemeinsames Ziel der Lerngruppen ist es, möglichst viele Karten zu legen. Die Anzahl gelegter Karten wird am Ende eines Spiels gezählt und möglicherweise mit anderen Lerngruppen verglichen. Mit den vorgeschlagenen Spielregeln sollte es möglich sein, in einem Spiel mindestens 20 Karten zu legen.

Anpassen

Zugang erleichtern
- In der Erprobung haben 3 Lernende des 3. Schuljahres zum Einstieg lediglich die Karten am Zollstock ausgerichtet. Das hat ihnen den Zugang zum Spiel wesentlich erleichtert.
- Für Maßumwandlungen kann die Stellentafel verwendet werden.

Abb. 1: Simon, Jakob und Paul (3. Schuljahr, Südtirol, Gsiesertal) ist es mehrere Male gelungen, einen Schritt um einen halben oder einen ganzen Meter „zurück" zu machen. In diesem Fall haben sie jeweils alle bereits gelegten Karten auf die rechte Seite des Zollstocks gelegt, links vom Zollstock wird dann eine Kartenfolge mit abnehmenden Längen gelegt, bis erneut ein Sprung um 50 cm oder 1 m gemacht werden kann.

4 Mit Größen handeln

- Nur mit den Karten zwischen 0 cm und 100 cm spielen.
- Alle Karten mit dm-Angaben mit Angaben zu cm und/oder mm ergänzen.
- Spielregeln umdrehen: Von kurz zu immer länger.

Ansprüche erhöhen
- Ohne Zollstock spielen.
- Die auf den Karten abgebildeten Zollstöcke wegschneiden oder zudecken.
- Die Spielenden halten die Längenkarten für die Mitspielenden unsichtbar in der Hand.

Auswerten – Reflexion

Die Lernenden legen alle Karten offen vor sich hin und sortieren sie nach folgender Regel: „kürzer, kürzer, +50 cm, kürzer, kürzer +50 cm …" Können sie so womöglich alle Karten ablegen?

Die Auswertung kann – für alle oder einige Lernenden – auch wesentlich anspruchsvoller gestaltet werden. Die Lernenden ordnen die Karten mit den Längenangaben und bestimmen die Summe aller aufgedruckten Längen (einschließlich Startkarte).

Dazu gibt es verschiedene Ansätze. Das Spiel besteht aus insgesamt 11 Kartenreihen zu 4 Karten (Abb. 2). Zu jeder Länge bis zu 50 cm gibt es 3 Karten, die jeweils um 50 cm, 1 m bzw. 1 m 50 cm länger sind.

So lässt sich die Summe der 4 Karten in der ersten Zeile vergleichsweise einfach berechnen: $4 \cdot 30$ mm + 3 m = 3 m 12 cm. Längen kleiner als 50 cm können nun addiert werden. Die Summe wird mit 4 multipliziert und $11 \cdot 3$ m addiert.

Konkret beträgt die Summe aller Längen $4 \cdot 2{,}73$ m + $11 \cdot 3$ m = 43,92 m. Die exakte Summe ist jedoch um 1 cm kürzer (43,91 m), da die letzte Kartenreihe die Werte 50 cm, 100 cm, 150 cm und 199 cm (statt 200 cm) enthält. Falls die Startkarte mitgerechnet wird, beträgt Summe aller Längen 45,91 m.

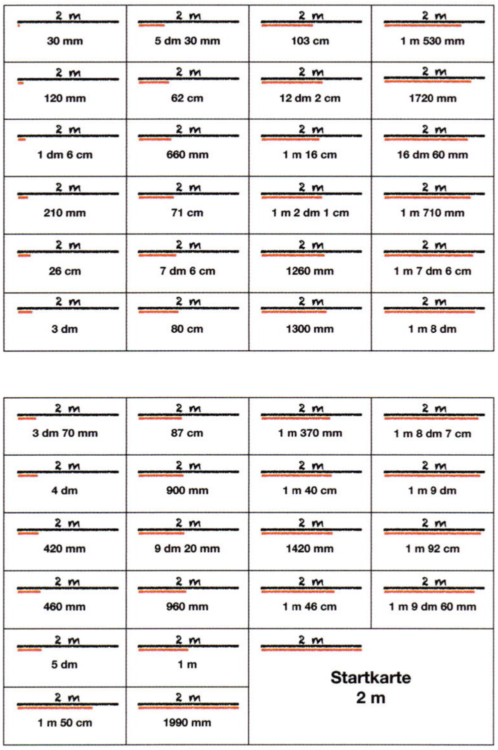

Abb. 2: Kopiervorlage Längenkarten **(M 4.3)**

4.4 Triff's auf dem Zollstock

Kompetitive oder kooperative Lernumgebung für Gruppen mit 2–4 Lernenden

Fokus:	Addition, Subtraktion, Längenmaße, Maßumwandlungen
Ziel:	eine der drei notierten Längen genau ausmessen
Stufe:	3.–6. Schuljahr
Zeitbedarf:	1 Schulstunde
Material:	je Lerngruppe: • 1 Set Längenkarten (**M 4.4**; wenn bereits vorhanden können die Längenkarten **M 4.3** wie bei Lernumgebung 4.3: *Immer kürzer* verwendet werden, die hier angebotenen Spielkarten sind für 4.3 jedoch ungeeignet) • 1 Zollstock (2 m) • Post-Its (für Markierung am Zollstock)

Die Aufgabe hat keine Entsprechung in Band 2.

Zum Inhalt

Voraussetzungen:	die Längenmaße m, dm, cm, mm kennen; einfache Umwandlungen von Längenmaßen durchführen; Abmessen von Längen in cm
Automatisierung:	Längen addieren und subtrahieren, Längen umwandeln

Abb. 1: Anjas selbst gewählte Gegenstände

Daten von Anja
Meine Größe: 132 cm
Breite des Pultes 67 cm
Breite des Mathebuches: 22 cm

Die Lernenden addieren und subtrahieren Längen auf einem Zollstock. Die Längen werden grundsätzlich in cm abgemessen, einfache Maßumwandlungen (dm bzw. mm in cm) werden hier gefordert – es sei denn, alle Längenkarten werden in cm angeboten.

Unterrichtsverlauf

Zu Beginn messen die Mitspielenden mit dem Zollstock an 3 Gegenständen je eine Länge bis maximal 200 cm (auf ganze cm gerundet) und notieren sie auf ein Notizblatt. Die gemessenen Gegenstände und Längen bleiben vorerst geheim.

Die Längen der gewählten Gegenstände sind wie im Beispiel von Anja (Abb. 1) ganz verschieden. Wer mit den folgenden Spielregeln eine dieser Längen „abmessen" kann, gewinnt das Spiel.

Kompetitive Variante

Nun beginnt das eigentliche Spiel. Dazu ziehen die Lernenden je 4 Längenkarten. Je Spielrunde legen sie eine Karte und addieren oder subtrahieren den aufgedruckten Wert vom Zwischenstand, der auf dem Zollstock markiert ist. Ziel ist es, so einen der eigenen 3 Werte zu erreichen.

Anja beginnt und legt eine ihrer Längenkarten: 1 m 06 cm. Sie klebt ein Post-It mit „A1" (ers-

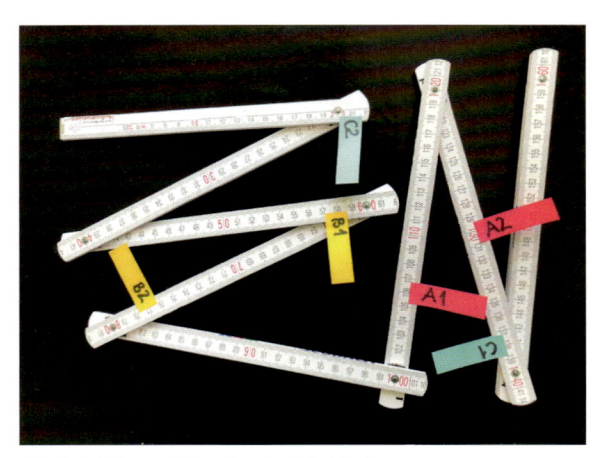

Abb. 2: Auf diesem Zollstock haben 3 Schülerinnen und Schüler je 2 Spielrunden absolviert.

te Länge von Anja) auf den Zollstock an die entsprechende Position. Falls Anja zufälligerweise eine Längenkarte zu einer ihrer 3 notierten Längen in der Hand hat, darf sie diese zu Spielbeginn nicht legen. Anja ergänzt nach dem Legen ihre Handkarten wieder auf 4 Stück.

Boris legt in seinem Zug 4 dm 8 cm und subtrahiert (oder addiert) von der bisherigen Länge. Er berechnet den neuen Spielstand 106 cm – 48 cm = 58 cm und befestigt das Post-It mit „B1" entsprechend am Zollstock. Auch er zieht zur Ergänzung eine Karte vom Stapel.

Cora legt 800 mm und addiert: 58 cm + 80 cm = 1 m 38 cm. Sie beschriftet ihr Post-it mit „C1" und klebt es an den Zollstock. Die Streckenlängen werden zur bisherigen Länge addiert oder subtrahiert, der neue Stand wird jeweils mit einem Post-It auf dem Zollstock markiert. Falls eine Addition eine Länge von mehr als 200 cm ergibt, wird ein Teil der Länge bis 200 cm verwendet, der Rest der Länge wird dann wieder rückwärts gezählt (z. B. 1 m 38 cm + 1 m 32 cm → 1 m 38 cm + (62 cm – 70 cm) = 1 m 30 cm). Umgekehrt kann es sein, dass eine Länge subtrahiert wird, die zu einer negativen Länge führen würde. Auch in diesem Fall wird der Subtrahend aufgeteilt (beispielsweise 56 cm – 106 cm → 56 cm – 56 cm + 50 cm = 50 cm).

Es wird reihum gespielt. Es gewinnt, wer zuerst eine seiner 3 Längen erreicht – es ist auch möglich, dass dies durch den Spielzug einer Gegnerin / eines Gegners geschieht.

Kooperative Variante

Die Längenkarten werden auf 3–4 Lernende aufgeteilt und dann für alle sichtbar ausgebreitet. Die Spielenden legen reihum je eine Karte in die Mitte, bis alle aufgebraucht sind, und versuchen, nach den Spielregeln – gemeinsam – möglichst viele Zielgrößen aller Beteiligten zu erreichen.

Anpassen

Zugang erleichtern

- Die Größen ausschließlich mit m und cm beschriften. Bei Bedarf werden einzelne Karten mit Längenangaben in m und cm ergänzt (z. B. die Karte *1 m 2 dm* mit „1 m 20 cm").

Ansprüche erhöhen

- Ein Spiel mit gebrochenen cm (z. B. 455 mm oder 1 m 23 cm 7 mm) ist wenig sinnvoll, da unter Einbezug von Millimetern 2000 verschiedene Längen möglich werden. Das Erreichen einer Zielgröße würde so sehr erschwert. Eine Erhöhung der Ansprüche durch schwierigere Maßzahlen wird nicht empfohlen.
- Das Spiel kann ohne die Stütze des Zollstocks gespielt werden. Der abgebildete Zollstock in den Kärtchen kann einfach abgeschnitten werden.

Auswerten – Reflexion

Die Lernenden versuchen individuell, mit allen (ausgebreiteten) Längenkarten in möglichst wenigen Zügen die eigenen 3 Zielgrößen zu erreichen. Die Zielgrößen sind jeweils durch Verknüpfen von mindestens 2 Karten zu erreichen.

Beispiel:
A hat die Zielgrößen 24 cm, 86 cm und 140 cm notiert.

24 cm	=	72 cm – 4 dm 8 cm
86 cm	=	106 cm – 3 dm + 1 dm
140 cm	=	11 dm + 3 dm

4.4 Triff's auf dem Zollstock

Abb. 3: Einige Impressionen aus der Erprobung in Rümligen, Kanton Bern (5. Schuljahr). Ausmessen von Gegenständen und Notieren der Längen auf einem „geheimen" Post-It (Bilder oben links). Die restlichen Bilder zeigen Spielsituationen. Der blaue Pfeil markiert die aktuelle Länge. Das Bild unten rechts zeigt das Messband, die Post-Its mit den angegebenen Längen, abgelegte Kärtchen auf dem Parkett sowie die 4 Handkarten einer Spielerin.

2 m	2 m	2 m	2 m
30 mm	1 dm	18 cm	25 cm
2 m	2 m	2 m	2 m
3 dm	3 dm 6 cm	4 dm 8 cm	550 mm
2 m	2 m	2 m	2 m
61 cm	7 dm	72 cm	7 dm 5 cm
2 m	2 m	2 m	2 m
810 mm	9 dm	94 cm	1 m
2 m	2 m	2 m	2 m
1 m 3 cm	106 cm	11 dm	2 dm
2 m	2 m	2 m	2 m
1 m 2 dm	1 m 32 cm	1 m 45 cm	163 cm

Abb. 4: Kopiervorlage Längenkarten **(M 4.4)**

155

4.5 Füll den Eimer

Kooperative Lernumgebung für Gruppen mit 3–4 Lernenden

Fokus:	Hohlmaße, Maßumwandlungen, Addition
Ziel:	einen Eimer möglichst genau mit 3 Litern Wasser füllen
Stufe:	3.–5. Schuljahr
Zeitbedarf:	1–2 Schulstunden
Material:	je Lerngruppe: • Spielwürfel • 1 Eimer mit 3 Litern Fassungsvermögen (real oder als Kopiervorlage) • 15 Becher bzw. entsprechende Becherkarten **(M 4.5.1)** • 1 Spielprotokoll **(M 4.5.2** oder **M 4.5.3)** • eventuell Kreppklebeband und Filzstift zur Beschriftung der Füllstände

Die Lernumgebung wurde für Band 2 angepasst (Lernumgebung 4.3: *Füll den Krug*). Dort wird auch mit dl und cl gerechnet.

Zum Inhalt

Voraussetzungen:	l und ml kennen
Automatisierung:	Hohlmaße addieren und umwandeln

Die Lernenden „messen" mit Gefäßen Wassermengen ab und gießen sie in einen Eimer. Wenn die Gefäße bzw. die Wassermengen geschickt kombiniert werden, kommt die Lerngruppe dem Füllziel von 3 Litern nahe. Dabei werden Vorstellungen zu Hohlmaßen aufgebaut, Maße umgewandelt sowie Additionen und Multiplikationen durchgeführt. Die Lernumgebung kann mit Becherkarten oder mit realen Gefäßen bearbeitet werden.

Unterrichtsverlauf

In der Lernumgebung werden Becherkarten oder – wie in der Erprobung im Gsiesertal – Gefäße aus dem Haushalt verwendet. In der Erprobung hatten die Lernenden den Auftrag erhalten, 3 Gefäße in den Unterricht mitzubringen. Dazu werden die Gefäße zu Hause – falls der Inhalt nicht schon prinzipiell am Gefäß angezeigt wird – mit einer gewünschten Menge Wasser gefüllt. Der Füllstand wird auf einem Klebestreifen markiert und beschriftet. Der Inhalt des kleinsten Gefäßes soll zwischen 5 ml und 50 ml liegen, derjenige des größten Gefäßes zwischen 150 ml und 300 ml. Durchsichtige Gefäße sind besser geeignet, weil dort die Füllhöhe auf der Außenwand beschriftet werden kann. Wir haben darauf geachtet, dass möglichst wenige ganze dl abgemessen wurden (ein Glas z. B. nicht mit „2 dl", sondern mit „22 cl" beschriften und entsprechend markieren). Selbstverständlich lassen sich Becher mit verschiedenen Füllhöhen bzw. Fassungsvermögen auch in der Schule vorbereiten – für eine Klasse mit 20 Kindern müssten allerdings ca. 50 Becher zur Verfügung stehen.

Nun werden Gruppen zu 3 oder 4 Lernenden gebildet. Die Schülerinnen und Schüler einer Lerngruppe wählen gemeinsam 8 der ihnen zur Verfügung stehenden Gefäße mit unterschiedlichen Volumina aus. Sie verwenden sie, um den Eimer (oder den Krug) mit 3 Litern zu füllen. In der Erprobung mussten einige Füllmarken neu angebracht werden, da mehrere Gefäße den gleichen Inhalt hatten. So standen einer Gruppe

4.5 Füll den Eimer

3 Gefäße mit den gleichen Füllmarken (0,2 l bzw. 200 ml) zur Verfügung. 2 der 3 Gefäße wurden daher mit neuen Füllmarken versehen, sodass die Gruppe schlussendlich ebenso 8 Gefäße mit 8 verschiedenen Füllmengen verwenden konnte.

Nun beginnt die eigentliche Aufgabe. In 8 Spielzügen soll ein (reales oder imaginäres) Gefäß mit möglichst genau 3 l Wasser befüllt werden. Mit einem Würfel wird jeweils festgelegt, wie oft mit dem Gefäß geschöpft werden kann. Welches Gefäß bei jedem Spielzug zum Einsatz kommt, kann die Gruppe frei wählen. Die Rechnungen werden jeweils protokolliert (Kopiervorlage Abb. 8).

Ein Kind aus der Lerngruppe würfelt mit dem Spielwürfel – im untenstehenden Beispiel eine 4. Die Gruppe entscheidet sich, die Tasse mit 26 cl = 260 ml zu verwenden. Die Lernenden stellen die Tasse auf das Protokoll und notieren die entsprechende Rechnung (4 · 260 ml = 1040 ml). In jeder Spielrunde wird nun ebenso verfahren: Die Anzahl Gefäßfüllungen wird mit dem Würfel bestimmt und im Protokoll notiert. Dazu wird ein passendes (und ebenfalls mitprotokolliertes) Gefäß gewählt. Die Gefäße sind jeweils so zu wählen, dass die Füllmenge nach 8 Spielzügen möglichst genau 3 l beträgt. So stehen nach 8 Spielrunden alle 8 Gefäße der Gruppe auf dem Protokollbogen (Abb. 2). Die Lerngruppen berechnen nun das theoretische Wasservolumen des Kruges. Sie dürfen nachträglich 2 der protokollierten Gefäße miteinander vertauschen, um dem Ziel von 3 Litern näher zu kommen.

Zum Abschluss werden die Wassermengen gemäß dem Protokoll in den Eimer gegossen. Entspricht die Füllmenge in der Praxis dem theoretisch bestimmten Volumen?

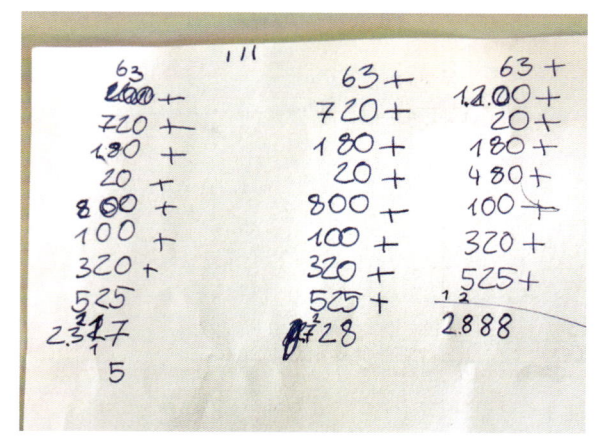

Abb. 1: Die Gruppe mit Lara, Polo und Manuel (4. Schuljahr, Gsiesertal, Südtirol) hat die Möglichkeit genutzt, Gefäße zu vertauschen. So haben sie den 2. Eintrag in der 2. Spalte von 720 ml (= 3 · 240 ml) in der 3. Spalte in 1200 ml (= 5 · 240) geändert. Sie haben so eine theoretische Füllmenge des Eimers von 2888 ml (oder 2,888 Litern) berechnet.

Abb. 2: Die 8 Gefäße einer Lerngruppe

> **B**
>
> Die Lerngruppe hat die Augenzahlen 4, 1, 5, 1, 6, 3, 3 und 4 gewürfelt und die Gefäße (Abb. 2) entsprechend angeordnet. Die Augenzahlen sind auf Klebeband geschrieben, einige davon sind in der Abbildung sichtbar. Das größte Gefäß mit 26 cl verwendet die Gruppe im ersten Spielzug und füllt den Eimer (4 · 26 cl = 1040 ml) bereits mit mehr als 1 Liter.

4 Mit Größen handeln

So wie die Lerngruppe die Gefäße angeordnet hat, ergibt sich folgende Rechnung:

4 ·	260 ml	=	1040 ml
1 ·	63 ml	=	63 ml
5 ·	180 ml	=	900 ml
1 ·	200 ml	=	200 ml
6 ·	14 ml	=	84 ml
1 ·	130 ml	=	130 ml
3 ·	100 ml	=	300 ml
4 ·	57 ml	=	228 ml
total			2815 ml

Die Lerngruppe erreicht das Füllziel von 3 l also beinahe. Auch hier kann vor dem konkreten Nachmessen von der Gelegenheit, 2 Gefäße zu tauschen, Gebrauch gemacht werden. In diesem Fall bringt der Tausch des 0,2-l-Glases (1 ·) – mit dem 1-dl-Glas (3 ·) weitere 2 dl ein. Die theoretische Füllmenge beträgt dann 3015 ml = 3,015 l.

Bevor die Rechnung konkret umgesetzt wurde, haben die meisten Lerngruppen von der Möglichkeit Gebrauch gemacht, zwei Gefäße zu vertauschen (z. B. 5 · 180 ml und 2 · 57 ml in 5 · 57 ml und 2 · 180 ml).

Falls mit den Füllkarten (Abb. 7) gearbeitet wird, empfehlen wir ein leicht abgeändertes Vorgehen. Wie bei der Arbeit mit Gefäßen wird in der Gruppe reihum gewürfelt. Nach dem Würfeln wird jeweils einer der Becher gewählt und entsprechend der Anzahl Würfelaugen 1- bis 6-mal in den Krug auf dem Protokollblatt „geleert" (Abb. 6). Der verwendete Becher wird dann zur Seite gelegt und darf nicht mehr verwendet werden. Die Füllmenge wird auf dem Blatt mit Farbe markiert bzw. zum letzten Füllstand hinzugefügt, das entsprechende Volumen [ml] wird daneben notiert. Die Aufgabe ist zu Ende, wenn alle Becher benutzt wurden. Wie genau erreicht die Gruppe den angepeilten Füllstand?

Abb. 3: Stilstudien einer Lerngruppe (4. Schuljahr) im Gsiesertal, Südtirol: Dorothea, Nathanael (mit dem Eimer im Hintergrund); Laura und Omar einigen sich auf die 8 Gefäße und diskutieren ihre Vorgehensweise.

Anpassen

Zugang erleichtern

- Es darf nach jedem Würfeln entschieden werden, welcher Becher verwendet wird. Ein Becher kann so auch mehrere Male verwendet werden.

Ansprüche erhöhen

- Man darf nicht nur auffüllen, sondern auch Wasser aus dem Krug in den Eimer zurückfüllen.
- In Band 2 für das 5. bis 7. Schuljahr wird eine etwas anspruchsvollere kompetitive Version des Spiels beschrieben.

Auswerten – Reflexion

- Falls mit Wasser und echten Gefäßen gespielt wird, wird die theoretisch berechnete Menge mit großer Wahrscheinlichkeit von der tatsächlich vorhandenen Menge abweichen. Dies kann in einer Diskussion begründet werden. In der Erprobung waren die Messungen jedoch bei allen Gruppen erstaunlich nahe am berechneten Volumen.
- Gelingt es, die Becher so zu wählen, dass genau 3 Liter abgemessen werden?

Spielvarianten

Die Aufgabe lässt sich auf andere Maße adaptieren: auf Längenmaße, Gewichtsmaße oder sogar Zeitmaße.

Abb. 4: Die Gefäße werden den gewürfelten Zahlen zugeordnet, das Protokoll wird mit jedem Spielzug nachgetragen.

Abb. 5: Die Lerngruppe hat laut Protokoll ein theoretisches Gesamtvolumen von 2 l 835 ml berechnet. Ein Gefäß nach dem anderen wird nun in der gegebenen Anzahl gefüllt und in den Eimer geschüttet. Das gemessene Ergebnis hat hier genau mit dem Rechenergebnis übereingestimmt.

4 Mit Größen handeln

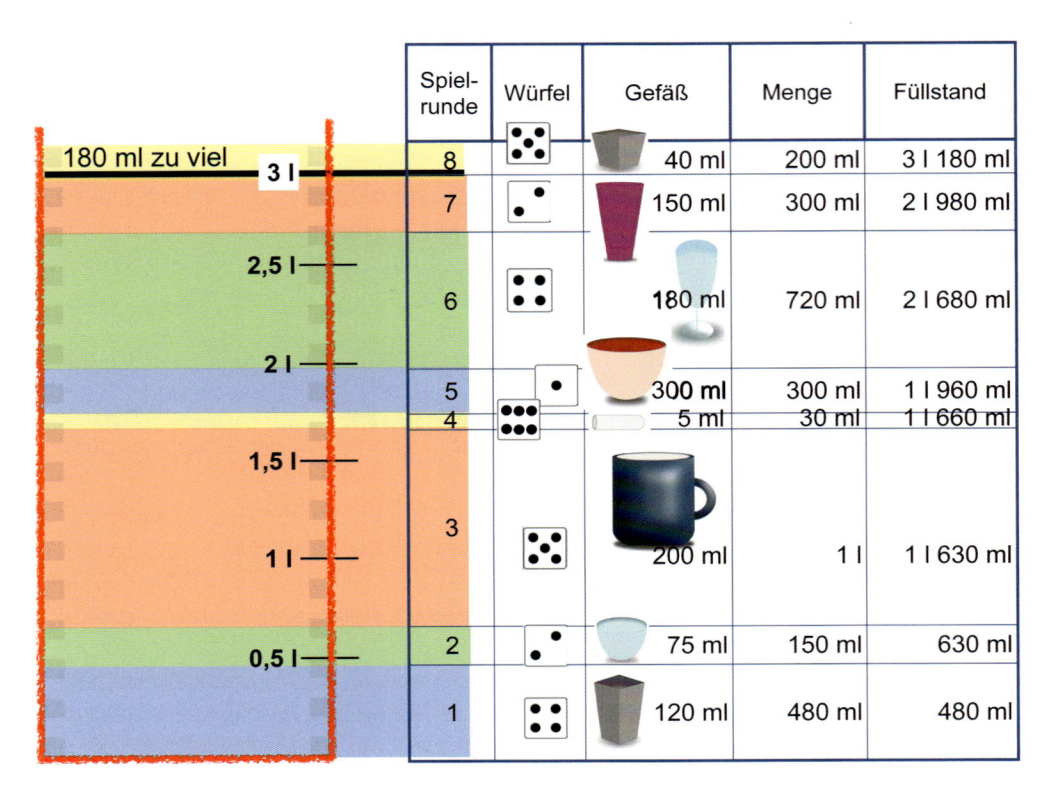

Spielrunde	Würfel	Gefäß	Menge	Füllstand
8	⚄	40 ml	200 ml	3 l 180 ml
7	⚀	150 ml	300 ml	2 l 980 ml
6	⚄	180 ml	720 ml	2 l 680 ml
5	⚀	300 ml	300 ml	1 l 960 ml
4	⚅	5 ml	30 ml	1 l 660 ml
3	⚄	200 ml	1 l	1 l 630 ml
2	⚀	75 ml	150 ml	630 ml
1	⚃	120 ml	480 ml	480 ml

Füllsäule: 180 ml zu viel; Markierungen bei 3 l, 2,5 l, 2 l, 1,5 l, 1 l, 0,5 l

Abb. 6: Der Spielverlauf mit Karten kann auf zwei Arten festgehalten werden: zum einen, indem die Füllsäule links allmählich aufgefüllt wird, zum anderen mit dem Spielprotokoll rechts. Wir empfehlen, nach jedem Spielzug sowohl die Füllsäule als auch das Spielprotokoll nachzutragen. Dies kann in der Gruppe arbeitsteilig erfolgen.

Becherkarten:
- 1 dl 25 ml / 125 ml
- 1 dl / 100 ml
- 2 dl / 200 ml
- 12 cl / 120 ml
- 4 cl / 40 ml
- 5 ml
- 1 dl 4 cl / 140 ml
- 18 cl / 180 ml
- 8 cl / 80 ml
- 15 cl / 150
- 55 ml
- 175 ml
- 240 ml
- 75 ml
- 18 ml

Abb. 7: Kopiervorlage Becherkarten **(M 4.5.1)**

4.5 Füll den Eimer

1. Runde	gewürfelt:	2. Runde	gewürfelt:
Rechnung: • ml = ml		Rechnung: • ml = ml	
3. Runde	gewürfelt:	4. Runde	gewürfelt:
Rechnung: • ml = ml		Rechnung: • ml = ml	
5. Runde	gewürfelt:	6. Runde	gewürfelt:
Rechnung: • ml = ml		Rechnung: • ml = ml	
7. Runde	gewürfelt:	8. Runde	gewürfelt:
Rechnung: • ml = ml		Rechnung: • ml = ml	

Abb. 8: Kopiervorlage Spielprotokoll für Spiel mit Gefäßen **(M 4.5.2)**

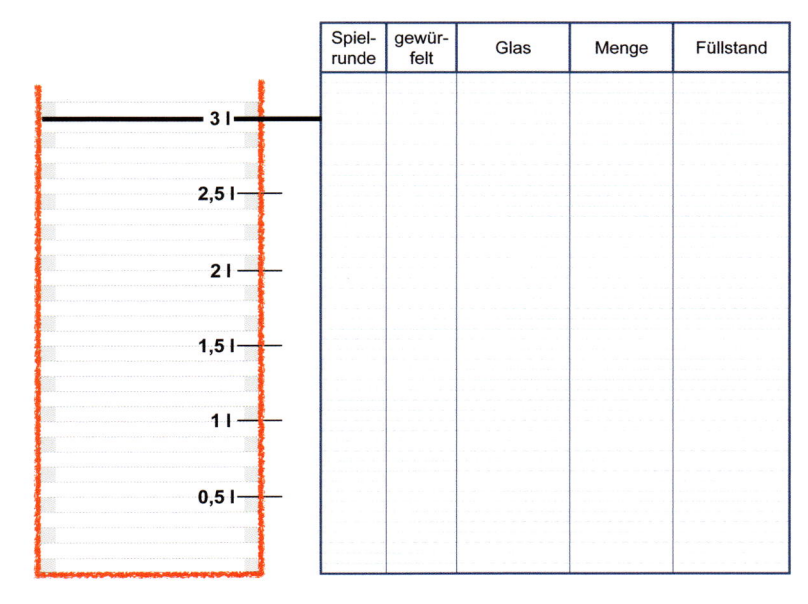

Spielrunde	gewürfelt	Glas	Menge	Füllstand

Abb. 9: Kopiervorlage Spielprotokoll für das Spiel mit Becherkarten **(M 4.5.3)**

4.6 Steck 1 kg in die Tüte

Kooperative oder kompetitive Lernumgebung für Gruppen mit 3–4 Lernenden

Fokus:	Gewichtsmaße, Addition, Subtraktion, Maßumwandlungen, Gleichungen
Ziel:	eine Tüte mit Gegenständen füllen, die zusammen möglichst genau 1 kg wiegen
Stufe:	3.–6. Schuljahr
Zeitbedarf:	ca. 1 Schulstunde
Material:	• Digitalwaage mit g-Anzeige (für die kompetitive Inszenierung bis mindestens 5 kg) • Kleiderbügel • Plastiktüten • Steine, die vor dem Unterricht mit ihrem Gewicht (in g) beschriftet werden

Siehe auch *MATHWELT 2*, Thema 14, Aufgabe 4 (Themenbuch, 2. Semester, S. 31)
Die Aufgabe wurde in Band 2 nicht aufgenommen.

Zum Inhalt

Voraussetzungen:	Kenntnis der Gewichtsmaße g und kg, im 1000er-Raum addieren
Automatisierung:	Gegenstände wiegen und zusammenzählen, im 1000er-Raum addieren

Es werden Gewichte bis 1 kg = 1000 g addiert und subtrahiert. Inhaltlich machen sich die Lernenden mit der Größe „Gramm" vertraut und übertragen 1000 g in 1 kg. In Österreich ist außerdem das Dekagramm in Gebrauch (*deka* ist das altgriechische Wort für „zehn"), in Italien kauft man Käse und Fleisch in der Regel „per etto", also pro Hektogramm. In Deutschland und der Schweiz sind mittlerweile nur noch die Maßeinheiten g und kg gebräuchlich.

In der Aufgabe gilt es, sich dem Ziel (1 kg) mit einfachen und eingeschränkten Mitteln anzunähern.

Inwiefern man in der Primarstufe vom umgangssprachlichen „Gewicht" oder – physikalisch korrekt – von „Masse" sprechen soll, ist seit Langem ein strittiger Punkt. In diesem Band orientieren wir uns an der umgangssprachlichen Sprechart und verwenden den Begriff „Gewicht".

Unterrichtsverlauf

Kooperative Variante

Die Schülerinnen und Schüler arbeiten in Gruppen zu 3 oder 4. Sie benötigen 8 verschieden schwere Gewichtssteine mit Gewichten zwischen 5 g und 300 g. Man könnte den Lernenden am Tag zuvor den Auftrag erteilen, je 2–3 Steine zwischen 5 g und 300 g Gewicht zu waschen, abzuwiegen, mit dem Gewicht in g zu beschriften und dann in den Unterricht mitzubringen. Falls nötig, wird das Gewicht der Steine zu Beginn der Lektion bestimmt und mit wasserfestem Filzstift auf den Stein geschrieben.

Nun wird das Prinzip der Balkenwaage mit dem Kleiderbügel geklärt (es funktioniert nur, wenn die beiden Schenkel des Kleiderbügels gleich lang sind): Am Kleiderbügel hängen zwei Plastiktüten, in die eine Plastiktüte werden Steine gelegt, die andere Tüte wird mit Gegenständen (Etui, Schreibstifte, Hefte usw.) gefüllt, bis der Kleiderbügel im Gleichgewicht ist.

Die Gegenstände in der einen Tüte sind nun zusammen etwa gleich schwer wie die Steine in der anderen Tüte. Dies wird mit der Digitalwaage gemeinsam geprüft.

Die Gruppen erhalten nun den Auftrag, mithilfe der Kleiderbügelwaage und den bereits bekannten Gewichtssteinen eine Tüte mit Gegenständen (nicht mit den Gewichtssteinen) zu füllen, deren Gesamtgewicht möglichst genau 1 kg schwer ist. Die „neuen" Gegenstände werden einzeln oder gemeinsam mit anderen Gegenständen ausgewogen und die Gewichte notiert (z. B. 3 Bleistifte, 1 Gummi und 1 Spitzer sind zusammen mit dem 12-g-Stein gleich schwer wie der 70-g-Stein, wiegen also 58 g). Anschließend werden die Gegenstände so ausgewählt, dass das Gesamtgewicht möglichst genau 1 kg entspricht. Welche Gruppe kommt dem Ziel am nächsten?

Die Lerngruppen bringen ihre gefüllten Tüten nach getaner Arbeit zur Lehrperson, die das Gewicht der Tüten mit der Digitalwaage bestimmt und die Gruppenergebnisse an die Wandtafel schreibt.

Um die Interaktion während der Bearbeitung in der Gruppe nicht unnötig zu stören, wird vorgeschlagen, von den Gruppen kein Protokoll einzufordern.

Alle neun Gruppen aus der Erprobung (Gsiesertal und Kanton Bern) haben Tüten mit einem Gewicht zwischen 900 g und 1 kg 250 g abgegeben. Die Gruppe mit 1250 g hatte etwas Pech. Die Referenztüte war etwas zu schwer, die Lernenden haben die Tüte mit Gegenständen überfüllt und die Kleiderbügel waren nicht ganz symmetrisch. In der Summe hat dies zu der Abweichung von 250 g geführt.

Kompetitive Variante

2–4 Spielende einigen sich auf einen großen Stein (oder auf ein schweres Buch) als Zielgröße. Der Stein oder das Buch wird auf der Digitalwaage gewogen, das Gewicht wird auf dem Gegenstand notiert.

Nun wird eine Schüssel auf die Waage gestellt. Diese wird mit vielen wesentlich leichteren Gegenständen oder Steinen gefüllt, bis das Gesamtgewicht der Gegenstände oder der Steine dasjenige der Zielgröße um ein Vielfaches übertrifft (bei 2 Spielenden z. B. ca. um das 3-fache, bei

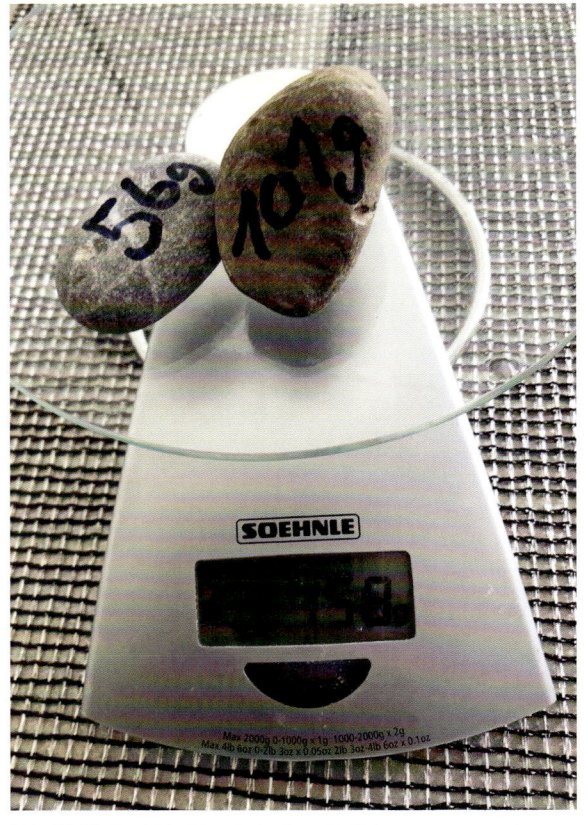

Abb. 10: Die Gewichtssteine sind unterschiedlich schwer und werden einzeln ausgewogen.

Abb. 2: Der Kleiderbügel funktioniert wie eine Balkenwaage. Wenn die beiden Tüten gleich schwer sind, sind die Schenkel des Kleiderbügels auf gleicher Höhe. Achtung: Kleiderbügel vorher daraufhin kontrollieren, ob sie waagrecht hängen.

4 Mit Größen handeln

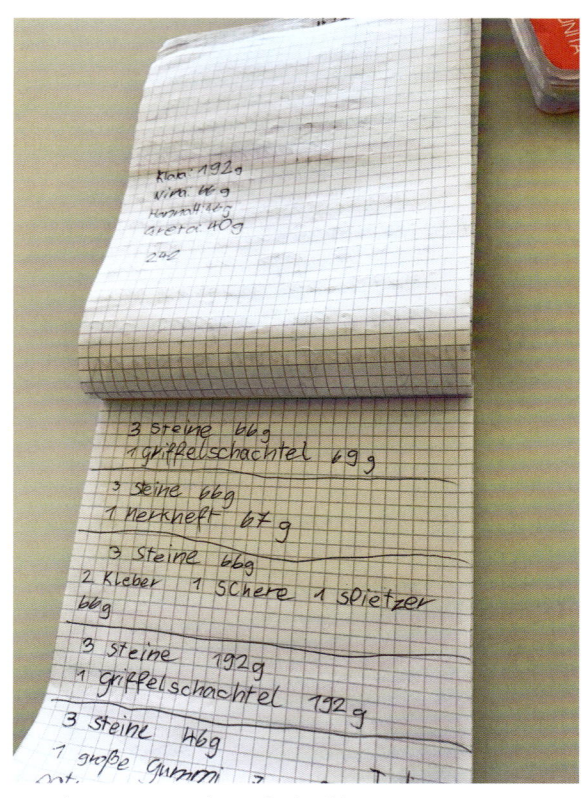

Abb. 3: Kirsten, Nadia, Hilde und Gaby (Südtirol, Gsiesertal) haben einzelne Gegenstände ausgewogen und genau Buch geführt. Sie haben sich „ihre Tüte" dann mit einzelnen Gegenständen gefüllt und deren Gewicht addiert.

3 Spielenden ca. um das 4-fache). Das Gesamtgewicht aller Gegenstände wird bestimmt und notiert.

Beispielsweise haben Annika, Bojan und Cécile ein schweres Buch mit 1346 g Gewicht als Zielgröße gewogen. Die Schüssel wurde mit Gegenständen mit einem Gesamtgewicht von 4150 g gefüllt. Nun wählen die drei jeweils einen Gegenstand aus der Schüssel und wiegen ihn. Annikas Stein wiegt 128 g, sie weiß also, dass sie ungefähr 10 solcher Gegenstände benötigt. Der Stein von Bojan wiegt 76 g, derjenige von Cécile wiegt genau 100 g. Annika, Bojan und Cécile ergänzen ihre Steine und Gegenstände reihum durch weitere Steine oder Gegenstände, die sie aus der Schüssel „fischen". Die Gegenstände werden nun nicht mehr gewogen. Die Lernenden schätzen also „nach Gefühl" das Gewicht der neuen Gegenstände und addieren im Kopf auf. Wer den Eindruck hat, dass das Gesamtgewicht seiner Gegenstände der Zielgröße gut entspricht, steigt aus der „Nimm-Runde" aus. Einmal gezogene Steine werden nicht zurückgelegt. Wenn alle Lernenden mit ihrem Gesamtgewicht zufrieden sind, werden die „Haufen" der Lernenden einzeln gewogen. Wer kommt der Zielgröße am nächsten?

Anpassen

Zugang erleichtern
Die kooperative Variante sollte von allen Gruppen – mit mehr oder weniger Erfolg – zu meistern sein, eine Vereinfachung drängt sich nicht auf.

Ansprüche erhöhen
Dieser Hinweis bezieht sich auf die kooperative Variante:

- Jeder Lerngruppe stehen lediglich 2 oder 3 (statt 8) Gewichtssteine zur Verfügung. Somit müssen die Lerngruppen neue Hilfsgrößen bestimmen, indem sie das Gewicht der Steine addieren (am gleichen Schenkel des Bügels) oder subtrahieren (Steine an beiden Schenkeln des Bügels). (Ein Vorgehen dafür wird bei den Ausführungen zum Auswerten vorgeschlagen.)

Auswerten – Reflexion

Die Lehrperson legt am Ende der Unterrichtseinheit einen schweren Stein (z. B. 345 g) in eine Tüte, einen leichteren Stein in eine andere Tüte (z. B. 32 g). Nun werden Gegenstände in die leichtere Tüte gefüllt, die den Kleiderbügel ins Gleichgewicht bringen. Wie schwer sind diese Gegenstände? In unserem Beispiel sind sie ca. 345 g – 32 g = 313 g.

Ebenso lohnt sich eine Diskussion über Ungenauigkeiten:
- Wenn die Tüten an den Schenkeln des Kleiderbügels etwas nach links oder rechts gerückt werden, verändert sich die Lage des „Balkens".
- Ein Tauschen der Tüten an den Schenkeln des Kleiderbügels gibt Aufschluss über die Symmetrie der Waage.
- Das Justieren mit einer Wasserwaage oder mit einer langen Latte am Kleiderbügel erleichtert es, den Bügel exakt horizontal auszurichten.

Abschließend diskutieren die Lernenden in ihren Lerngruppen ihr Vorgehen. Was haben sie gut gemacht? Was müsste man berücksichtigen, um noch näher an die geforderte Marke von 1 kg zu kommen?

4 Mit Größen handeln

4.7 Wer feiert Silvester?

Kompetitive Lernumgebung für Gruppen mit 2–4 Lernenden

> **Fokus:** Uhrzeit, Zeitspannen, Kalender, Maßumwandlungen
> **Ziel:** mit den eigenen Spielmarken durch Glück und dosiertes Risiko möglichst rasch auf den 31. Dezember zwischen 20:00 und 24:00 Uhr vorrücken
> **Stufe:** 3.–6. Schuljahr
> **Zeitbedarf:** 1–2 Schulstunden
> **Material:** je Lerngruppe:
> - Spielplan **(M 4.7)**
> - 3 gleichfarbige Spielfiguren je Spielerin und Spieler
> - Spielwürfel
> - eventuell Kalender (Monate mit 28, 30 und 31 Tagen)

Eine etwas anspruchsvollere Version der Lernumgebung befindet sich in Band 2 (Lernumgebung 4.4: *Wer feiert Silvester?*).

Zum Inhalt

> **Voraussetzungen:** (unter Umständen noch nicht gefestigte) Kenntnisse zu verschiedenen Zeitabschnitten (Monat, Woche, Tag, Stunde, Viertelstunde) sowie zum Kalender
> **Automatisierung:** Zeiteinheiten umwandeln und addieren

Die Lernenden rücken in einem Jahreskalender von einer gegebenen Position um bestimmte Zeitspannen vor, um Silvester zu erreichen. Sie bestimmen durch eigenes Entscheiden und durch Würfeln Zeitspannen, um die sie auf einem Spielplan jeweils vorrücken. Dabei gewinnen sie an Sicherheit im Umgang mit Zeitmaßen und beschäftigen sich mit den Zeiteinheiten Monat (= 28, 30 oder 31 Tage!), Woche, Tag, Stunde und Minute.

Bei der Spielversion in Band 2 für die Schuljahre 5–7 rechnen die Lernenden u. a. gebrochene Zeitspannen in andere Zeitmaße um.

Unterrichtsverlauf

Zu Beginn wird die Tabelle mit den Zeitspannen in der Klasse diskutiert. Was bedeutet die Angabe 3 Monate und 6 Tage? Wie rückt man diese Zeitspanne auf dem Spielplan vor? Spielt es eine Rolle, ob der Monat, auf dem man sich befindet, 30 oder 31 Tage hat?

> **B**
> Was bedeutet das Vorrücken um 18 h 30 min, wenn man am 30. April auf 12:45 Uhr steht? Man rückt damit auf den nächsten Tag (1. Mai) morgens 7:15 Uhr vor.

Nun erhalten alle Mitspielenden 3 gleichfarbige Spielfiguren. Am besten stellen die Lernenden ihre 3 Spielfiguren jeweils auf 3 beliebige Felder (Monat, Kalendertag und Uhrzeit) des Spielplans (Abb. 1) und rücken mit den Figuren um eine in der Tabelle angezeigte Zeitspanne vor. Fragen werden dabei gemeinsam diskutiert.

Das eigentliche Spiel beginnt nach dieser Klärungsphase. Das Spiel startet in der ersten Neujahrsstunde: Alle Mitspielenden stellen ihre 3 Spielfiguren also jeweils auf die orangenen Fel-

4.7 Wer feiert Silvester?

der Januar (Monat) 1 (Tag) und 00:00 (Uhrzeit). Es ist das Ziel, als Erste/Erster ein Jahr später Silvester zu feiern. Dieses Ziel wird am 31. Dezember zwischen 21:00 und 24:00 Uhr erreicht. In diesem Fall stehen alle 3 Figuren einer Spielerin/eines Spielers auf einem roten Feld.

Die Zeitspanne, um die vorgerückt werden darf, wird mit einem Würfel und einer Tabelle (Abb. 2) bestimmt. Die Zuordnung der Zeitspannen zu den gewürfelten Zahlen unterliegt keiner Systematik, hat sich jedoch bei der Erprobung als günstig erwiesen. Es wird reihum mit einem Spielwürfel gewürfelt. Vor dem Würfeln entscheiden sich die Schülerinnen und Schüler jeweils, ob die „rasante", „schnelle", „langsame" oder „schleichende" Angabe in der Tabelle vorgerückt werden soll. Je nach Entscheidung erhält die gewürfelte Augenzahl eine andere Bedeutung. „Rasant 4" bedeutet ein Vorrücken um 3 Monate 6 Tage, „langsam 4" um nur 18 h 30 min.

Die Spielenden bewegen ihre Spielfiguren dann jeweils entsprechend der gewürfelten Zeitabschnitte, wie in der Tabelle für die jeweiligen Würfelzahlen ausgewiesen.

> **B**
> Alice steht auf dem 5. Dezember, 16:00 Uhr. Sie entscheidet sich, langsam vorwärtszurücken und würfelt anschließend eine 5. Die Spielfiguren werden nun um 3 Tage 15 h bewegt. Alice steht neu auf dem 9. Dezember 07:00 Uhr.

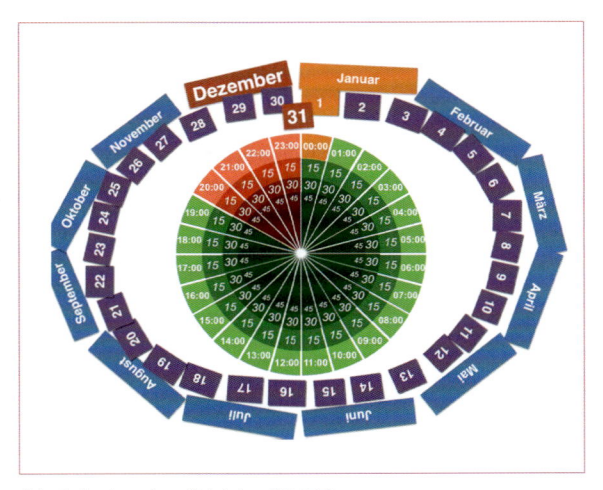

Abb. 1: Kopiervorlage Spielplan **(M 4.7)**

Wenn jemand in einem Spielzug Silvester verfehlt und irgendwo im neuen Jahr landet, können die Spielfiguren um den gewürfelten Zeitabschnitt zeitlich zurück- statt nach vorne bewegt werden. Stehen bleiben und passen ist nicht erlaubt.

Wer erreicht Silvester zuerst?

Anpassen

Zugang erleichtern
In den Erprobungen hat sich herausgestellt, dass sich auch die Kinder der 3. Klasse sehr gut bei der Arbeit an der Lernumgebung einbringen konnten. Demnach erscheint eine mögliche Erleichterung lediglich darin zu bestehen, zusätzliche Zeit

Zeitabschnitte	⚀	⚁	⚂	⚃	⚄	⚅
rasant	5 Wochen	$1\frac{1}{2}$ Monate	$2\frac{1}{2}$ Monate	3 Monate 6 Tage	3 Monate 21 Tage	$4\frac{1}{2}$ Monate
schnell	7 Tage 12 h	12 Tage 16 h	20 Tage 10h	3 Wochen 2 Tage	4 Wochen 3 Tage	6 Wochen
langsam	6 h 15 min	12 h 30 min	18 h 30 min	1 Tag 10 h	3 Tage 15 h	1 Woche
schleichend	15 min	45 min	75 min	120 min	3 h 30 min	4 h

Abb. 2: Zuordnung Würfelaugen – Zeitspannen

4 Mit Größen handeln

Abb. 3: Nando, Piotr und Oli (4. Schuljahr, Gsiesertal, Südtirol) bei einem Spiel. Nando (grün) ist bereits am 30. Dezember 07.45 Uhr angelangt. Die Zeitspannen, um die jeweils vorgerückt wird, wurden hier auf einem improvisierten Plan dargestellt.

zur Besprechung der Zeitangaben einzuplanen. Die Uhrzeit wegzulassen würde die Lernumgebung unseres Erachtens zu trivial werden lassen. Als weitere Hinweise geben wir hier deswegen an, welche Operationen einigen Lernenden in der Erprobung Schwierigkeiten bereitet haben:
- 4 Wochen und 3 Tage haben einige Lernende mit 1 Monat und 3 Tagen gleichgesetzt.
- Das Vorrücken um einige Stunden bringt es oft mit sich, dass Mitternacht überschritten wird. In diesem Fall wird auch das Datum nach vorne gestellt.
- In der Erprobung haben einige Lernende nicht taktisch gespielt. So wurde u. a. bereits zu Beginn oder ab Ende Mai der „langsame" Würfel verwendet.
- Das Vorrücken um einen halben Monat: Je nach Monat bedeutet dies 15 Tage, 15 Tage 12 h oder 14 Tage bzw. in einem Schaltjahr 14 Tage 12 h.

Ansprüche erhöhen
- Nach dem ersten Spiel erfinden die Lernenden eigene Spielregeln. Dabei können u. a. die Zeitspannen in der Tabelle, das Würfeln (z. B. mit 2 Würfeln) oder das Spielziel (z. B. alle Geburtstage der Mitspielenden in einem Jahr treffen) angepasst werden.

Auswerten – Reflexion

Mit der Klasse wird ein Gespräch über mögliche Fehlerquellen geführt. Auf welche möglichen Fehler haben die Lernenden beim Spiel geachtet?

Insbesondere gilt es, folgende Stolpersteine zu beachten:
- Anzahl Tage je Monat: 28, 30 oder 31 Tage.
- Wenn die Uhrzeit Mitternacht überschreitet, ändert sich auch der Wochentag.
- 4 Wochen sind 28 Tage und nicht ein Monat.

4.8 Stell die richtige Zeit ein

Kooperative oder kompetitive Lernumgebung für Gruppen mit 3–4 Lernenden

> **Fokus:** Zeitmaße, Uhrzeit, Addition, Subtraktion
> **Ziel:** vor den anderen Mitspielenden eine individuell vorgegebene Uhrzeit einstellen
> **Stufe:** 2.–4. Schuljahr und 5.–7. Schuljahr (mit den Aktionskarten, Set 2)
> **Zeitbedarf:** 20 Minuten – 1 Schulstunde
> **Material:** je Spielerin/Spieler:
> - eine Spieluhr; für die Herstellung werden 2 Zeiger aus Pappe,
> - 1 Papierkreis und 1 Reißzwecke benötigt
>
> je Lerngruppe:
> - 2 Spielwürfel
> - Aktionskarten (**M 4.8.1** oder **M 4.8.2**)

Eine anspruchsvollere Variante für die Schulstufen 5–7 ist durch die Verwendung eines alternativen Sets Aktionskarten (mit gebrochenen Zahlen) in diesem Band beschrieben. In Band 2 befindet sich keine entsprechende Aufgabe.

Zum Inhalt

> **Voraussetzungen:** Uhrzeiten kennen
> **Automatisierung:** Uhrzeit ablesen und einstellen, Zeitdauern addieren und subtrahieren

Die Lernenden addieren zu oder subtrahieren von einer bestimmten Uhrzeit Stunden und Minuten und stellen die Uhr entsprechend.

Die Uhrzeit ist für viele Lernende anspruchsvoll. Das liegt sicher auch daran, dass die Zeitmaße – im Gegensatz zu allen anderen bei uns gebräuchlichen Größen – im 19. Jahrhundert nicht dem dezimalen Stellenwertsystem angepasst wurden. Die Zeiteinheit Minute hat ihren Ursprung im babylonischen Sexagesimalsystem, in dem Brüche in der Regel als Vielfache eines 60stels oder eines 3600stels verstanden wurden. Die 60stel – die Minuten – wurden später lateinisch *pars minuta* („verminderter Teil"), die 3600stel (ein 60stel eines 60stels) als *pars minuta secunda* („zweiter verminderter Teil") be-

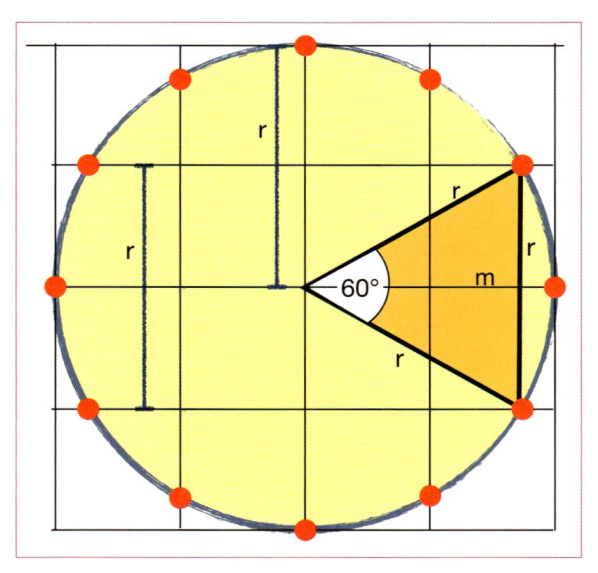

Abb. 1: Mit dieser Skizze lässt sich begründen, weshalb die beschriebene Faltung zu einer exakten 12-Teilung des Kreises führt.

zeichnet, woraus die Sekunde wurde. Die Minute wird mit *min* abgekürzt. Früher waren auch *Min* und *Min.* gebräuchlich. Heute sind für Zeitspannen – vor allem im Sport – Kurzschreibweisen

4 Mit Größen handeln

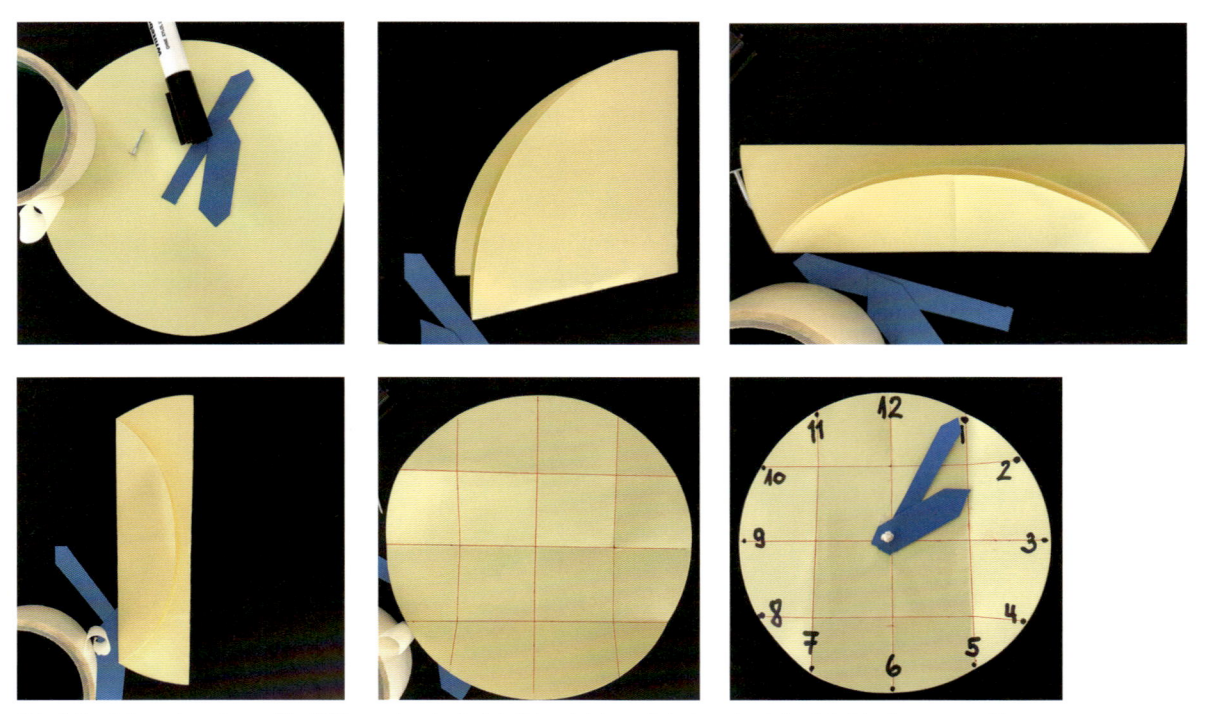

Abb. 2: Herstellung einer eigenen Uhr. Mit Lernenden des 3. Schuljahres ist dazu mindestens eine halbe Schulstunde zu veranschlagen.

gebräuchlich. So bedeutet *1h 30′45″* „1 Stunde und 30 Minuten und 45 Sekunden". Die Schreibweisen sind aber oft an einen Kulturkreis oder an eine Sprache gebunden. Im deutschsprachigen Kulturkreis ist etwa auch die Schreibweise *1 h 30 min 45 s* gebräuchlich.

Im Abschnitt *Unterrichtsverlauf* wird angeregt, selbst eine Uhr herzustellen. Dazu wird ein Kreis mehrere Male so gefaltet, dass die Schnittpunkte von Kreisperiphere und Faltlinien ein reguläres Zwölfeck ergeben. Weshalb so ein reguläres Zwölfeck entsteht, lässt sich mit der Skizze in Abb. 1 zeigen. Es ist unmittelbar ersichtlich, dass die 3 vertikal eingezeichneten blauen Strecken gleich lang wie der Radius sind. Auch die beiden Strecken vom Zentrum an den Kreisrand sind Radien, das eingezeichnete orangene Dreieck ist daher ein gleichseitiges Dreieck mit 3 60°-Winkeln. Da es symmetrisch ist, ist die waagrechte Linie m die Winkelhalbierende des Dreiecks, die den 60°-Winkel in 2 30°-Winkel teilt. Analog lässt sich begründen, dass alle Zentriwinkel 30° messen müssen.

Unterrichtsverlauf

Zuerst werden alle Lernenden mit einer Uhr ausgerüstet oder aber die Uhren werden – wie in der Skizze (Abb. 1) angedeutet – selbst hergestellt. Dazu werden Kreise, Pappzeiger und Reißwecken benötigt. Ein Kreis kann auf einfache Art so gefaltet werden, dass eine exakte 12er-Einteilung auf der Kreislinie entsteht. Die Herstellung der Uhr ist in der Bildstrecke in Abb. 2 dargestellt.

Für die eigentliche Aufgabe arbeiten 3 oder 4 Lernende miteinander. Je nach Spielschluss ist die Zusammenarbeit kooperativ oder kompetitiv. Alle haben ihre persönliche Uhr vor sich liegen und stellen die Startzeit auf 12:00 Uhr.

Nun würfeln die Spielenden reihum ihre Zielzeit. Dazu werden 2 Würfel 2-mal nacheinander gespielt und ihre Werte jeweils addiert: Es werden beispielsweise die Würfelsummen 5 und 8 gewürfelt. Die erste Würfelsumme bestimmt die Uhrzeit (z. B. 5 für 5:00 Uhr), die zweite Würfelsumme bestimmt die Minuten und wird mit 5 multipliziert (z. B. 8 · 5 = 40). Die Zielzeit ist also 5:40 Uhr.

4.8 Stell die richtige Zeit ein

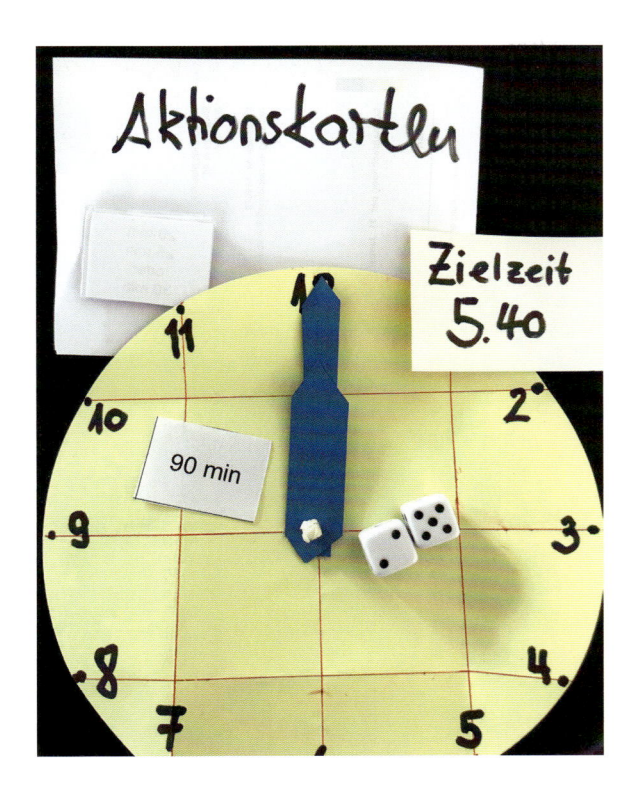

Abb. 3: Die erste Spielrunde: Die Spielerin hat die Aktionskarte 90 min aufgedeckt. Sie wird nun die Uhr um 90 min zurück- (10:30) oder vorstellen (01:30).

Die Lernenden notieren für alle sichtbar ihre Zielzeit neben ihrer Uhr.

Die Aktionskarten (Abb. 4) werden gemischt und auf einen gemeinsamen Stapel gelegt. Anina hat die späteste Zielzeit gewürfelt und zieht daher die erste Karte, z. B. *90 min*. Sie entscheidet sich, ob sie den Auftrag, ihre Uhrzeit um 90 min zu verstellen, annehmen will oder nicht. Sie nimmt den Auftrag an. Sie stellt nun ihre Uhr um 90 min vor (auf 01:30 Uhr) könnte sie aber auch um 90 min zurückstellen (auf 10:30 Uhr).

Anina könnte aber auch passen. In diesem Fall darf Benno die Aktionskarte nutzen, könnte sie aber auch weiter an Cordula reichen. Will auch Cordula die Aktionskarte nicht nutzen, verfällt diese.

Nun deckt Benno mit der Zielzeit 04:45 Uhr seine erste Aktionskarte auf. Auch für ihn gilt: Er stellt seine Uhrzeit um die entsprechende Zeitspanne vor- oder zurück oder reicht die Aktionskarte an Cordula (und dann gegebenenfalls an Anina) weiter. Auch Cordula kann in ihrem Zug die Aktionskarte annehmen oder weiterreichen.

Einige Aktionskarten enthalten 2, einige sogar 3 Optionen. So entscheiden die Lernenden etwa bei der Aktionskarte *20 min, 25 min oder 30 min* selbst, welche der 3 Zeiten sie verwenden, um die Uhr entsprechend vor- oder zurückzustellen. Für den Spielschluss gibt es verschiedene Varianten:
- Jemand erreicht die Zielzeit genau. (Diese Variante kann bei Bedarf auch kompetitiv gespielt werden – es gewinnt, wer die Zielzeit zuerst erreicht.)
- Alle Mitspielenden sollen ihre Zielzeit genau erreichen, wer sie erreicht hat, spielt nicht mehr mit. Schafft die Gruppe dieses Ziel, ohne dazu alle Aktionskarten „aufzubrauchen"?
- Die Summe der Differenzen zu den Zielzeiten beträgt weniger als 30 Minuten.
- Alle Aktionskarten wurden gespielt (egal, ob sie benutzt wurden oder nicht). Die Summe der Differenzen zu den Zielzeiten wird addiert und kann mit anderen Gruppen verglichen werden.

Die erste Variante impliziert ein kompetitives, die anderen Varianten ein kooperatives Vorgehen.

4 Mit Größen handeln

Anpassen

Zugang erleichtern
- Aktionskarten vereinfachen (nur Stunden und Minuten) aufschreiben.
- Gewürfelte Uhrzeit auf volle 10 Minuten runden (z. B. 05:35 Uhr → 05:40 Uhr).

Ansprüche erhöhen
- Mit gebrochenen Zeitangaben rechnen und entsprechende Aktionskarten verwenden.
- Bei dem hier beschriebenen Setting wird zwischen Tag und Nacht (bzw. beispielsweise zwischen 14:00 und 02:00 Uhr nicht unterschieden). Falls eine Unterscheidung angestrebt wird, können die Lernenden ein rotes Wendeplättchen auf ihre Uhr legen, falls sie sich zwischen 0:00 und 12:00 Uhr (vormittags) befinden, das Wendeplättchen wird auf Blau gedreht, wenn 12:00 Uhr mittags überschritten (nachmittags) wird. Zur Bestimmung der Zielzeit wird ein Wendeplättchen entsprechend auf Rot oder Blau geworfen. Als Startzeit schlagen wir dann 18:00 Uhr vor (Wendeplättchen blau).
- Etwas anspruchsvoller wird die Aufgabe, wenn mit digitalen Uhrzeiten gespielt wird. In diesem Fall kann auf einem Zeitstrahl von 0:00 bis 24:00 Uhr gespielt werden.

Auswerten – Reflexion

Die Lernenden sortieren in Einzelarbeit die Aktionskarten der Größe nach. Gegebenenfalls richten die Lernenden die Aktionskarten an einem Zeitstrahl (von 0 min bis 6 h bzw. 360 min) aus. Diese Aktivität ist auch zur Einführung des Spiels denkbar.

6 h	4 h	3 h	2 h
1 h	4½ h	3½ h	2½ h
105 min	90 min	75 min	65 min
1¾ h oder 1½ h	1½ h oder 1¼ h	1½ h oder 1 h	1 h oder ¾ h
1 h oder 55 min	50 min oder 45 min	40 min oder 35 min	35 min oder 30 min
20 min / 25 min oder 30 min	15 min / 20 min oder 25 min	10 min / 15 min oder 20 min	5 min / 10 min oder 20 min

¼ Tag	⅙ Tag	⅛ Tag	1/12 Tag
1 h	270 min	3½ h	1/10 Tag
1¾ h	1⅙ h	75 min	13/12 h
1¾ h oder 1½ h	1½ h oder 1¼ h	1 1/12 h oder 11/12	1 h oder ¾ h
1 h oder 11/12 h	⅚ h oder ¾ h	⅔ h oder 7/12 h	35 min oder ½ h
1/72 Tag / 25 min oder 1/48 Tag	15 min / 20 min oder 25 min	⅙ h / ¼ h oder ⅓ h	1/12 h / ⅙ h oder ¼ h

Abb. 4: Kopiervorlage Aktionskarten: das Set für die Jahrgangsstufen 2–4 **(M 4.8.1)** und das Set mit gebrochenen Zahlen für die Jahrgangsstufen 5–7 **(M 4.8.2)**

4.9 Tauschen und Handeln

Kooperative Lernumgebung für Gruppen mit 3–5 Lernenden

Fokus:	Geldbeträge, Multiplikation, Division, Problemlösen, Proportionalität
Ziel:	innerhalb der Lerngruppe Geld in Form von Münzen und Scheinen wechseln
Stufe:	3.–8. Schuljahr
Zeitbedarf:	1–2 Schulstunden
Material:	je Spielerin/Spieler:
	• Geldkarten zu einer der folgenden „Währungen": 100 Goldstücke (GS), 200 Silbermünzen (SM), 400 Bronzetaler (BT) oder 800 Porzellanpfennige (PP) **(M 4.9)**

Die Aufgabe ist in erweiterter Version in Band 2 abgedruckt
(Lernumgebung 4.6: *Tauschen und Handeln*).

Zum Inhalt

Voraussetzungen:	dividieren und multiplizieren
Automatisierung:	verdoppeln und halbieren (Automatisieren steht bei dieser Aufgabe nicht im Vordergrund)

Die Spielenden erhalten Geldbeträge aus je einem der 4 Länder „Goldland", „Silberburg", „Bronzereich" und „Porzellanien". Die Goldstücke (GS), Silbermünzen (SM), Bronzetaler (BT) und Porzellanpfennige (PP) aus diesen 4 Ländern wechseln die Spielenden jeweils „fair" in eine der anderen Währungen. Das Geldwechseln wurde möglichst niederschwellig gehalten: Die Wechselkurse von einer Währung in die andere betragen 1:2, 1:4 oder 1:8. Aufgrund der zur Verfügung stehenden Währungen (Goldstücke, Silbertaler, Bronzetaler und Porzellanpfennig) ist es klar, welche Währung am wertvollsten und daher in der kleinsten Stückzahl vorhanden ist: die Goldstücke. Weil ein Porzellanpfennig einen relativ kleinen Wert hat, muss es davon am meisten geben.

In Band 2 werden die gleichen Münzen verwendet und damit Waren verkauft und gekauft.

Unterrichtsverlauf

Nach Möglichkeit spielen immer 4 Lernende zusammen. Bei 5 Lernenden protokolliert eine Schülerin/ein Schüler bzw. achtet darauf, dass korrekt gewechselt wird. Bei 3 Lernenden liegt die vierte Währung bei einer fiktiven Bank, mit der die 3 Spielenden ebenso Geld tauschen. In der Erprobung hat sich gezeigt, dass die Aufgabe für 3er-Gruppen anspruchsvoller ist als für 4er-Gruppen.

Es stehen Wechselkurse bzw. Tauschgeschäfte im Vordergrund. Die Wechselkurse sind bewusst einfach gehalten:

- 1 **Goldstück** → 2 Silbermünzen → 4 Bronzetaler → 8 Porzellanpfennige. Die Kopiervorlage enthält 100 **Goldstücke**.
- 2 **Silbermünzen** → 1 Goldstück → 4 Bronzetaler → 8 Porzellanpfennige. Die Kopiervorlage enthält 200 **Silbermünzen**
- 4 **Bronzetaler** → 1 Goldstück → 2 Silbermünzen → 8 Porzellanpfennige. Die Kopiervorlage enthält 400 **Bronzetaler**
- 8 **Porzellanpfennige** → 1 Goldstück → 2 Silbermünzen → 4 Bronzetaler. Die Kopiervorlage enthält 800 **Porzella**npfennige

Zu Beginn stehen allen Lernenden Geldkarten in einer der 4 „Währungen" zur Verfügung.

4 Mit Größen handeln

Abb. Laurin und Samir beim Tauschen mit der erweiterten Spielversion (siehe Band 2). Die Geldscheine liegen bei Laurin gebündelt neben seinem Fuß. In der zweiten Erprobung wurden die Lebensmittel und Währungen der verschiedenen Länder auf verschiedene Farben kopiert. Das hat sich bewährt.

Der Geldwert der Spielenden bleibt im Verlauf der ganzen Aufgabe „wechselkursbereinigt" immer gleich groß. Sie zählen ihr Geld zu Beginn der Wechselsequenz aus bzw. kontrollieren, ob sie den mit den Kopiervorlagen vorgesehenen Geldbetrag erhalten haben (100 GS, 200 SM, 400 BT bzw. 800 PP). Vorhandene Überschüsse werden entfernt bzw. fehlende Geldbeträge ergänzt (z. B. auf Zettel).

Die Wechselkurse werden an der Wandtafel notiert und mit den Lernenden besprochen. In der Erprobung im Gsiesertal stand Folgendes an der Wandtafel:

Goldstücke	Silbermünzen	Bronzetaler	Porzellanpfennige
1 GS	2 SM	4 BT	8 PP
2 GS	4 SM	8 BT	16 PP
5 GS	10 SM	20 BT	40 PP
10 GS	20 SM	40 BT	80 PP

Am Ende dieser Tauschphase sollen alle Beteiligten Geld von allen 4 Währungen in ihrem Geldbeutel haben. Es ist dabei unwesentlich, wie viel Geld die Lernenden in eine jeweils andere Währung umtauschen.

Einige mögliche Wechsel werden mit den Lernenden anmoderiert: So wechselt beispielsweise
- Golda aus Goldland mit Bronja aus Bronzereich 5 GS gegen 20 BT,
- Bronja mit Poldi aus Porzellanien 50 BT gegen 100 PP,
- Silvano aus Silberburg mit Poldi 15 SM gegen 60 PP.

Die Wechsel sind kooperativ zu tätigen. Die Gruppe erfüllt ihren Auftrag, wenn alle Spielende Geld in den 4 verschiedenen Währungen in ihrem Geldbeutel haben und der Geldwert bei den 4 Spielenden je 100 GS entspricht.

Ob richtig gewechselt wurde, wird nach erfolgtem Tausch kontrolliert.

4.9 Tauschen und Handeln

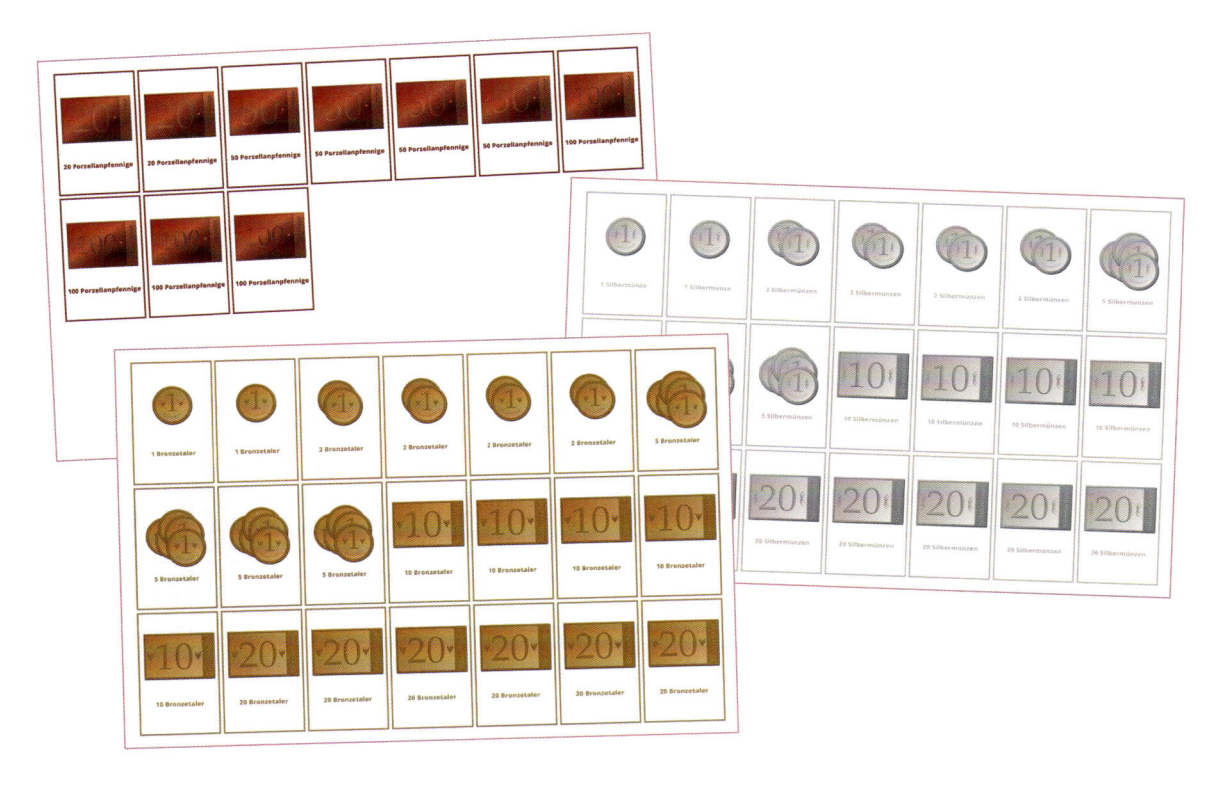

Abb. 2: Kopiervorlage **(M 4.9)**: Zu allen 4 Währungen steht jeweils eine Kopiervorlage mit Münzen und Scheinen zur Verfügung.

B

Beispielsweise enthält der Geldbeutel von Golda aus Goldland bei Spielende folgende Beträge:

50 Goldstücke → 50 Goldstücke
20 Silbermünzen → 10 Goldstücke
60 Bronzetaler → 15 Goldstücke
200 Porzellanpfennig → 25 Goldstücke

Total hat Golda auch nach den verschiedenen Wechseln Geld im Wert von 100 Goldstücken, sie hat offenbar richtig gewechselt.

Ansprüche erhöhen

- Man könnte die Wechselkurse ändern (1 GS → 5 SM → 10 BS → 40 PP). Das macht das Spiel anspruchsvoller, die den Lernenden zur Verfügung stehenden Münzen (und eventuell Noten) müssten angepasst werden.
- In Band 2 wird die Aufgabe mit Ideen zum Handel mit Lebensmitteln ergänzt.

Anpassen

Zugang erleichtern

- Vorerst nur mit 2 Währungen spielen. Dies nimmt dem Spiel für die Lernenden jedoch seinen Reiz und sollte nur in der Kennenlernphase gemacht werden.

4.10 Schatzinsel

Kompetitive Lernumgebung für Gruppen mit 3–4 Lernenden

Fokus:	Himmelsrichtungen, Längenmaße, Schätzen, Problemlösen, Multiplikation
Ziel:	mit dem Luftballon auf der Schatzinsel landen
Stufe:	3.–5. Schuljahr
Zeitbedarf:	1–2 Schulstunden
Material:	je Lerngruppe:
	• 2 10er-Würfel oder ein Set Ziffernkarten
	• Schatzplan **(M 4.10.1)**
	je Spielerin/Spieler:
	• Spielfigur
	• Lineal oder Geo-Dreieck
	• Farbstift
	• eventuell Spielprotokoll **(M 4.10.2)**

Eine erweiterte und komplexere Aufgabenstellung ist in Band 2 abgedruckt (Lernumgebung 4.7: *Schatzinsel*). Die Aufgabe in Band 2 ist ausschließlich kooperativ. Es geht dort darum, den Schatz gemeinsam zu finden.

Zum Inhalt

Voraussetzungen:	Längenmaße, Himmelsrichtungen, Multiplikation
Automatisierung:	Streckenlängen in bestimmte Richtungen messen

Die Lernenden fahren in einem Heißluftballon, wohin der Wind sie bläst. Die Fahrtrichtungen dürfen von den Lernenden gewählt werden, müssen sich jedoch von Zug zu Zug ändern. Ziel ist es, mit dem Heißluftballon die Schatzinsel zu erreichen, die im Süden liegt (Abb. 2). Wer die Fahrtrichtungen und die zufällig bestimmten Reisedistanzen geschickt nutzt, wird das Ziel erreichen. Wer zuerst auf der Schatzinsel landet, gewinnt das Spiel.

Mit dem Heißluftballon werden in jeder Etappe bestimmte Streckenlängen in km zurückgelegt. Die Spielzüge werden auf einer Karte mit dem Maßstab 1:1 000 000 abgetragen (1 km → 1 mm). So lassen sich Streckenlängen leicht messen.

Die Geschichte der Heißluftballons nahm 1783 – also 6 Jahre vor Beginn der Französischen Revolution – so richtig Fahrt auf. Die Gebrüder Montgolfier ließen im Juni dieses Jahres in der Nähe von Paris zwei Heißluftballons steigen. Da sie der Sache jedoch misstrauten, waren lediglich drei Tiere (ein Hahn, eine Ente und ein Schafbock) an Bord. Noch im gleichen Jahr – im November 1783 – wagten die beiden Franzosen de Rozier und d'Arlandes die erste bemannte Ballonfahrt. Mittlerweile gibt es zu Heißluftballons zahlreiche Rekorde und Geschichten. So erreichte der Inder Vijaypat Singhania 2005 eine Flughöhe von über 21 km über dem Meeresspiegel.

Unterrichtsverlauf

Der Einstieg erfolgt kooperativ. Jede Lerngruppe erhält den Auftrag, aus den offenliegenden Ziffernkarten die Ziffern so zu wählen, dass sie nach möglichst wenigen, höchstens aber 4 Zügen auf der Schatzinsel landen. Dafür braucht es kein Glück, sondern lediglich ein geschicktes Kombi-

4.10 Schatzinsel

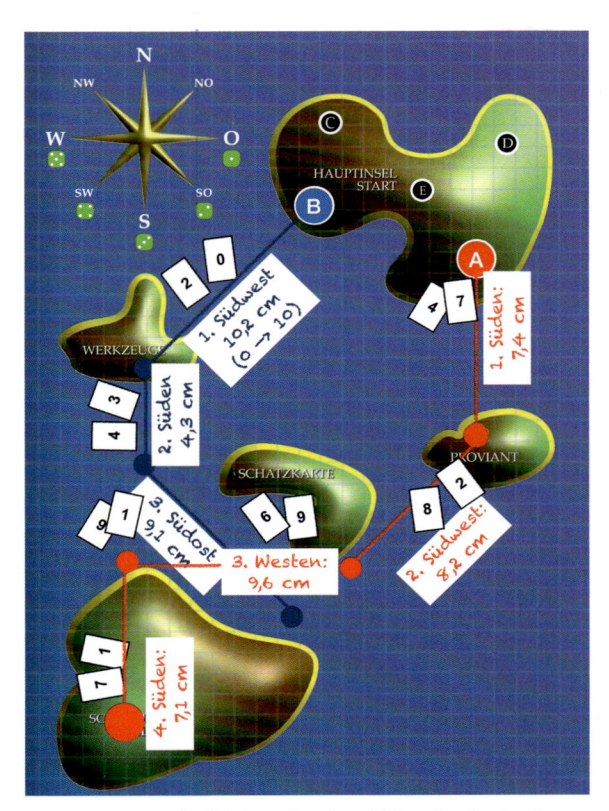

Abb. 1: Darstellung des Spiels von Angela und Britta. Angela ist nach 4 Zügen auf der Insel gelandet. Wenn Britta es im nächsten Zug auch schafft, endet das Spiel unentschieden.

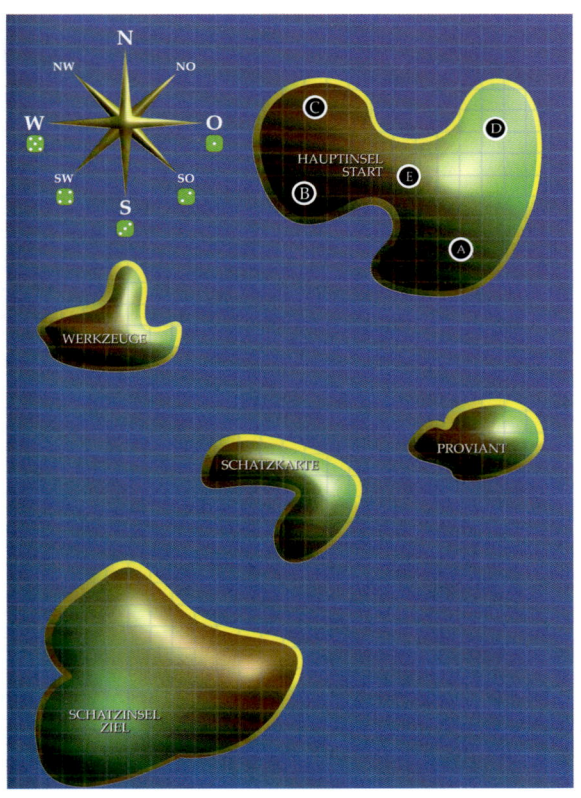

Abb. 2: Kopiervorlage Schatzinsel **(M 4.10.1)**

nieren der beiden Variablen Fahrtrichtung und zurückgelegte Distanz. Zur Klärung der Bewegungen auf dem Spielplan werden dazu 2–3 Bewegungen gemeinsam im Plenum ausgeführt.

Folgende Regeln sind zu beachten.

- Auf dem DIN-A4-Plan entspricht 1 km mit dem Ballon 1 mm auf der Karte, der fiktive Maßstab ist also 1 : 1 000 000. Wird der Plan auf DIN A2 vergrößert, sind für 1 km auf der Karte 2 mm abzumessen.
- Die Länge der mit dem Lineal gemessenen Strecke in mm wird durch 2 Ziffernkarten bestimmt, die gezogen werden. Die Reihenfolge der gezogenen Ziffern darf vertauscht werden. Zum Beispiel kann mit den Ziffern 5 und 8 sowohl 58 mm als auch 85 mm weit gefahren werden. Bei einem A2-Plan wird die entsprechende Länge verdoppelt.

- Die Fahrtrichtung darf bei jedem Zug frei gewählt werden. Es darf jedoch nicht zweimal hintereinander in die gleiche Richtung gefahren werden.
- Es muss bei jedem Zug eine Strecke gefahren werden. Die Himmelsrichtung wird so gewählt, dass der Zug auf dem Spielfeld ausführbar ist.
- Wird die Ziffer 0 gezogen oder gewürfelt, wird mit 10 gerechnet (z.B. kann mit 0 und 4 sowohl 104 mm als auch 50 mm [= 40 + 10] gefahren werden).
- Insgesamt muss in mindestens 3 verschiedenen Richtungen gefahren werden.

Die Würfelaugen auf dem Spielplan sind für die anspruchsvollere Variante gedacht und können bei der vorliegenden Spielvariante ignoriert werden.

4 Mit Größen handeln

Abb. 3: In der Erprobung im Gsiesertal (Südtirol, 4. Schuljahr) haben wir uns an der anspruchsvolleren Variante (siehe Band 2) orientiert. Auch wenn dies einige Lernende als große Herausforderung wahrgenommen haben, haben alle Schülerinnen und Schüler mit Begeisterung mitgespielt.

Kompetitive Variante

Nun kann das Spiel beginnen. Die Spielerinnen und Spieler ziehen je eine Ziffernkarte. Wer die höchste Zahl zieht, darf sich zuerst einen der 4 Startplätze auf der Hauptinsel im Norden der Karte aussuchen und beginnt dann auch das Spiel.

Angela hat die höchste Zahl gezogen und führt auch gleich den ersten Zug aus. Dazu zieht sie 2 Ziffernkarten. Sie zieht die Ziffern 4 und 7 und darf wählen, ob sie 4,7 km (4,7 cm bzw. 47 mm) oder 7,4 km (7,4 cm bzw. 74 mm) weit fahren will. Angela entscheidet sich für 7,4 cm und wählt als Fahrtrichtung Süden. Sie trägt die Strecke mit Rot auf dem Spielplan ein.

Nun ist Britta an der Reihe. Sie zieht die Ziffern 2 und 0 und macht daraus 10,2 cm. Sie zeichnet mithilfe des Maßstabs ausgehend von ihrer Startposition 10,2 cm Richtung Südwesten und benutzt die Farbe Blau.

Im Spielplan in Abb. 1 sind weitere Züge von Angela und Britta eingezeichnet. Angela gewinnt, falls es Britta im nächsten Zug nicht auch gelingt, die Schatzinsel zu erreichen.

Wir schlagen vor, dass alle Mitspielenden ihre Ballonfahrt mit einer anderen Farbe auf die gleiche Kopiervorlage eintragen. Inwiefern von den Lernenden zusätzlich zum Einzeichnen der einzelnen Strecken auf dem Spielplan ein individuelles Spielprotokoll (Abb. 4) eingefordert wird, wird situativ entschieden.

Selbstredend bemühen sich die Lernenden, die Spielzüge möglichst genau einzuzeichnen. Dabei können sie einander helfen. Insbesondere die Orientierung an der Himmelsrichtung dürfte einigen Lernenden Schwierigkeiten bereiten. Die Rasterlinien auf der Spielvorlage helfen den Lernenden, genau zu zeichnen.

Der Schatzplan kann auf vielerlei Weise variiert werden. So ist eine Adaption der Schatzinsel auf den Pausenplatz und ein Spiel im Freien durchaus denkbar, auch wenn damit ein exaktes Orientieren an den Himmelsrichtungen stark erschwert wird. In diesem Fall ist ein Rechteck von 2 m Breite und ca. 4 m Länge günstig, die Inseln können frei gewählt werden. Jeder geflogene km ist in diesem Fall auf der Karte 1 cm lang, der Maßstab beträgt 1 : 100 000.

Name:

Spiel-runde	Fahrtrichtung	Distanz in mm
1		
2		
3		
4		
5		
6		

Name:

Spiel-runde	Fahrtrichtung	Distanz in mm
1		
2		
3		
4		
5		
6		

Name:

Spiel-runde	Fahrtrichtung	Distanz in mm
1		
2		
3		
4		
5		
6		

Name:

Spiel-runde	Fahrtrichtung	Distanz in mm
1		
2		
3		
4		
5		
6		

Abb. 4: Kopiervorlage Spielprotokoll **(M 4.10.2)**

Mit den hier gewählten Rahmenbedingungen ist ein Erreichen der Schatzinsel in 4 bis maximal 6 Spielrunden möglich.

Anpassen

Zugang erleichtern

Eine wesentliche Erleichterung würde den Reiz des Spieles sicherlich beeinträchtigen. Man kann die Lernenden aber in Zweierteams spielen lassen – auch Ballonfahrer sind selten alleine unterwegs.

Ansprüche erhöhen

- Man kann nur gewinnen, wenn man davor mindestens 2 der 3 vorgelagerten Inseln (Proviant, Schatzkarte und Werkzeuge) angefahren hat.
- Eine Karte auf dem Pausenplatz einzeichnen und zusammen den Maßstab vereinbaren und die Spielregeln neu aushandeln.
- Vor Erreichen der Schatzinsel muss in 4 oder sogar 5 verschiedene Himmelsrichtungen gefahren werden.
- Die Länge in cm und mm wird mit 2 Spielwürfeln bestimmt. Dadurch vergrößert sich die Anzahl benötigter Züge (z.B. wird 3 und 5 geworfen; damit können 3,5 cm oder 5,3 cm gefahren werden).

Siehe auch die Spielbeschreibung in Band 2.

Auswerten – Reflexion

Die Schülerinnen und Schüler berechnen die Distanz, die sie zurückgelegt haben. Wenn die Anzahl von Spielrunden berücksichtigt wird, kann man damit so etwas wie eine „Durchschnittsstrecke“ oder auch „Durchschnittsgeschwindigkeit“ berechnen. So hat Angela (siehe Abb. 1) in 4 Spielrunden 32,3 cm → 32,3 km zurückgelegt, im Durchschnitt also ca. 8,1 km pro Spielrunde. Diese Distanzen können verglichen und eventuell auch tabellarisch festgehalten werden.

4.11 Der ganze Meter muss weg

Kompetitive Lernumgebung für Gruppen mit 2 Lernenden

> **Fokus:** Längenmaße, Subtraktion
> **Ziel:** durch fortlaufende Subtraktion 0 cm auf einem Maßband erreichen
> **Stufe:** 3.–5. Schuljahr
> **Zeitbedarf:** mindestens $\frac{1}{2}$ Schulstunde
> **Material:**
> - 1-m-Papiermaßband (z. B. vom Möbelgeschäft) oder -Zollstock (eventuell Kopiervorlage)
> - Das Spiel kann auch auf dem Zollstock gespielt werden. Nach jeder Subtraktion wird auf dem Zollstock ein Post-It mit der subtrahierten Länge und dem neuen Spielstand angebracht.

Ideengeberin für diese Aufgabe ist eine Variante des Nim-Spiels, das „Fibonacci-Nim". Die „Urversion" des Nim-Spiels wird an dieser Stelle nicht beschrieben, im Internet sind zahlreiche weiterführende Hinweise vorhanden. Eine angereicherte Version dieses Spiels finden Sie in Band 2 (Lernumgebung 2.6: *Alles muss weg*).

Zum Inhalt

> **Voraussetzungen:** cm und mm kennen, auf dem Maßband operieren
> **Automatisierung:** Addieren und Subtrahieren von Längenangaben, Verdoppeln und Halbieren (für Spielende mit ausgeklügelter Gewinnstrategie auch das Dritteln)

Es handelt sich um eine für diesen Band „konstruierte" Unterart des klassischen Nim-Spiels, dessen Ursprung in China ist. Die Lernenden subtrahieren abwechslungsweise Längenangaben zwischen (mindestens) 1 cm 1 mm und (höchstens) 29 cm 9 mm. Dabei dürfen sie nicht weniger als die Hälfte und nicht mehr als das Doppelte subtrahieren als im Spielzug davor. Wer durch eine Subtraktion 0 cm bzw. den Anfang des Maßbandes (oder des Zollstockes) erreicht, gewinnt.

Die Lernenden vertiefen dabei den Umgang mit den Größen m, cm und mm und automatisieren das Verdoppeln und Halbieren. Außerdem werden die meisten Lernenden – insbesondere gegen Ende des Spiels – sich Gedanken zur Gewinnstrategie machen. In der Erprobung sind in der jahrgangsgemischten Gruppe Lernende der 3. Klasse spontan auf die Kommadarstellung (z. B. 7 cm 6 mm → 7,6 cm) umgestiegen.

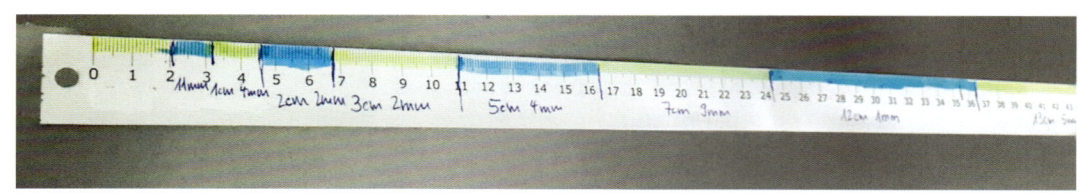

Abb. 1: Gelb gewinnt, da die Spielerin mit der gelben Farbe als Letzte eine Länge subtrahiert hat.
In diesem Beispiel haben beide Spielende taktisch klug gespielt.

4.11 Der ganze Meter muss weg

Unterrichtsverlauf

Die Lernenden spielen zu zweit. Falls auch 3er-Gruppen gebildet werden, spielen immer 2 Lernende gegeneinander. Die dritte Person protokolliert das Spiel auf dem Maßband oder auf einem Blatt.

Das Spiel wird auf dem Maßband oder dem Zollstock gespielt. Adalie beginnt und subtrahiert eine beliebige Länge zwischen 1 cm 1 mm und 29 cm 9 mm vom ganzen Meter. Sie wählt 3 cm 6 mm. Die entsprechende Länge wird auf dem Maßband abgetragen (bzw. ein Post-It mit „3,6 cm" wird auf dem Zollstock bei 96,4 cm angeklebt). Belinda subtrahiert von 96,4 cm eine weitere Länge. Sie ist mindestens halb so lang (1,8 cm) und höchstens doppelt so lang (7,2 cm) wie der zuletzt verwendete Subtrahend (3,6 cm). Sie wählt 6,8 cm. Nach diesen Regeln wird abwechselnd subtrahiert, bis Adalie oder Belinda 0 cm erreicht.

Folgende Regeln gilt es zu beachten:
- Jede Operation wird auf dem Papiermeter bzw. dem Zollstock dargestellt.
- Es werden nur gebrochene Zahlen (cm und mm) und keine ganzen cm subtrahiert.
- Jeder Subtrahend liegt zwischen 1,1 cm und 29,9 cm. Wer beginnt, wählt eine beliebige Länge in diesem Intervall.
- Nach der ersten Rechnung ist jeder Subtrahend mindestens halb so groß und höchstens doppelt so groß wie der zuletzt verwendete. Wurde also 5,4 cm subtrahiert, liegt der nächste Subtrahend zwischen 2,7 cm und 10,8 cm.
- Wer die Zahl 0 (oder kleiner als 0) erreicht, gewinnt.

Nach 2 oder 3 Spielen auf dem Maßband übersetzen die Lernenden eines ihrer Spiele in ein Rechenprotokoll. Ein entsprechendes Beispiel finden Sie in Abb. 3.

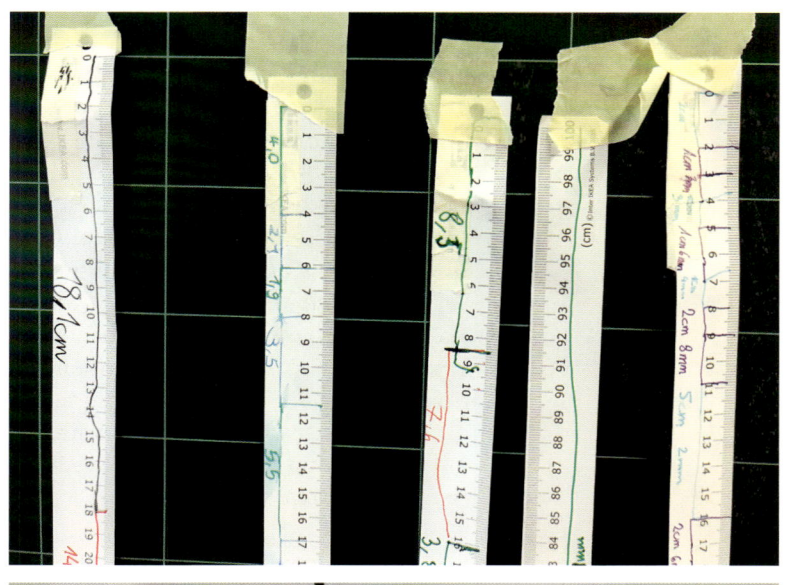

Abb. 2: Einige bearbeitete Maßbänder aus der Erprobung im Gsiesertal, 3. und 5. Schuljahr. Auch die Lernenden des 3. Schuljahres haben sich mit der Schreibweise mit Kommas (z. B. 2,1 anstatt 2 cm 1 mm) angefreundet. Alle Lerngruppen haben die Regeln verstanden und eingehalten. Die Strategien der Lernenden sind verschieden. Die beiden Mädchen (3. Schuljahr), die das zweite Messband von links bearbeiteten, haben mehrere Züge lang so gespielt, dass im nächsten Zug nicht gewonnen werden konnte. Sie haben die Restlänge jeweils durch 3 dividiert, sodass die Gegnerin durch Verdoppeln der letzten Länge 0 cm nicht erreichen konnte.

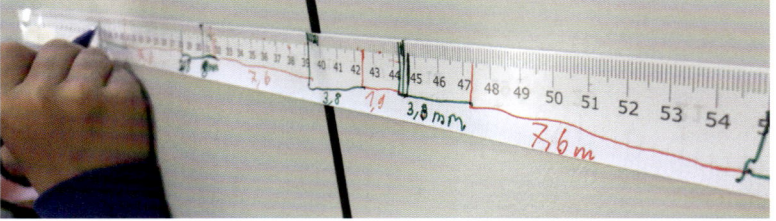

Im diesem Bild sieht man, dass Simon und Paul (3. Schuljahr) mehrere Male korrigieren mussten und sich sowohl den Spielregeln als auch einer Gewinnstrategie langsam angenähert haben. Lange haben sie die zuletzt eingetragene Länge konsequent halbiert oder verdoppelt.

4 Mit Größen handeln

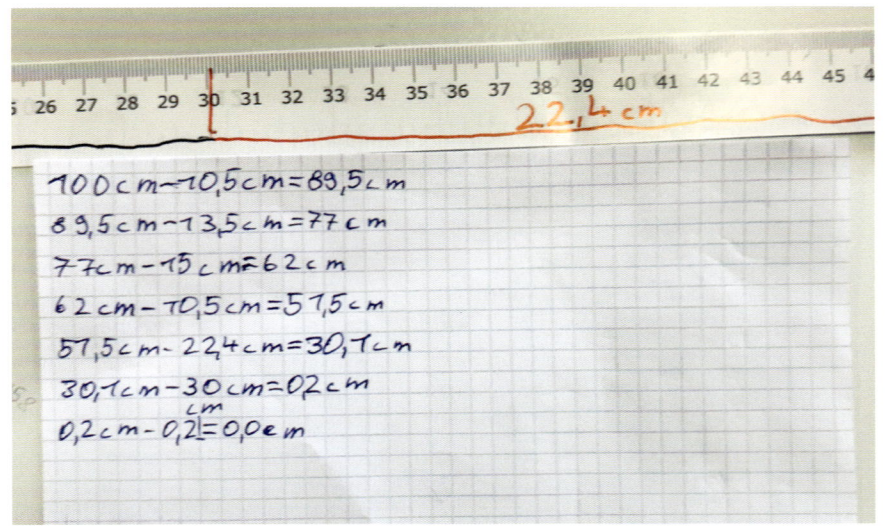

Abb. 3: Das Protokoll auf dem Maßband wurde in ein Rechenprotokoll übertragen. Das Protokoll stammt von Nadia und Cloe, 3. Schuljahr (Gsiesertal, Südtirol). Sie haben während des Spiels die Schreibweise mit Komma gelernt. Diese schien ihnen einfacher als die Schreibweise mit cm und mm. Die dritte Rechnung entspricht im Prinzip nicht den Regeln, da ein ganzzahliges Vielfaches von 1 cm subtrahiert wird. Ebenso ist den beiden bei der zweitletzten Rechnung ein kleiner Fehler unterlaufen (es werden 29,9 cm und nicht 30 cm subtrahiert).

Anpassen

Zugang erleichtern

- Das Spiel wird durch das Maßband stark gestützt. Eine weitere Vereinfachung ist nicht notwendig.

Ansprüche erhöhen

- Einige Lernende können sich von der konkreten Handlung lösen und Rechenprotokolle anfertigen bzw. nur mit dem Rechenprotokoll spielen (siehe Abb. 3).

Auswerten – Reflexion

Nachdem das Spiel mehrfach durchgeführt wurde, tauschen sich die Lerngruppen über Gewinnstrategien aus. Wenn dies im Voraus angekündigt wird, kann der Fokus der Spiele auf dem Finden von Gewinnstrategien liegen und damit wird von Beginn an die Kooperation der Lernenden untereinander auch während des kompetitiven Spiels angeregt.

Die Spielregeln lassen sich leicht variieren. Die Lernenden adaptieren in Gruppen zu 2, 3 oder 4 gemeinsam die Spielregeln und testen die eigenen angepassten Spielregeln gleich aus. Vielleicht wird eine der so entstehenden neuen Varianten des Spiels aufgenommen und von allen Lerngruppen gespielt.

Übersicht über die fokussierten mathematischen Inhalte

Addition	2.1, 2.2, 2.3, 2.4, 2.5, 2.6, 4.1, 4.2, 4.4, 4.5, 4.6, 4.8
Begriffsbildung	1.3, 1.4, 1.5, 1.6
Brüche	2.3
Division	4.9
Einmaleins (1 × 1)	3.1, 3.2, 3.3, 3.4, 3.5, 3.6, 3.7, 3.8
Flächenmaße, Flächeninhalt	3.7
Geldbeträge	4.1, 4.9
Gewichtsmaße	4.6
Gleichungen	2.5, 4.6
Grundoperationen	1.5, 1.8, 2.5, 3.6, 3.9
Himmelsrichtungen	4.10
Hohlmaße	4.5
Kombinatorik und Wahrscheinlichkeit	2.4
Koordinaten	3.8
Längenmaße	4.2, 4.3, 4.4, 4.10, 4.11
Maßumwandlungen	4.3, 4.4, 4.5, 4.6, 4.7
Multiplikation	3.1, 3.2, 3.3, 3.4, 3.5, 3.6, 3.7, 3.8, 4.2, 4.9, 4.10
natürliche Zahlen	1.1, 1.2, 1.3, 1.4, 1.7, 1.8
Ordinalzahlen	1.1, 1.2, 1.7, 2.1
Problemlösen	2.1, 3.1, 3.2, 3.7, 3.8, 4.1, 4.9, 4.10
Proportionalität	1.1, 1.2, 1.7, 4.9
Prozente	(3.7)
Rechenregeln, Rechentrick	2.1, 3.9
Rechteck	3.7
Schätzen, Überschlagen	2.6, 4.2, 4.10
Stellenwertsystem, Ziffern	1.3, 1.4, 1.5, 2.2, 2.6, 4.1
Subtraktion	2.1, 2.5, 4.4, 4.6, 4.8, 4.11
Teilbarkeit, Teilbarkeitsregeln	3.2, 3.4
Teiler (gemeinsame)	3.1, 3.4, 3.5, 3.7
Term (Rechenterm)	3.6, 3.9
Transitivität	2.4
Vielfache (gemeinsame)	3.1, 3.2, 3.3, 3.4, 3.5, 3.7
Zahleigenschaften	1.4, 1.5, 1.6
Zahlenfolgen	1.6
Zahlenstrahl	1.1, 1.2, 1.7, 2.3
Zeitspannen, Uhrzeit	4.7, 4.8

Übersicht über die benötigten Materialien

In Klammern werden Nutzungen als alternative Materialien angegeben.

aufgabenspezifische Karten (Kopiervorlagen)	1.3, 1.4, 1.5, 1.6, 1.8, 2.1, 2.4, 3.1, 3.5, 3.6, 3.7, 4.1, 4.3, 4.4, 4.5, 4.7, 4.8, 4.9, 4.10
Blankokarten (teilweise verschiedenfarbig)	1.2, (1.5), 2.1, 3.6, (3.9), 4.1
Farbstifte (eventuell wasserlösliche Folienstifte)	1.5, 1.7, (1.8), 2.4, 3.7, (4.5), 4.10
Geo-Dreieck	4.10
Kreppklebeband („Malerband")	1.1, (1.2), 1.7, (4.5)
Post-Its	1.1, (1.2), (2.1), (3.6), 4.4
Schnur	(1.1), 1.2, (1.7)
Spielfiguren	(1.5), (1.8), (3.1), (3.2), (3.3), 3.4, 3.5, 3.6, 4.7, 4.10
Taschenrechner	(3.6), (3.9)
Waage	4.6
Wendeplättchen	(1.5), 1.6, 3.2, 3.3
Würfel: 6er-Spielwürfel	(2.4), 3.5, 4.5, 4.7, 4.8
Würfel: 10er-, 12er oder 20er-Würfel	(1.6), 3.3, (3.4), 3.8, (4.1), 4.10
Zahlenhochhaus DIN A2/A3	3.1, 3.2, 3.3, 3.4, 3.5
Zahlenkarten 1–20	2.5, (3.8)
Zahlentafel (100er- oder 1000er-)	1.4, (1.5), 1.6, (2.2)
Ziffernkarten 0–9	1.3, 2.2, 2.6, 3.4, 3.6, (4.1), (4.10)
Zollstock oder Maßband	(1.1), 1.2, 1.7, 4.2, 4.3, 4.4, 4.11
zusätzliches Material	1.4, 2.4, 4.2, 4.5, 4.6, (4.7), 4.8

Übersicht über die Download-Materialien

Lernumgebung	Download-Material		
1.3 Geschickt zur Zielzahl	Kopiervorlage	M 1.3	Aktionskarten
1.4 Geheimzahlen erraten	Kopiervorlage	M 1.4	Eigenschaftskarten
1.5 Pärchen finden	Kopiervorlage	M 1.5.1	100er-Tafel
	Kopiervorlage	M 1.5.2	Eigenschaftskarten
1.6 Welche Regel passt?	Kopiervorlage	M 1.6	Regelkarten
1.8 Immer schön nach unten	Kopiervorlage	M 1.8.1	Spielplan
	Kopiervorlage	M 1.8.2	Blanko-Spielplan
2.1 Streichquadrate herstellen	Kopiervorlage	M 2.1.1	5 × 5-Quadratraster
	Kopiervorlage	M 2.1.2	4 × 4-Quadratraster
2.2 Summen anpeilen	Kopiervorlage	M 2.2	1000er-Tafel
2.4 Wer baut den besten Würfel?	Kopiervorlage	M 2.4	Verknüpfungstabelle
3.1–3.5	Kopiervorlage	M 3	Zahlenhochhaus
3.1 Hotel Zahlenhochhaus	Kopiervorlage	M 3.1	Rätselgeschichten zum Zahlenhochhaus
3.5 Der Dieb im Megastore	Kopiervorlage	M 3.5	Spielprotokoll
3.6 Zahlen aus der 3er-Reihe	Kopiervorlage	M 3.6	Spielplan
3.7 Rechtecke im Quadrat	Kopiervorlage	M 3.7	Quadrat mit 25 × 25 Kästchen
3.8 Triff die Koordinate	Kopiervorlage	M 3.8	Spielplan
3.9 Mit 1, 2, 3 und 4	Material	M 3.9	Zusammenstellung von Rechnungen mit 2, 3, 4, 5
4.1 Wir legen den genauen Betrag	Kopiervorlage	M 4.1	Spielprotokoll
4.3 Immer kürzer	Kopiervorlage	M 4.3	Längenkarten
4.4 Triff's auf dem Zollstock	Kopiervorlage	M 4.4	Längenkarten
4.5 Füll den Eimer	Kopiervorlage	M 4.5.1	Becherkarten
	Kopiervorlage	M 4.5.2	Spielprotokoll für Spiel mit Gefäßen
	Kopiervorlage	M 4.5.3	Spielprotokoll für Spiel mit Becherkarten
4.6 Wer feiert Silvester	Kopiervorlage	M 4.6	Spielplan
4.8 Stell die richtige Zeit ein	Kopiervorlage	M 4.8.1	Aktionskarten
	Kopiervorlage	M 4.8.2	Aktionskarten (mit gebrochenen Zahlen)
4.9 Tauschen und Handeln	Kopiervorlage	M 4.9	Geldkarten
4.10 Schatzinsel	Kopiervorlage	M 4.10.1	Schatzplan
	Kopiervorlage	M 4.10.2	Spielprotokoll
Kurzvideos mit Anregungen zu zusätzlichen Lernumgebungen	Video	M 5.1	Kurzvideo: Differenzen minimieren
	Video	M 5.2	Kurzvideo: Mit fremdem Geld einkaufen
	Video	M 5.3	Kurzvideo: Summen zocken
	Video	M 5.4	Kurzvideo: Intervalle besetzen
	Video	M 5.5	Kurzvideo: Mach die Stunde voll
	Video	M 5.6	Kurzvideo: Produkte treffen

Übersicht über die Lernumgebungen in Band 2

Die Lernumgebungen in Band 2 enthalten teils neu entwickelte, teils für höhere Ansprüche angepasste Lernumgebungen aus Band 1.

1 Zahlenraum erforschen

Lernumgebung	Schuljahr	mathematischer Fokus	Ziel
1.1 Wo stehe ich richtig?	4. – 8.	Ordinalzahlen, Zahlenstrahl, Proportionalität, Stellwertsystem, Dezimalbrüche	sich auf einem Zahlenstrahl einer Zahl entsprechend positionieren
1.2 Buchstaben am Zahlenstrahl	5. – 9.	Ordinalzahlen, Zahlenstrahl, Proportionalität, Dezimalbrüche oder Brüche	sich auf dem Zahlenstrahl orientieren
1.3 Geschickt zur Zielzahl	5. – 8.	Dezimalbrüche, Stellenwertsystem, Ziffern, Zahleigenschaften, Begriffsbildung *(mit Bewertungskriterien)*	durch geschicktes Wählen und Aneinanderreihen von Aktionskarten ausgehend von einer Startzahl eine bestimmte Zielzahl erreichen
1.4 Geheimzahlen erraten	5. – 10.	natürliche Zahlen, Zahleigenschaften, Stellenwertsystem, Begriffsbildung	Eigenschaftskarten selbst gewählten Zahlen zuordnen und diese erraten
1.5 Zahlenpaar entschlüsseln	5. – 10.	Gleichungen, Variable bzw. Unbekannte, Zahlenstrahl, Addition, Subtraktion	zwei Zahlen ausgehend von deren Summe und Differenz bestimmen
1.6 Welche Regel passt?	4. – 10.	Zahlenfolgen, Zahleigenschaften, Begriffsbildung	Zahlen zu vorgegebenen Regeln (Eigenschaften) finden und zu vorgegebenen Zahlen passende Regeln finden
1.7 Brüche am Zollstock	5. – 10.	Brüche, Längenmaße, Schätzen	Brüche am Zollstock ordnen, eine Glasperle möglichst exakt an die gewünschte Stelle schieben
1.8 Von 1 bis $\frac{1}{100}$	5. – 10.	Brüche, Dezimalbrüche, Ordinalzahl	gemeinsam möglichst viele Bruchkarten ablegen
1.9 Knack den Zahlencode	5. – 10.	Zahleigenschaften, Begriffsbildung, Gleichungen, Variablen *(mit Bewertungskriterien)*	einen Zahlencode bestehend aus 6 2-stelligen Zahlen „knacken"
1.10 Triff die Quadrate	5. – 10.	Brüche, Koordinaten, Ordinalzahlen	in allen 9 (bzw. beim anspruchsvolleren Spielplan allen 16) Quadraten einen Koordinatenpunkt einzeichnen
1.11 Fakenews	5. – 10.	Brüche, Erweitern und Kürzen	Brüche „kreativ" erweitern, gleichwertige Brüche identifizieren

2 Addieren und Subtrahieren

Lernumgebung	Schuljahr	mathematischer Fokus	Ziel
2.1 Apfelkuchen	3. – 9.	Brüche, Zahlenstrahl, Addition	den letzten Summanden finden, der addiert werden kann
2.2 Wer baut den besten Würfel?	5. – 9.	Brüche, Kombinatorik, Addition, Transitivität, Überschlagen von Produkten	einen Würfel herstellen, der möglichst oft eine höhere Zahl zeigt als der Würfel der Spielpartnerin/des Spielpartners
2.3 Triff die 10 000	4. – 9.	Stellenwertsystem, Addition, Subtraktion, Dezimalbrüche; erhöhte Ansprüche: Dezimalbrüche *(mit Bewertungskriterien)*	Ziffernkombinationen so wählen, dass eine Summe möglichst nahe an 10 000 entsteht
2.4 Summen verändern	4. – 8.	Addition, Durchschnitte, Gleichungen, Pentomino	die Lernenden bedecken dieselbe Summe mit jeweils 5 zusammenhängenden Steinen auf der 100er-Tafel
2.5 Wer findet den schnellsten Weg?	4. – 9.	Grundoperationen, propädeutische Algebra, Kombinatorik und Wahrscheinlichkeit	einen möglichst geschickten Weg wählen und möglichst schnell das Ziel erreichen
2.6 Alles muss weg	3. – 10.	Subtraktion, Stellenwertsystem, Dezimalbrüche, Längenmaße	durch Subtraktion die Zahl 0 (bzw. die Länge 0 cm) erreichen

3 Multiplizieren und dividieren

Lernumgebung	Schuljahr	mathematischer Fokus	Ziel
3.1 Vier gewinnt im Zahlenhochhaus	3. – 7.	Multiplikation, Einmaleins, gemeinsame Vielfache	4 Steine der eigenen Farbe in eine Reihe bringen
3.2 Stockwerke mieten	3. – 7.	Multiplikation, Einmaleins, gemeinsame Vielfache, gemeinsame Teiler	4 aufeinanderfolgende Stockwerke im Zahlenhochhaus „mieten"
3.3 Teiler-Jagd	4. – 7.	Division, Teiler, Multiplikation, Teilbarkeitsregeln	zu Zufallszahlen Teiler finden
3.4 Zusammenhängende Vielfache	4. – 7.	Vielfache, Multiplikation, Einmaleins	Produkte so wählen und auf der 100er-Tafel einfärben, dass eine zusammenhängende Fläche entsteht
3.5 Rechtecke im Rechteck	5. – 9.	Rechteck, Flächeninhalt, Multiplikation, Prozente, Proportionalität, Problemlösen	Rechtecke mit gegebenem Flächenanteil in ein großes Quadrat einzeichnen
3.6 Überschlagen	4. – 9.	Grundoperationen, Ergebnisse überschlagen, Terme *(mit Bewertungskriterien)*	das Ergebnis einer Rechnung schätzen, die nur teilweise bekannt ist; überschlagen, wessen Schätzung einem Ergebnis am nächsten kommt
3.7 Mit 4 4ern	5. – 10.	Grundoperationen, Rechenregeln, Rechenterme, Problemlösen	durch Verknüpfung von 4-mal der Ziffer 4 möglichst viele Ergebnisse bilden
3.8 Zahlenpoker	5. – 10.	Grundoperationen, Rechenregeln, Variablen, Terme, propädeutische Algebra	Variablen durch Zahlen ersetzen, z. B. mit dem Ziel, einen möglichst großen Term zu erhalten

4 Mit Größen handeln

Lernumgebung	Schuljahr	mathematischer Fokus	Ziel
4.1 Wer legt den letzten Geldschein?	5.–9.	Addition, Geldbeträge, Stellenwertsystem, Überschlagen	gemeinsam einen vorgegebenen Betrag erreichen
4.2 50 m abmessen	4.–8.	Addition, Längenmaße, Multiplikation, Überschlagen	mit einem von der Gruppe gemeinsam gebildeten Längenmaß möglichst genau 50 m abmessen
4.3 Füll den Krug	4.–8.	Hohlmaße, Maßumwandlungen, Addition	vorgegebene Füllmengen mit Zugießen von Bechern möglichst genau erreichen
4.4 Wer feiert Silvester?	5.–8.	Uhrzeit, Zeitspannen, Kalender, Brüche, Maßumwandlungen	mit den Spielmarken mit Glück und dosiertem Risiko den 31. Dezember zwischen 20.00 und 24.00 Uhr erreichen
4.5 Der Quadratmeter	4.–7.	Längenmaße, Flächenmaße	Figuren mit einem bestimmten Flächeninhalt ausstecken, sowie den Flächeninhalt von Figuren schätzen oder bestimmen
4.6 Tauschen und Handeln	4.–10.	Geldbeträge (Währungen), Multiplikation, Division, Proportionalität, Problemlösen	Geldwechsel so tätigen, dass der Geldwert konstant bleibt. Mit den Lebensmittelkarten möglichst viele Quartette, Trios und allenfalls auch Duos bilden
4.7 Schatzinsel	4.–10.	Himmelsrichtungen, Längenmaße, Problemlösen, Zeitspannen, Geschwindigkeit, Koordinaten, Schätzen, Variablen (mit Bewertungskriterien)	mit dem Luftballon auf der Schatzinsel landen

Bildquellennachweise

Umschlag: Hand links: © Africa Studio/stock.adobe.com; Hand rechts: © rufar/stock.adobe.com
S. 99, 106, 110, 113, 116: Zahlenhochhaus: MATHWELT 2, Themenbuch,
© 2018 Schulverlag plus AG – mit freundlicher Genehmigung
S. 100: Ping An Finance Center, Shenzhen: © Allen.G/shutterstock.com
Die hier nicht nachgewiesenen Abbildungen stammen aus dem Archiv der Autoren.

Mathematik mit den Augen der Kinder sehen

DANIELA GÖTZE, CHRISTOPH SELTER, ELENA ZANNETIN

Das KIRA-Buch: Kinder rechnen anders

Verstehen und Fördern im Mathematikunterricht

16 x 23 cm, 192 Seiten in Farbe

ISBN 978-3-7727-1352-0, € 24,95

Fachbuch

Alle Preise zzgl. Versandkosten, Stand 2022.

Kinder rechnen anders, als man es erwartet. Obwohl die Rechenwege von Schülerinnen und Schülern nicht immer zu korrekten Ergebnissen führen, sind sie oft ein Ergebnis von Überlegungen, die aus Sicht der Kinder vernünftig sind. Für eine optimale Förderung der Kinder ist es von großer Bedeutung, dass Sie bei den Denkweisen der Lernenden ansetzen und deren Rechenwege nachvollziehen.

Der Praxisband hilft Ihnen anhand zahlreicher Beispiele, dieses Verständnis aufzubauen. Dabei werden typische Rechenwege, aber auch häufig zu beobachtende Fehler im Bereich der Arithmetik dargestellt, mit Hintergrundinformationen und praktischen Tipps zur Weiterarbeit. Zusätzlich zeigt es auf, wie Sie im Unterrichtsalltag die Denkwege der Kinder erheben können.

Unser Leserservice berät Sie gern:
Telefon: 0511 / 4 00 04 -150
Fax: 0511 / 4 00 04 -170
leserservice@friedrich-verlag.de

www.klett-kallmeyer.de